# Driebanden biljart: Van hoek tot hoek diagonale patronen

## Van professionele kampioentoernooien

Vergelijk jezelf met professionele spelers

Allan P. Sand
PBIA Gecertificeerde biljartinstructeur

ISBN 978-1-62505-406-7
PRINT 8.5x11

ISBN 978-1-62505-263-6
PRINT 7x10

First edition

Copyright © 2019  Allan P. Sand

All rights reserved under International and Pan-American Copyright Conventions.

Published by Billiard Gods Productions.
Santa Clara, CA 95051
U.S.A.


For the latest information about books and videos, go to: http://www.billiardgods.com

**Acknowledgements**
Wei Chao created the software that was used to create these graphics.

# Inhoudsopgave

**Invoering** .................................................................................................................. **1**
Over de tabelconfiguraties ......................................................................................... 1
Tabel opstelling instructies ........................................................................................ 2
Doel van de twee tabellen ......................................................................................... 2
**A: Eenvoudige diagonaal** ...................................................................................... **3**
A: Groep 1 ................................................................................................................ 3
A: Groep 2 ................................................................................................................ 8
A: Groep 3 .............................................................................................................. 13
A: Groep 4 .............................................................................................................. 18
A: Groep 5 .............................................................................................................. 23
A: Groep 6 .............................................................................................................. 28
**B: Eenvoudig diagonaal, gewijzigd** .................................................................. **33**
B: Groep 1 .............................................................................................................. 33
B: Groep 2 .............................................................................................................. 38
B: Groep 3 .............................................................................................................. 43
**C: Parallelle diagonaal** ...................................................................................... **48**
C: Groep 1 .............................................................................................................. 48
C: Groep 2 .............................................................................................................. 53
C: Groep 3 .............................................................................................................. 58
C: Groep 4 .............................................................................................................. 63
C: Groep 5 .............................................................................................................. 68
**D: Dubbele diagonaal** ........................................................................................ **73**
D: Groep 1 .............................................................................................................. 73
D: Groep 2 .............................................................................................................. 78
D: Groep 3 .............................................................................................................. 83
D: Groep 4 .............................................................................................................. 88
D: Groep 5 .............................................................................................................. 93
D: Groep 6 .............................................................................................................. 98
D: Groep 7 ............................................................................................................ 103
**E: Dubbele diagonaal, gewijzigd** .................................................................... **108**
E: Groep 1 ............................................................................................................ 108
E: Groep 2 ............................................................................................................ 113
E: Groep 3 ............................................................................................................ 118
E: Groep 4 ............................................................................................................ 123
E: Groep 5 ............................................................................................................ 128
E: Groep 6 ............................................................................................................ 133
**F: Driedubbele diagonaal** ................................................................................ **138**
F: Groep 1 ............................................................................................................ 138
F: Groep 2 ............................................................................................................ 143
F: Groep 3 ............................................................................................................ 148

Other books by the author ...

- 3 Cushion Billiards Championship Shots (a series)
- Carom Billiards: Some Riddles & Puzzles
- Carom Billiards: MORE Riddles & Puzzles
- Why Pool Hustlers Win
- Table Map Library
- Safety Toolbox
- Cue Ball Control Cheat Sheets
- Advanced Cue Ball Control Self-Testing Program
- Drills & Exercises for Pool & Pocket Billiards
- The Art of War versus The Art of Pool
- The Psychology of Losing – Tricks, Traps & Sharks
- The Art of Team Coaching
- The Art of Personal Competition
- The Art of Politics & Campaigning
- The Art of Marketing & Promotion
- Kitchen God's Guide for Single Guys

# Invoering

Dit is een van de driebanden biljart die laten zien hoe professionele spelers beslissingen nemen, gebaseerd op de tafelindeling. Al deze tabelconfiguraties zijn afkomstig van internationale wedstrijden.

Deze tabelconfiguraties plaatsen je in het hoofd van de speler, te beginnen met de balposities (weergegeven in de eerste tabel). De indeling van de tweede tabel laat zien wat de speler heeft besloten te doen.

## Over de tabelconfiguraties

Elke configuratie heeft twee tabelconfiguraties. De eerste tafel is de balposities. De tweede tafel is hoe de ballen op de tafel bewegen.

Dit zijn de drie ballen op tafel:

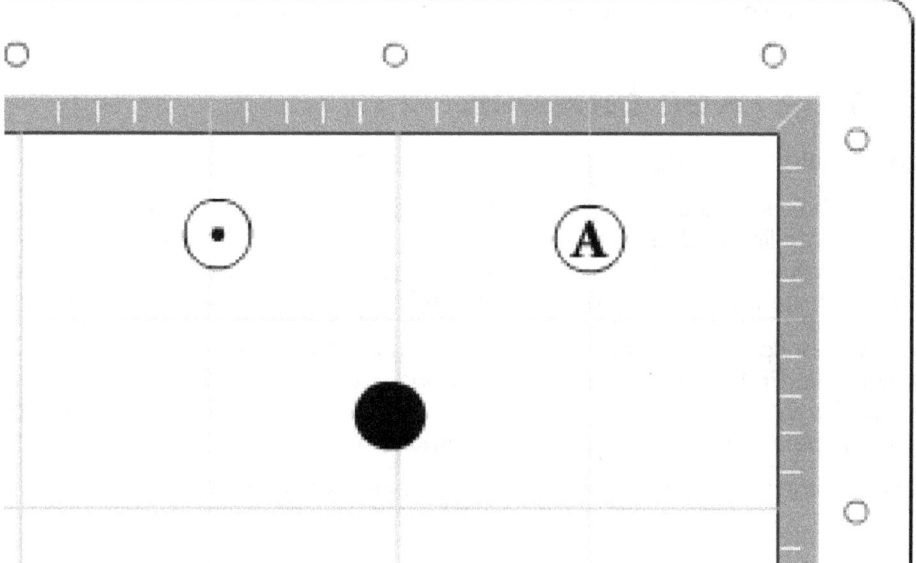

Ⓐ (CB) (uw biljartbal)

⊙ (OB) (tegenstander biljartbal)

● (OB) (rode biljartbal)

# Tabel opstelling instructies

Gebruik papierbandringen om de balposities te markeren (koop bij een kantoorwinkel).

Plaats een munt op elk biljartbanden dat de (CB) zal aanraken.

Vergelijk uw (CB) pad met de configuratie van de tweede tabel. Om te leren, hebt u mogelijk meerdere pogingen nodig. Stel na elke fout een aanpassing in en probeer het opnieuw totdat je succesvol bent.

# Doel van de twee tabellen

Deze tabelconfiguraties zijn bedoeld voor twee doeleinden.

- Uw analyse - thuis kunt u overwegen hoe de configuratie in de eerste tabel moet worden afgespeeld. Vergelijk uw ideeën met het werkelijke patroon op de tweede tafel. Denk aan uw oplossing en overweeg opties. Vanuit de tweede tabel kunt u ook analyseren hoe u het patroon moet volgen. Speel de opstelling mentaal af en beslis hoe je succesvol kunt zijn.

- Oefen de tafelconfiguratie - plaats de ballen op hun plaats, volgens de eerste tabelconfiguratie. Probeer het tweede tabelpatroon te dupliceren. Je hebt misschien veel pogingen nodig voordat je de juiste manier vindt om te spelen. Dit is hoe je deze opstellingen kunt leren en spelen tijdens competities en toernooien.

De combinatie van mentale analyse en praktische oefening zal je een slimmere speler maken.

# A: Eenvoudige diagonaal

Dit zijn een aantal bolletjes die van de ene hoek naar de andere kant lopen. De (CB) reist over de tafel van de ene hoek naar de andere hoek.

Ⓐ (CB) (uw biljartbal) – ⊙ (OB) (tegenstander biljartbal) – ● (OB) (rode biljartbal)

## A: Groep 1

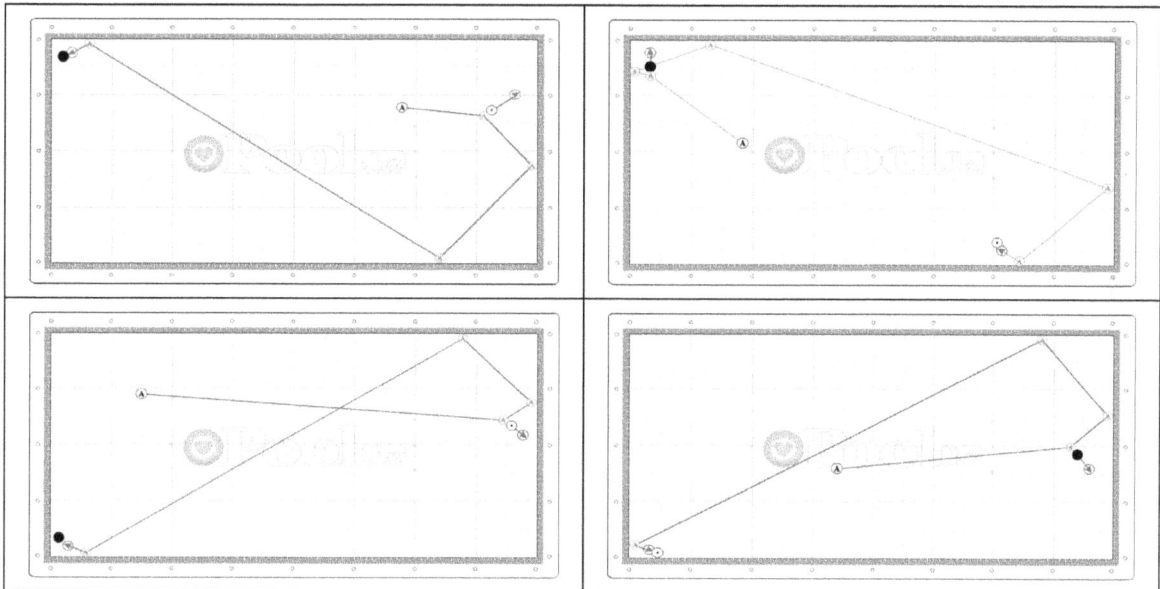

**Analyse:**

A:1a. _____

A:1b. _____

A:1c. _____

A:1d. _____

## A:1a – Opstelling

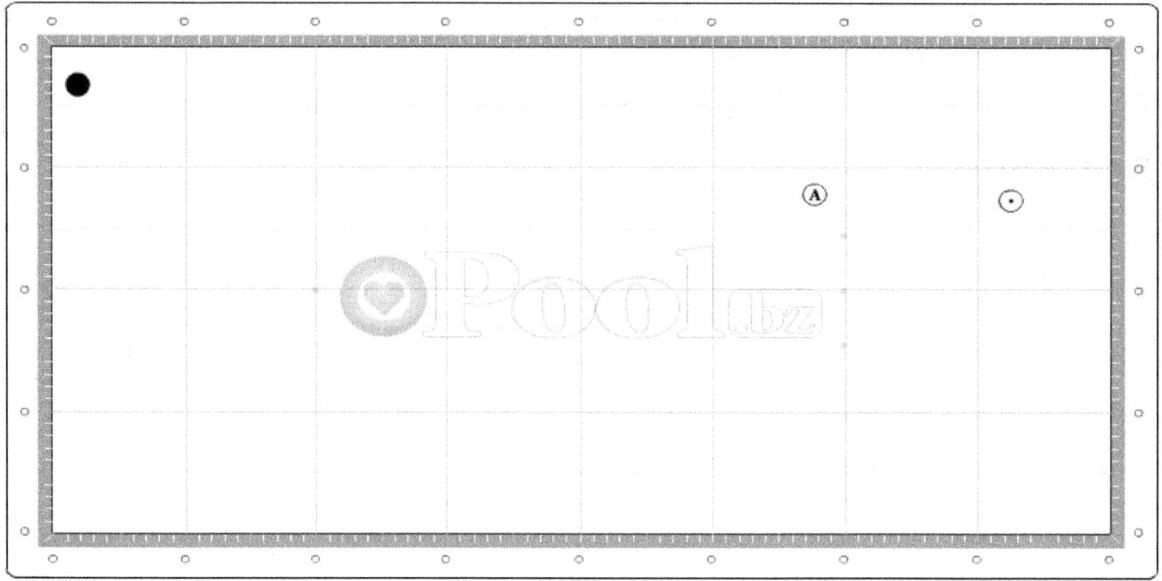

Opmerkingen en ideeën:

## Schotpatroon

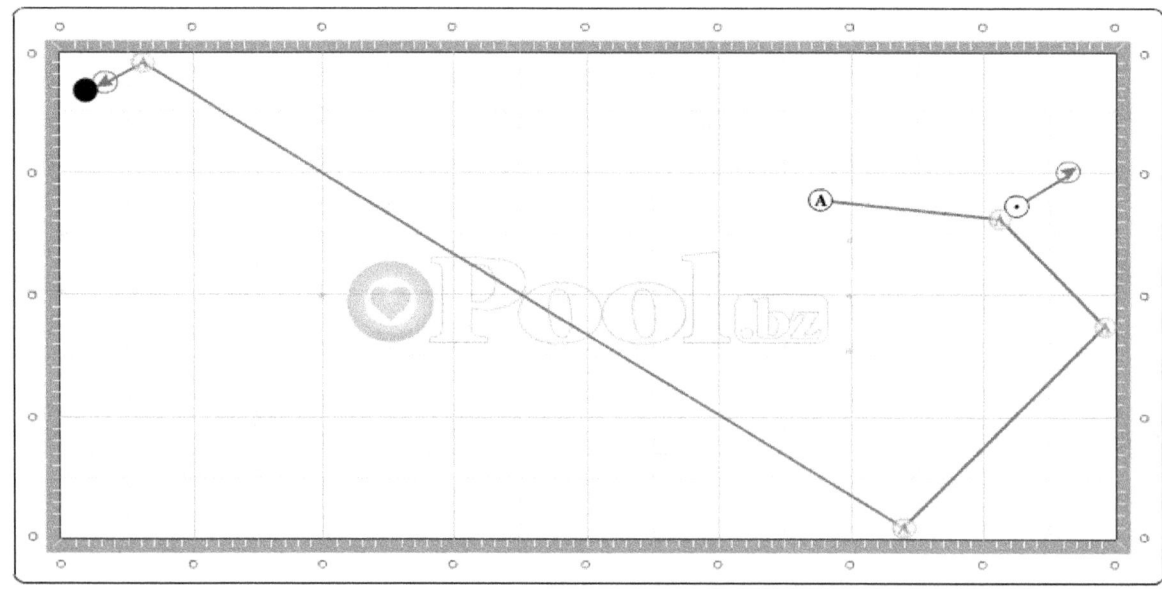

## A:1b – Opstelling

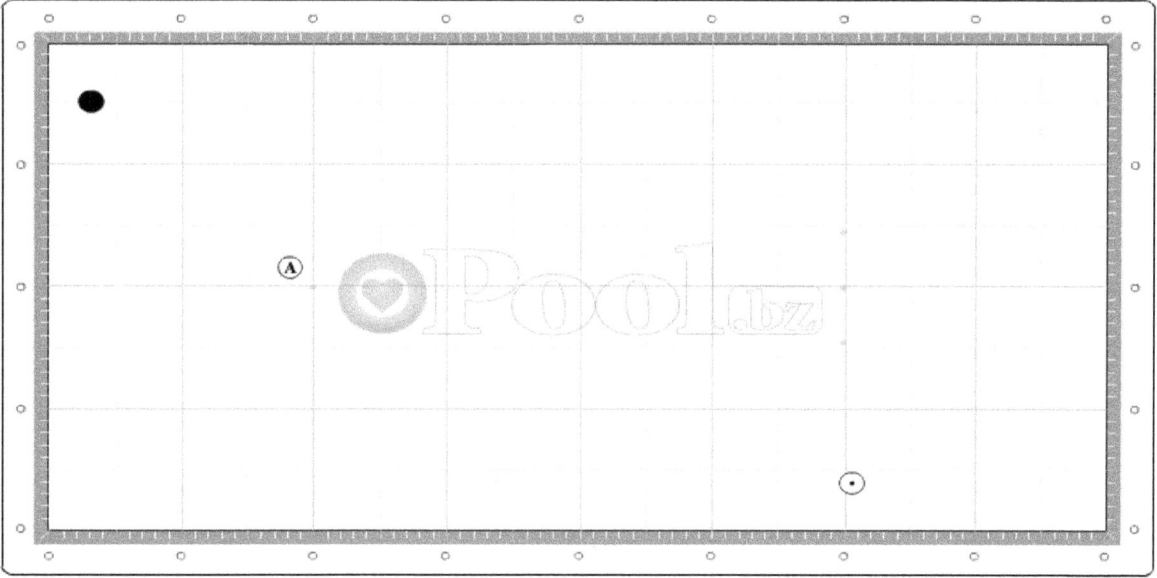

Opmerkingen en ideeën:

## Schotpatroon

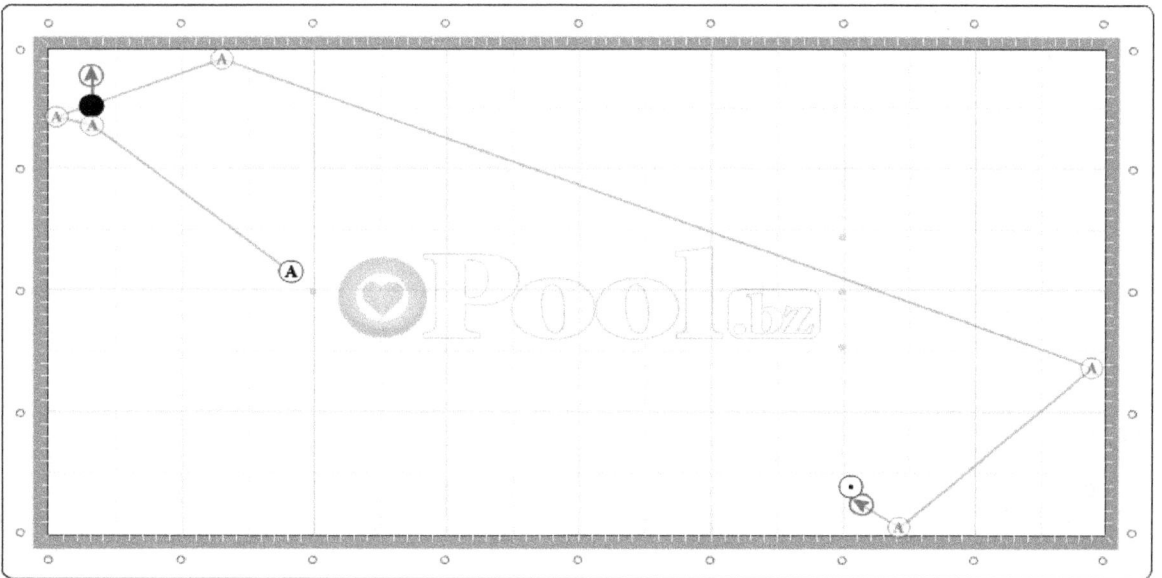

## A:1c – Opstelling

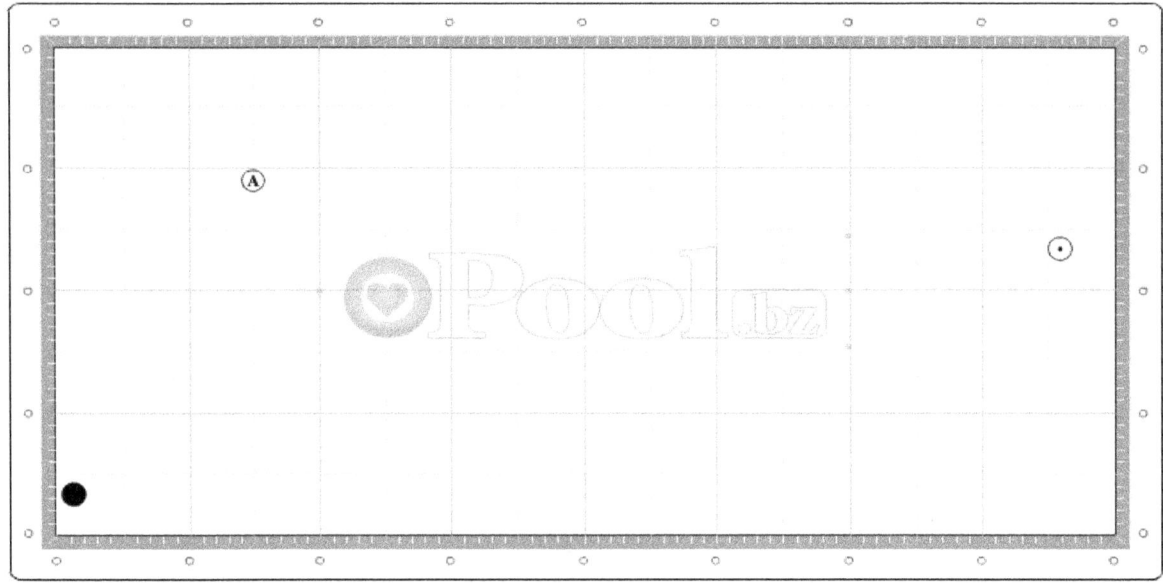

Opmerkingen en ideeën:

## Schotpatroon

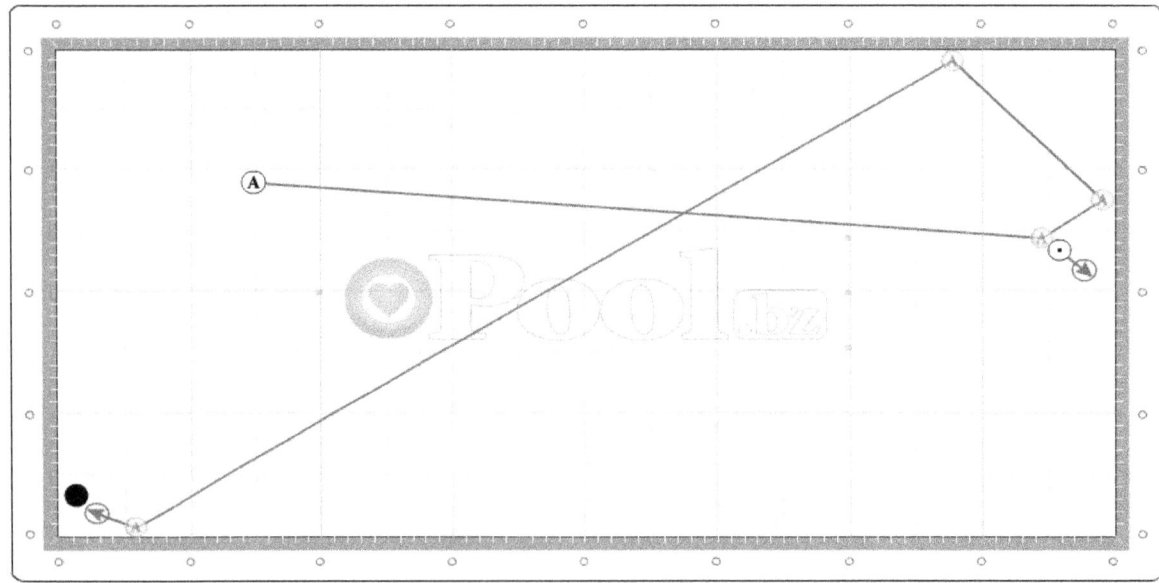

## A:1d – Opstelling

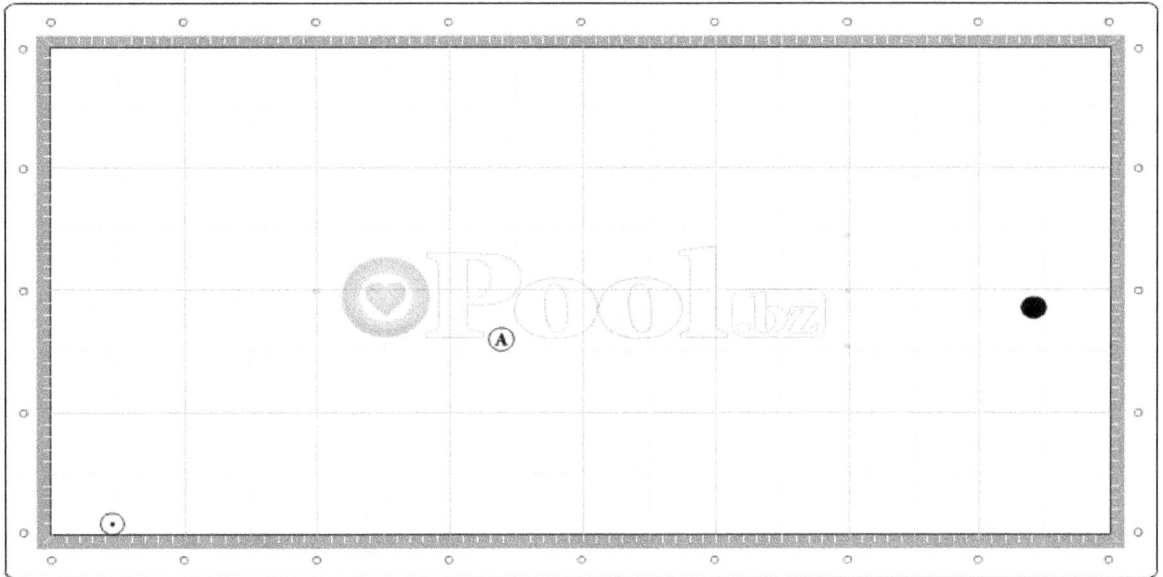

Opmerkingen en ideeën:

## Schotpatroon

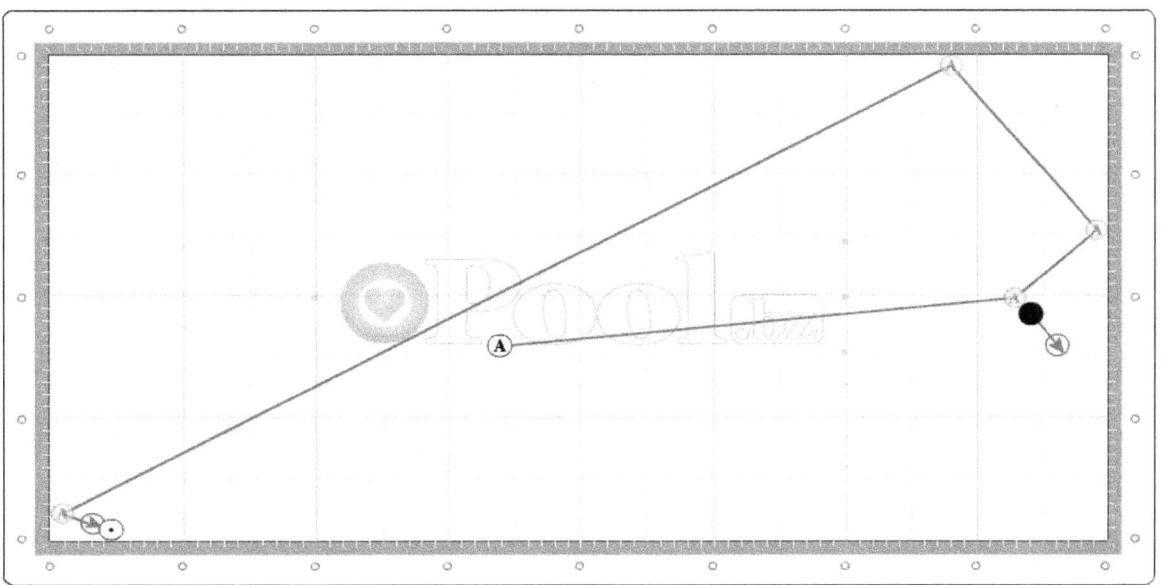

# A: Groep 2

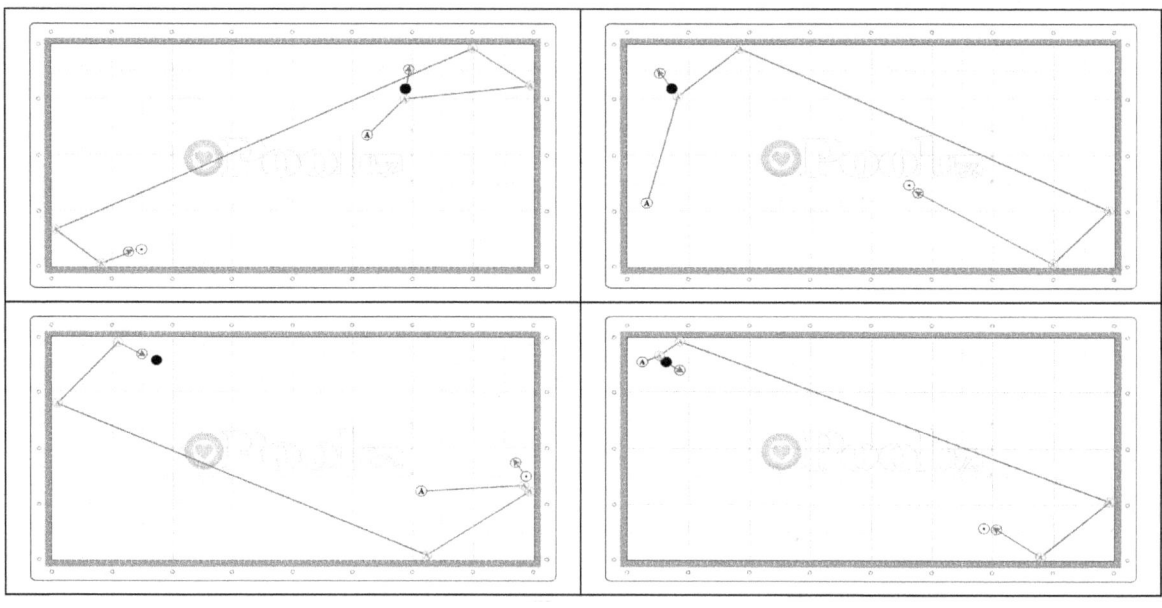

**Analyse**:




A:2a. _____




A:2b. _____




A:2c. _____




A:2d. _____

## A:2a – Opstelling

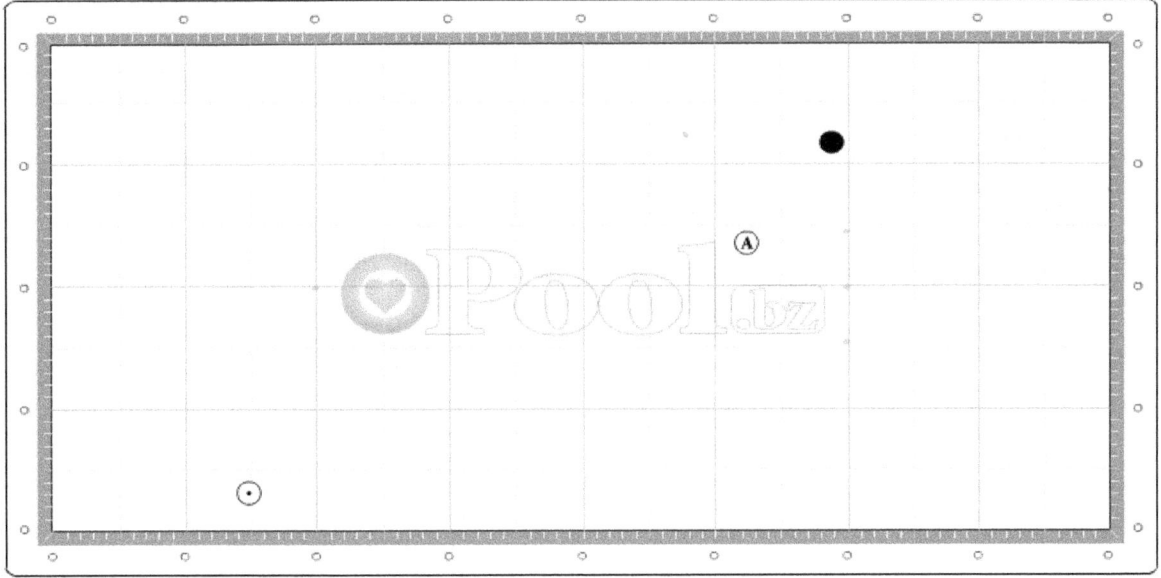

Opmerkingen en ideeën:

## Schotpatroon

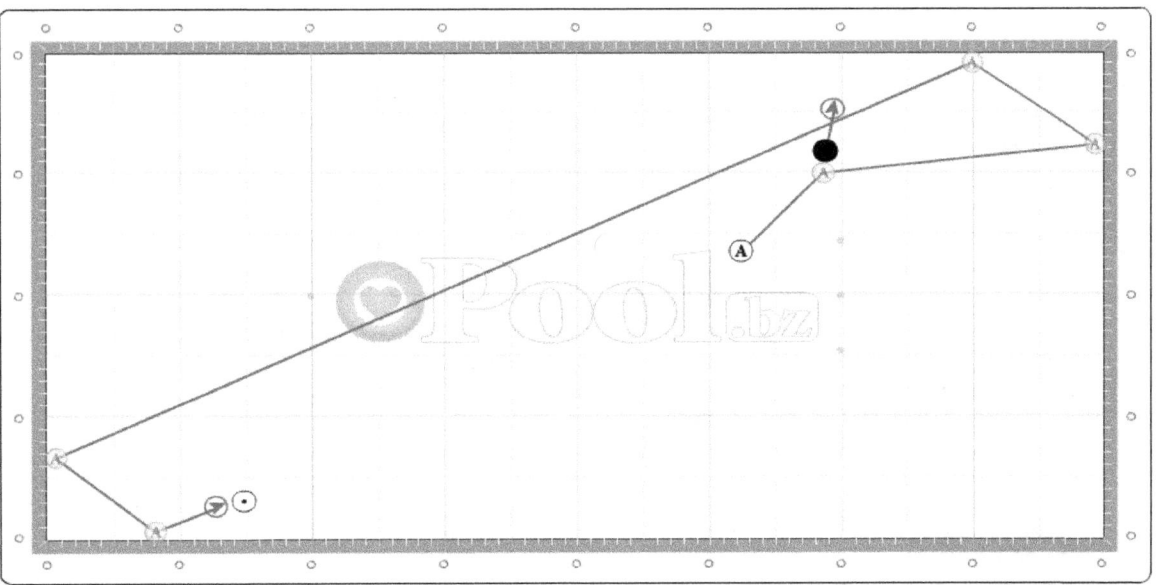

## A:2b – Opstelling

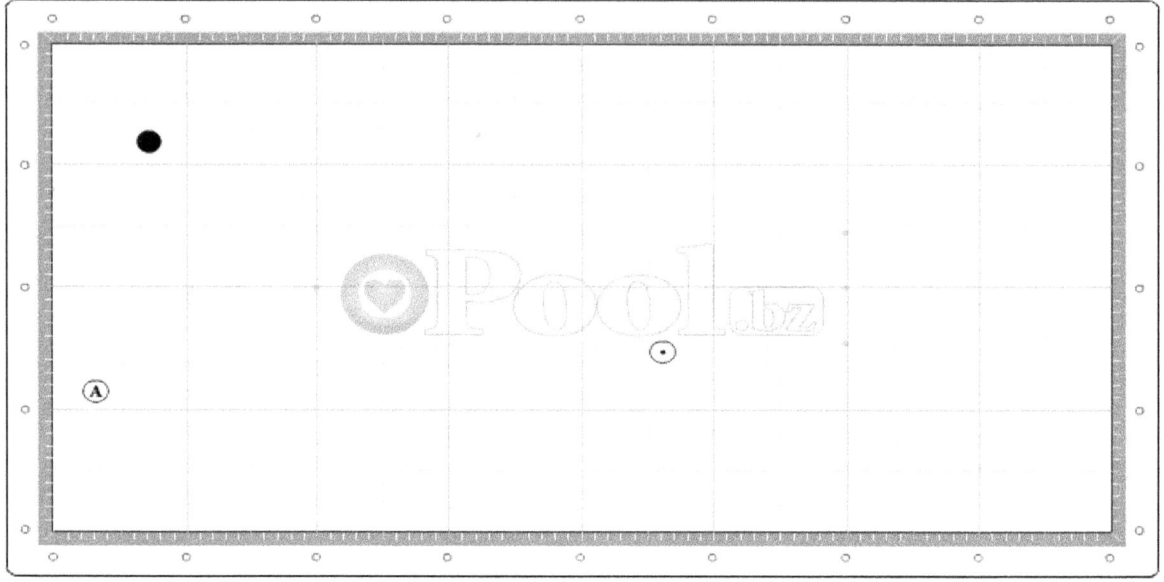

Opmerkingen en ideeën:

## Schotpatroon

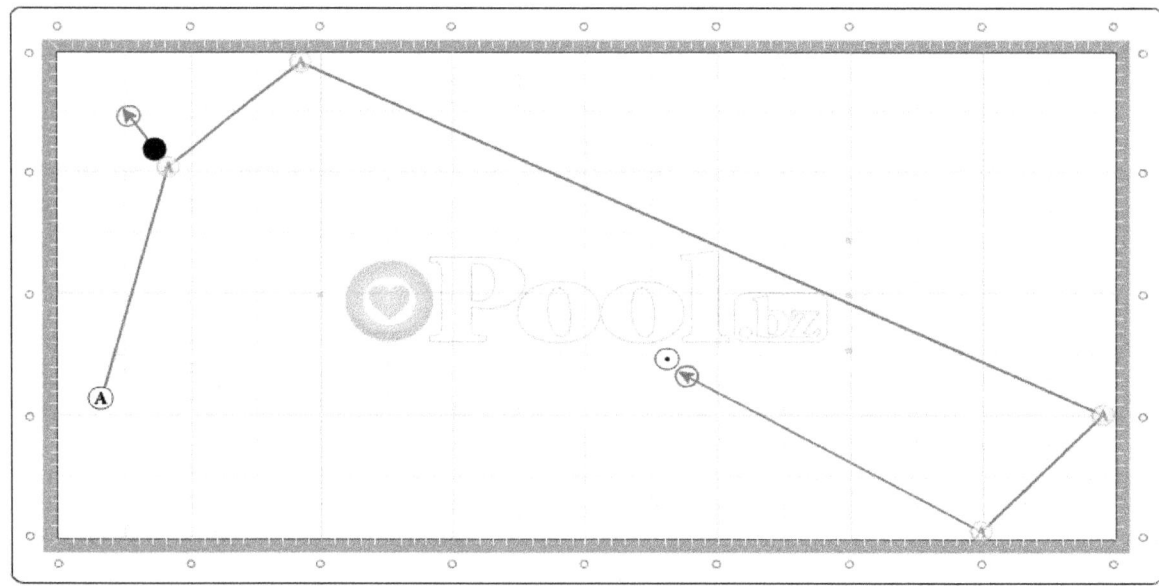

## A:2c – Opstelling

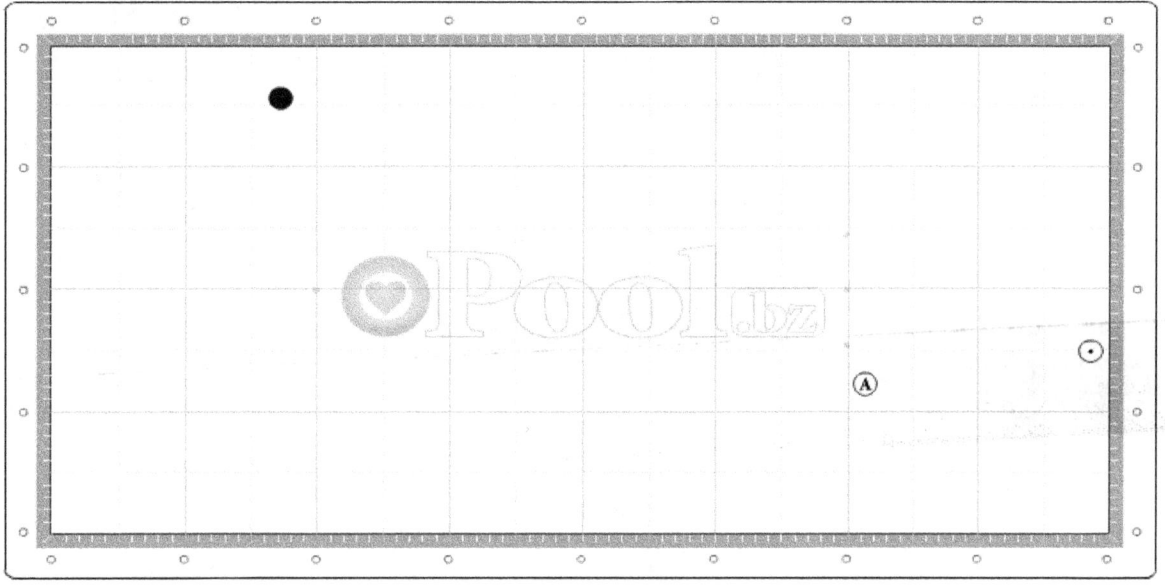

Opmerkingen en ideeën:

## Schotpatroon

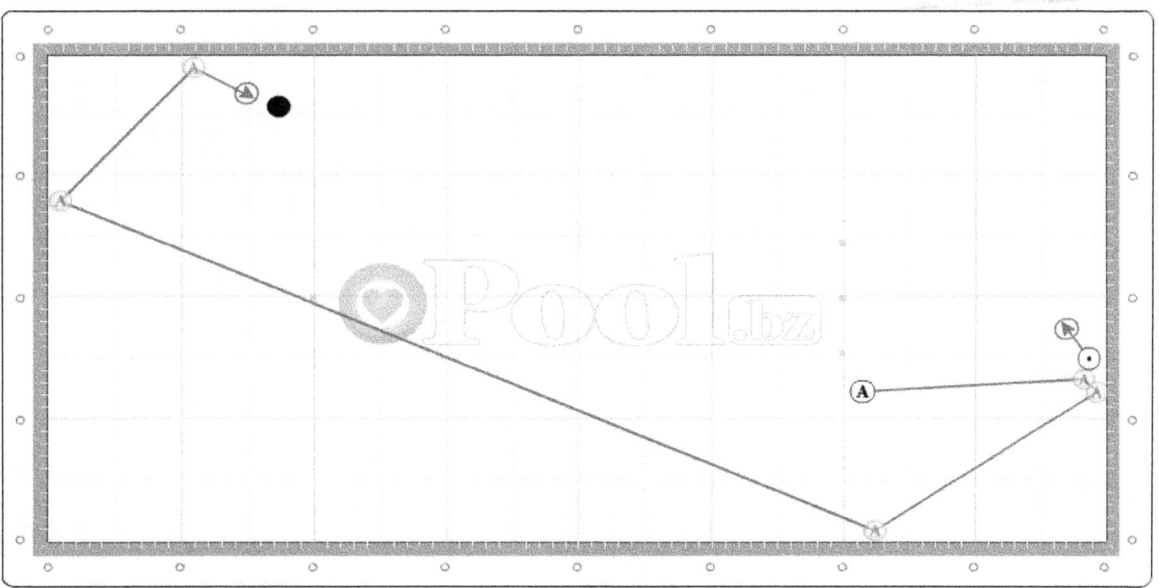

## A:2d – Opstelling

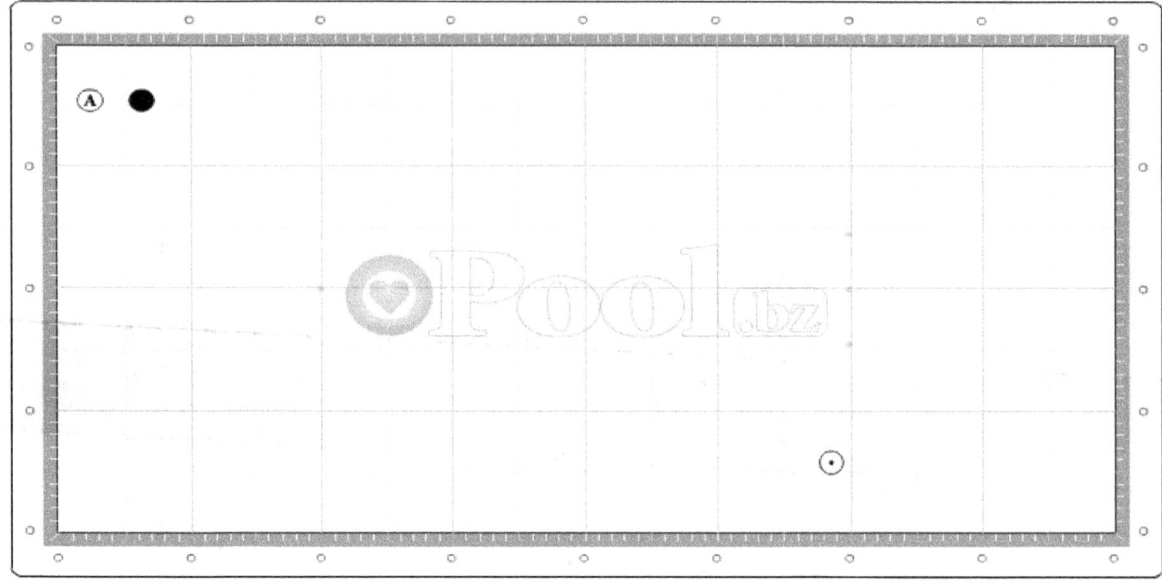

Opmerkingen en ideeën:

## Schotpatroon

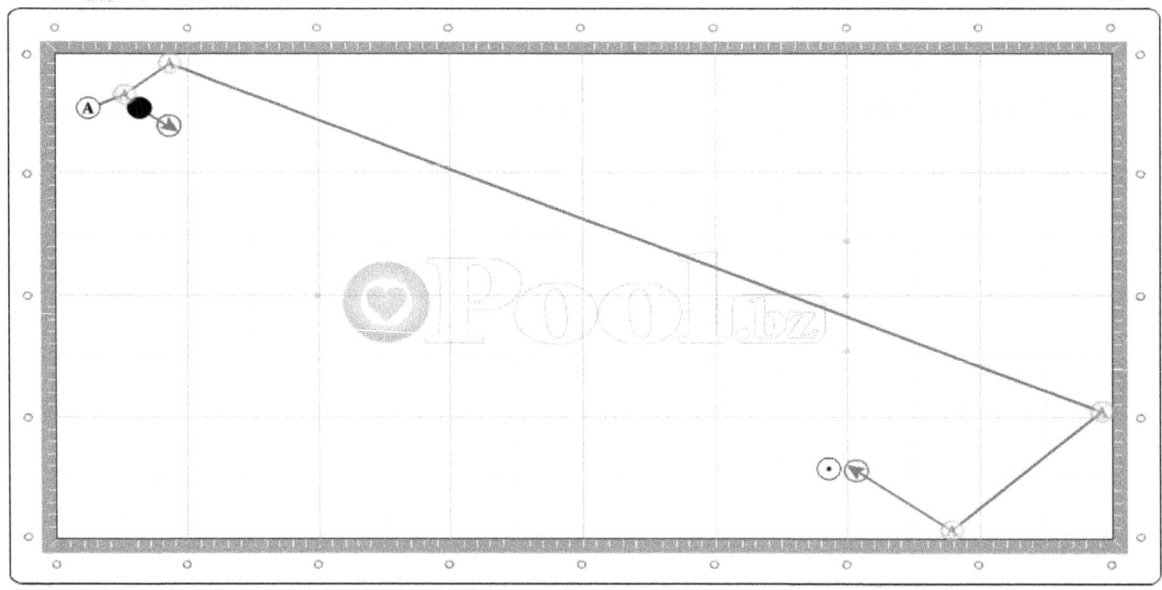

# A: Groep 3

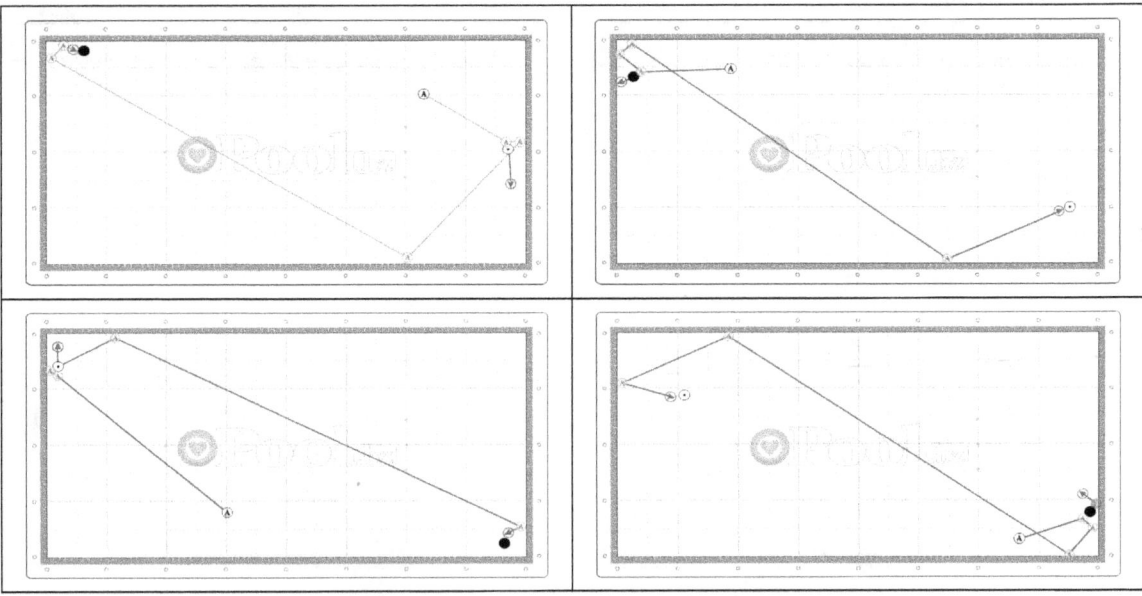

**Analyse**:

A:3a. _____

A:3b. _____

A:3c. _____

A:3d. _____

## A:3a – Opstelling

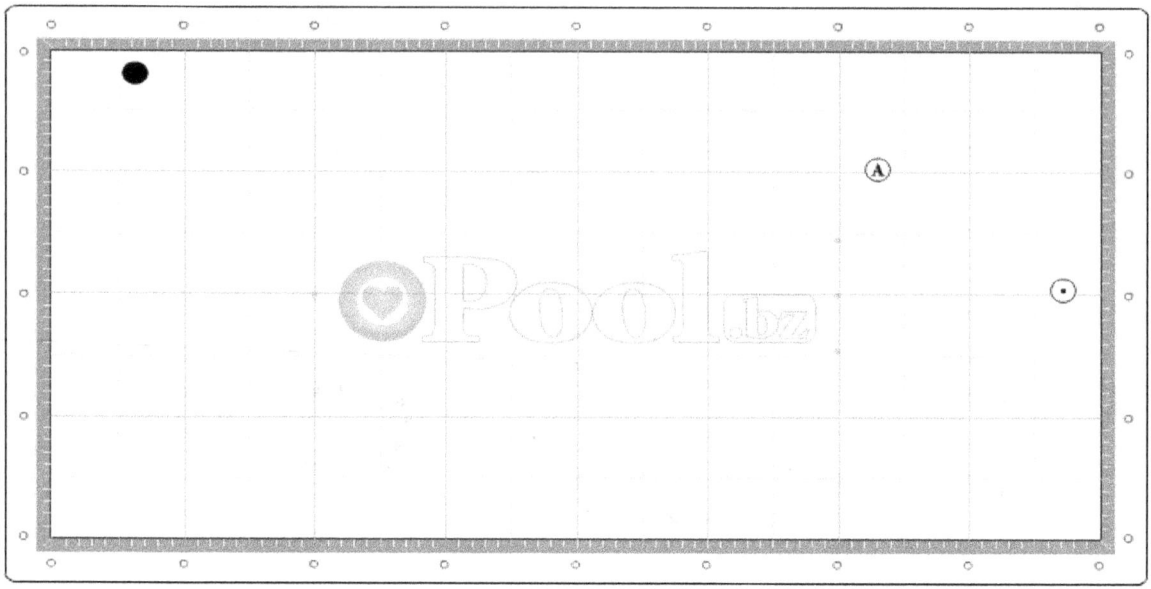

Opmerkingen en ideeën:

## Schotpatroon

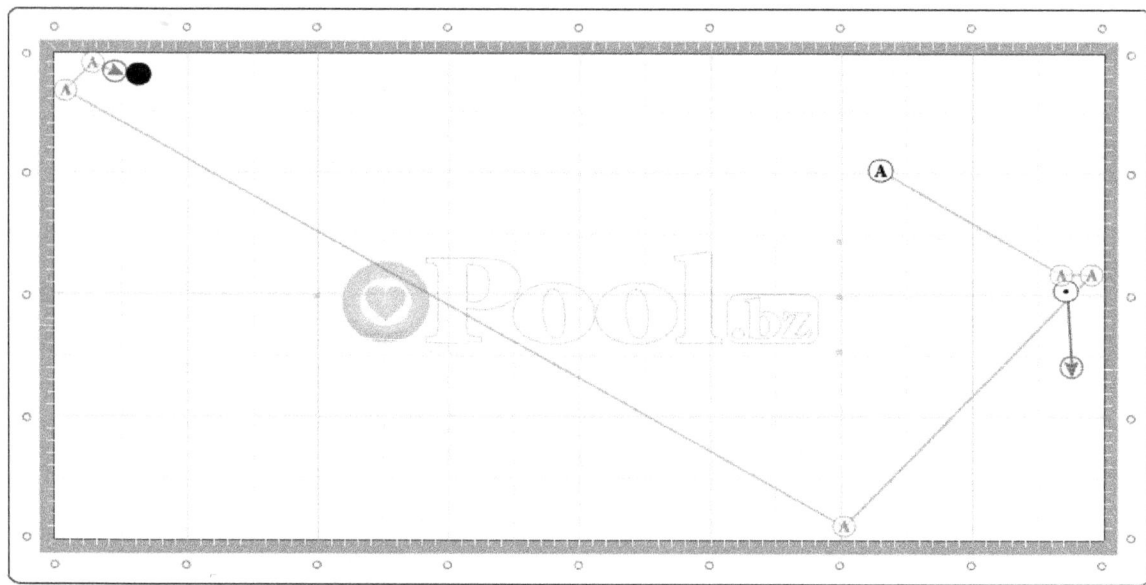

## A:3b – Opstelling

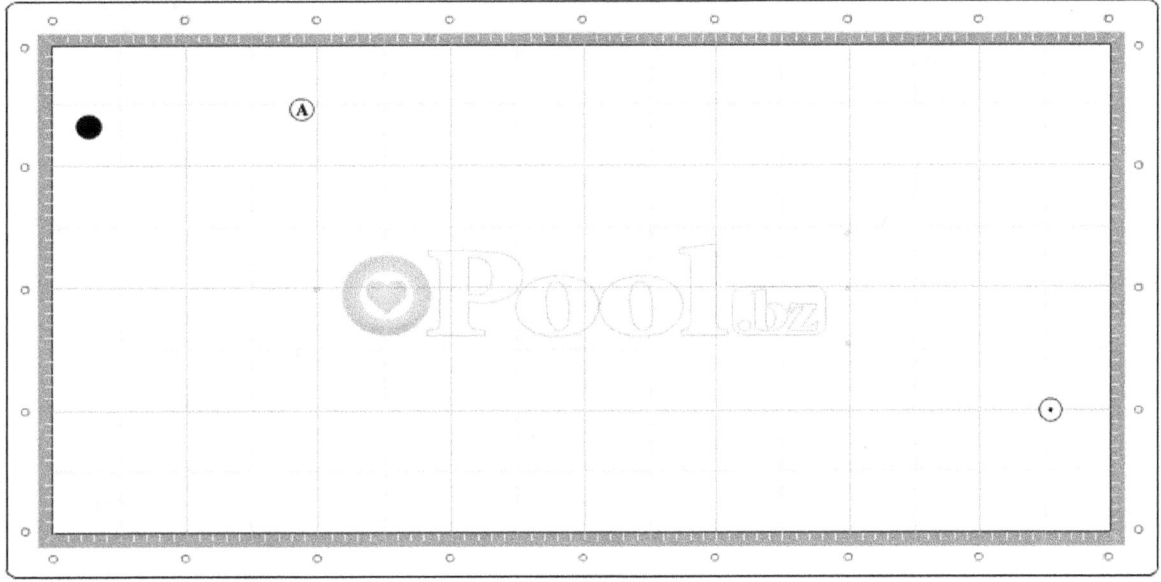

Opmerkingen en ideeën:

## Schotpatroon

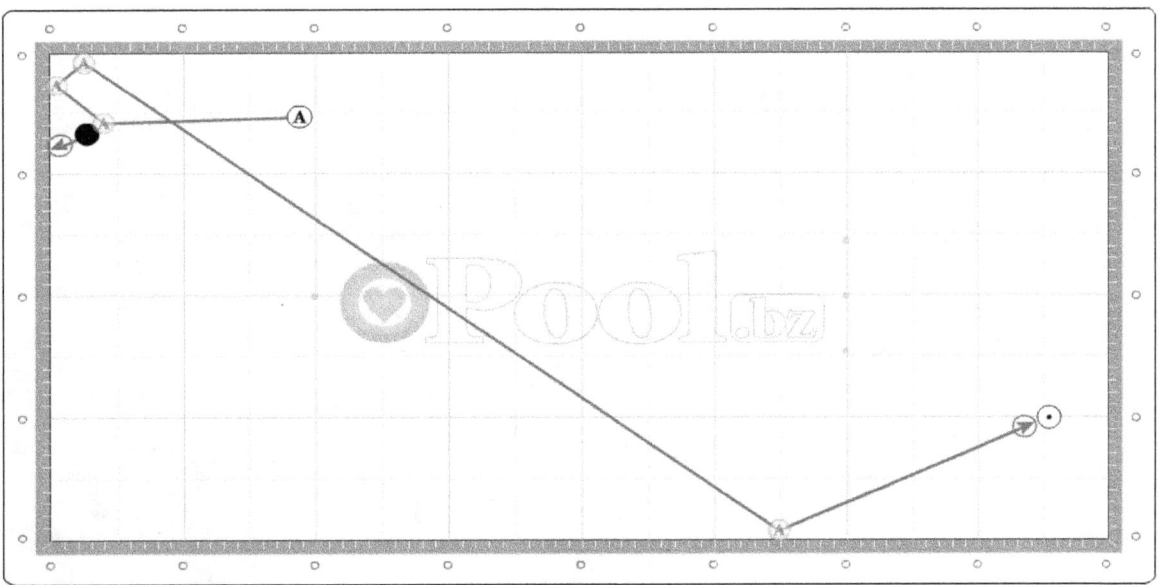

## A:3c – Opstelling

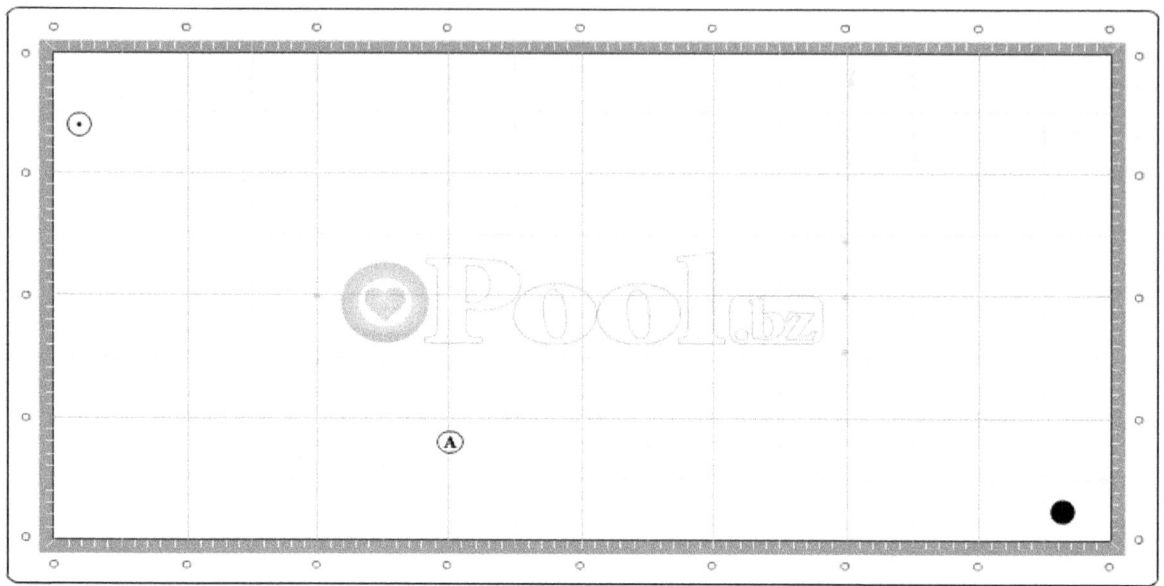

Opmerkingen en ideeën:

## Schotpatroon

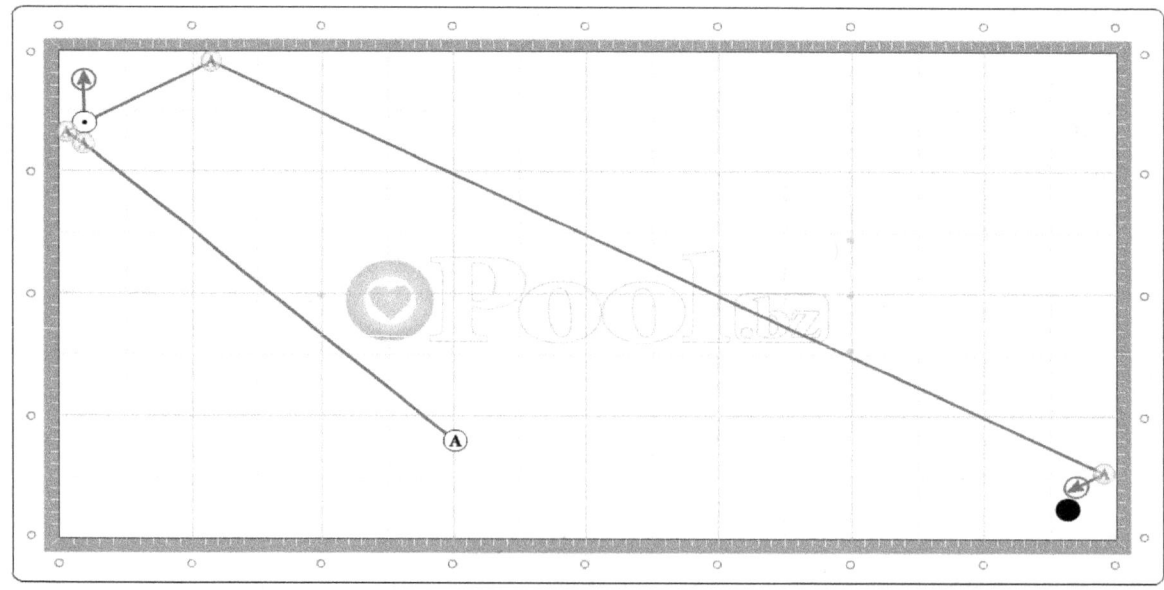

## A:3d – Opstelling

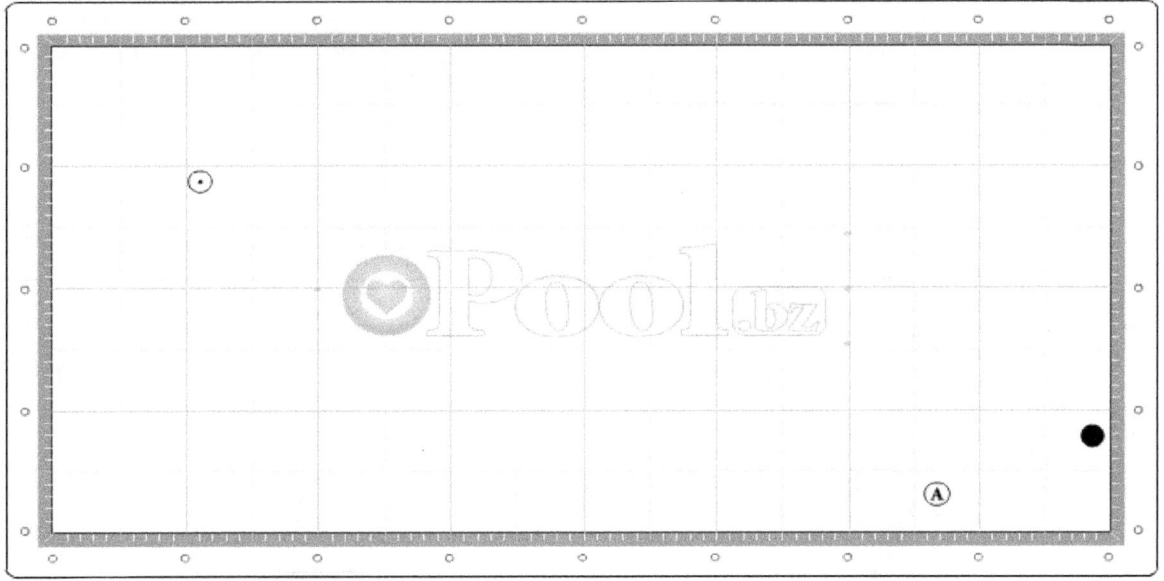

Opmerkingen en ideeën:

## Schotpatroon

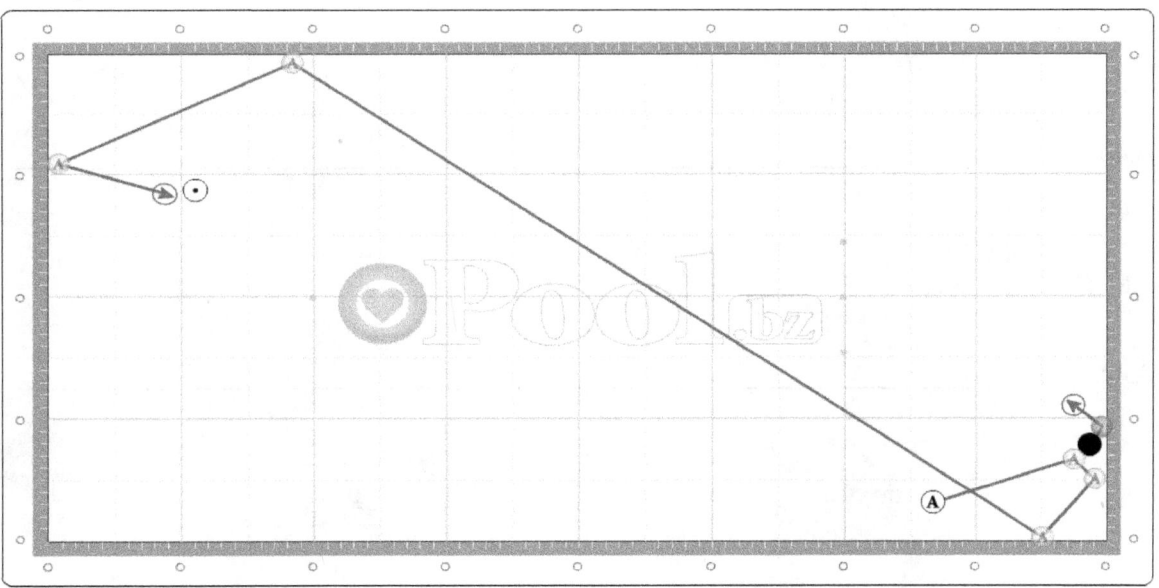

# A: Groep 4

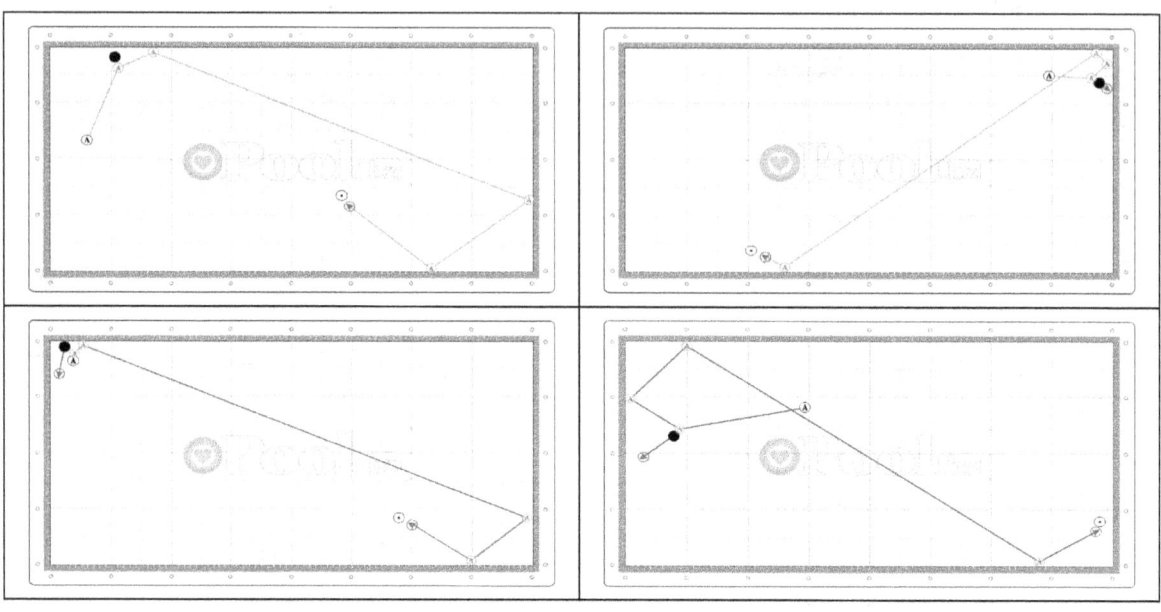

**Analyse**:

A:4a. _____

A:4b. _____

A:4c. _____

A:4d. _____

## A:4a – Opstelling

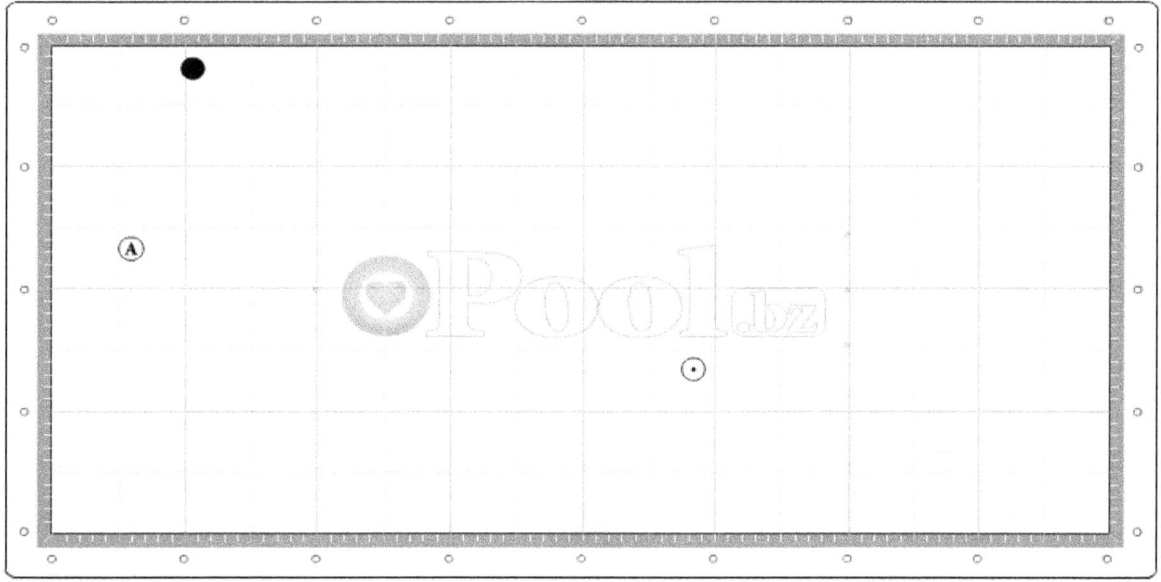

Opmerkingen en ideeën:

## Schotpatroon

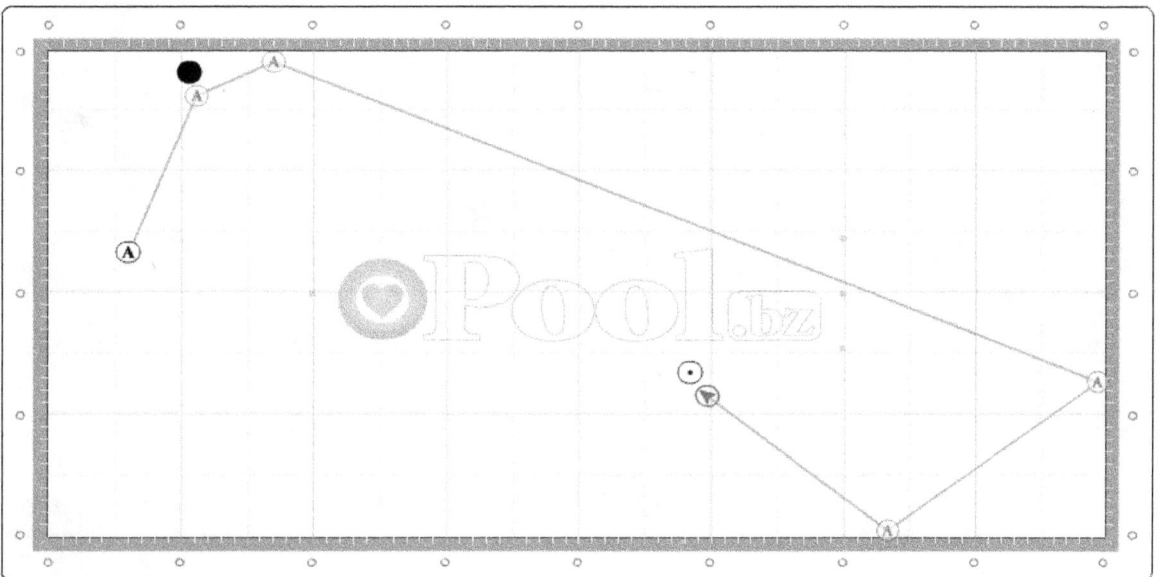

## A:4b – Opstelling

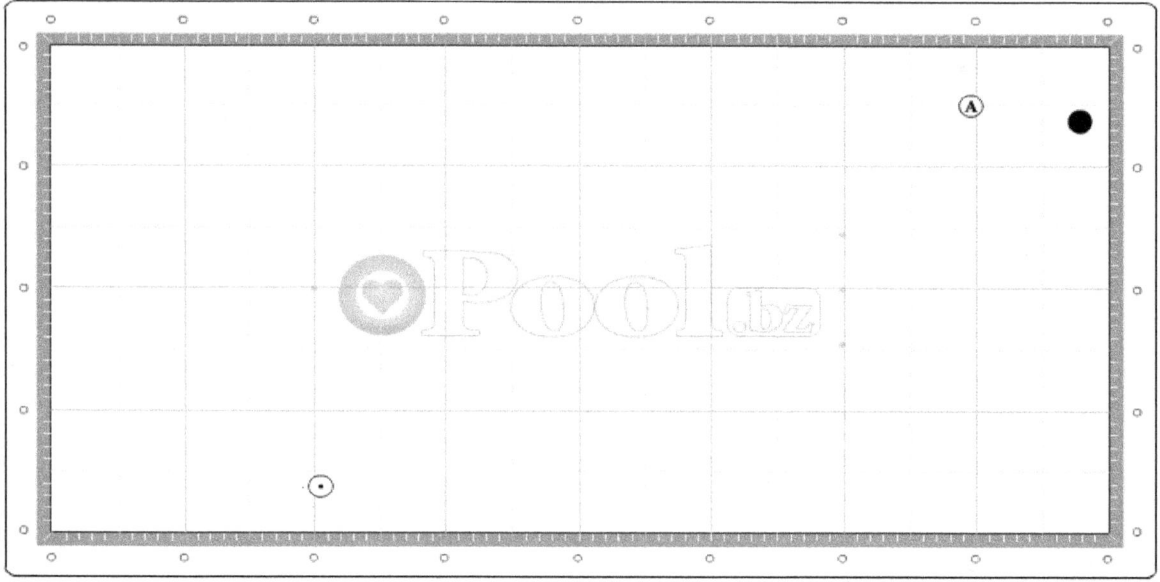

Opmerkingen en ideeën:

## Schotpatroon

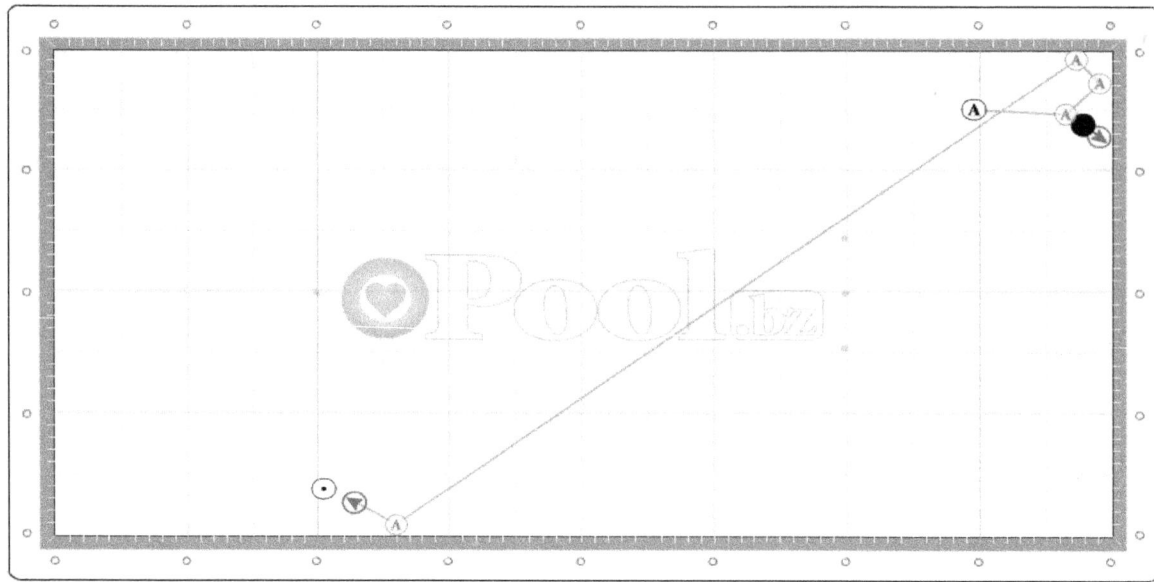

## A:4c – Opstelling

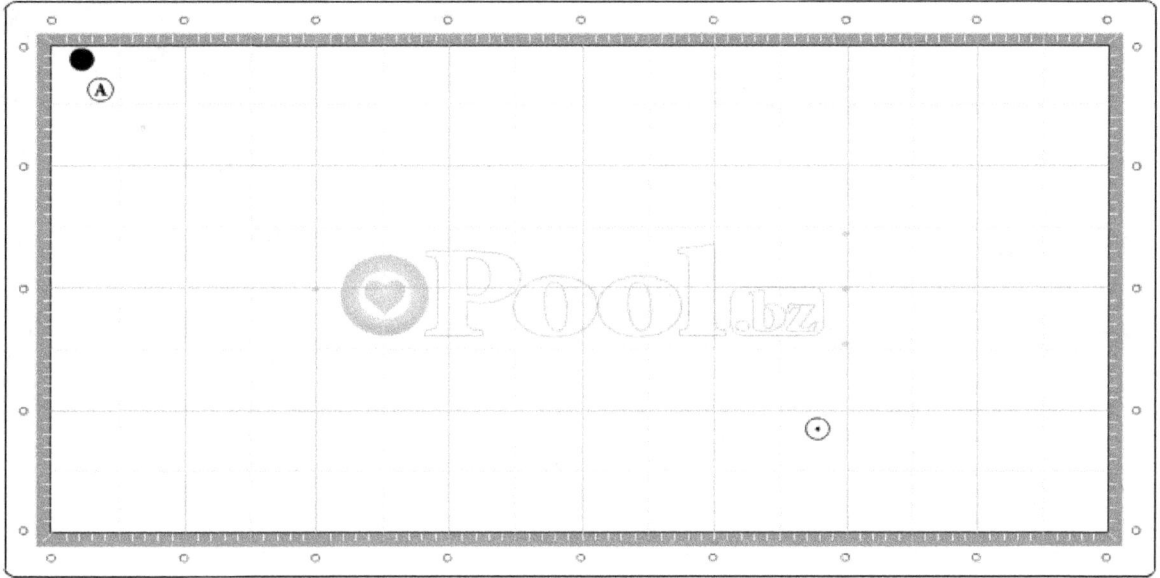

Opmerkingen en ideeën:

## Schotpatroon

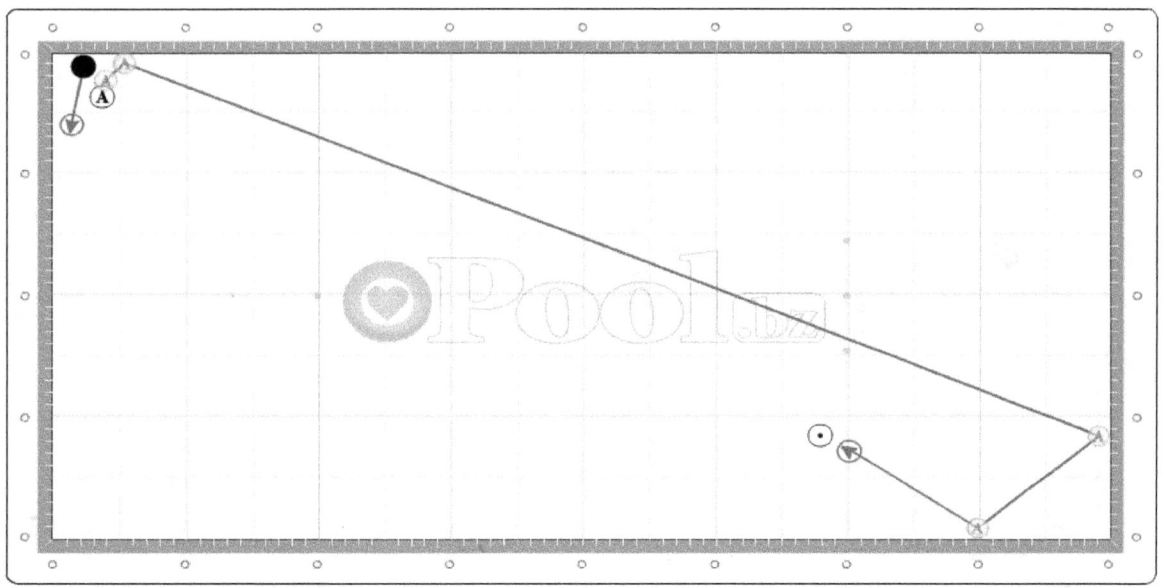

## A:4d – Opstelling

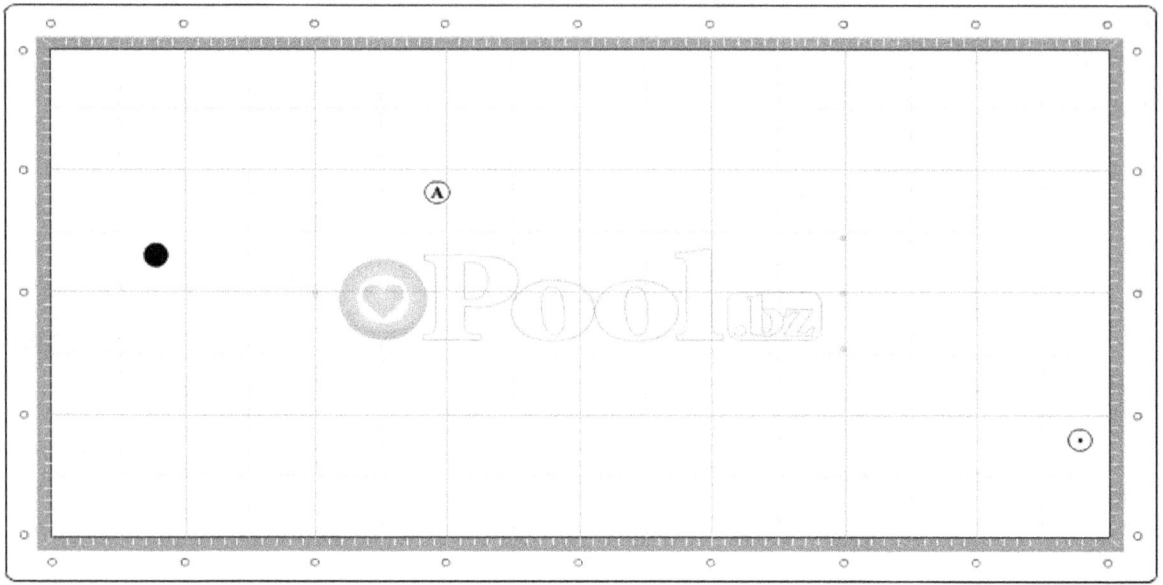

Opmerkingen en ideeën:

## Schotpatroon

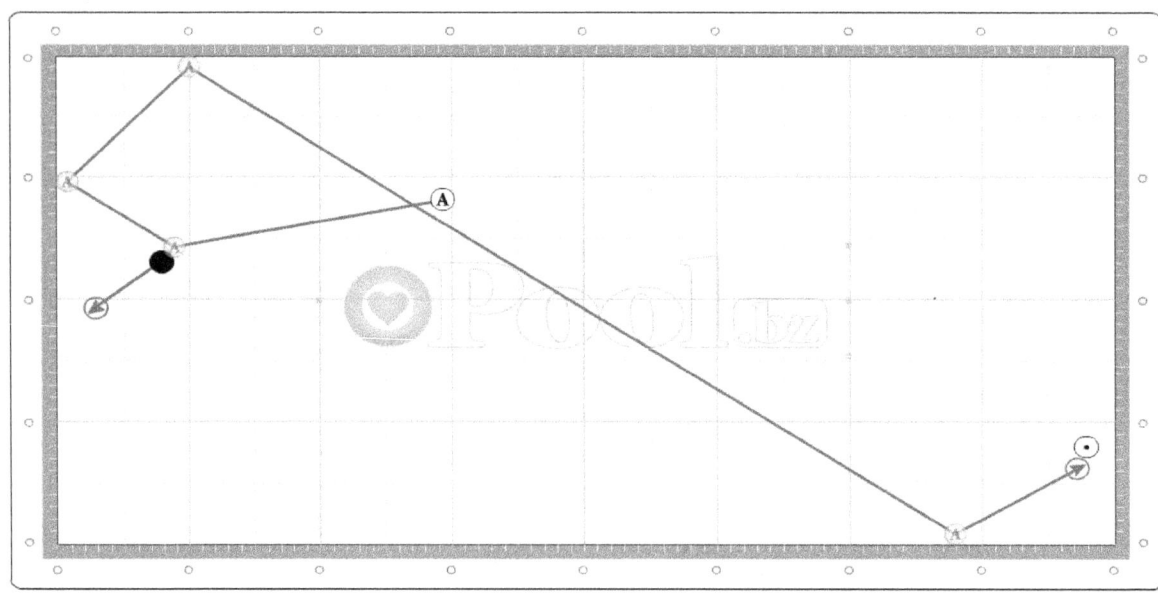

# A: Groep 5

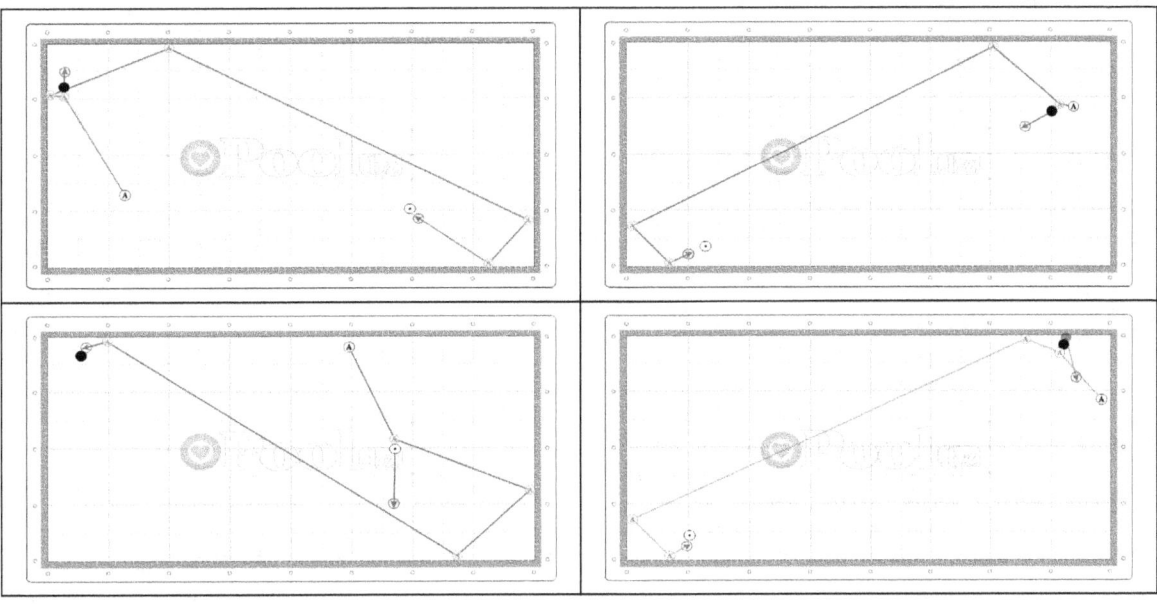

**Analyse**:

A:5a. _____

A:5b. _____

A:5c. _____

A:5d. _____

## A:5a – Opstelling

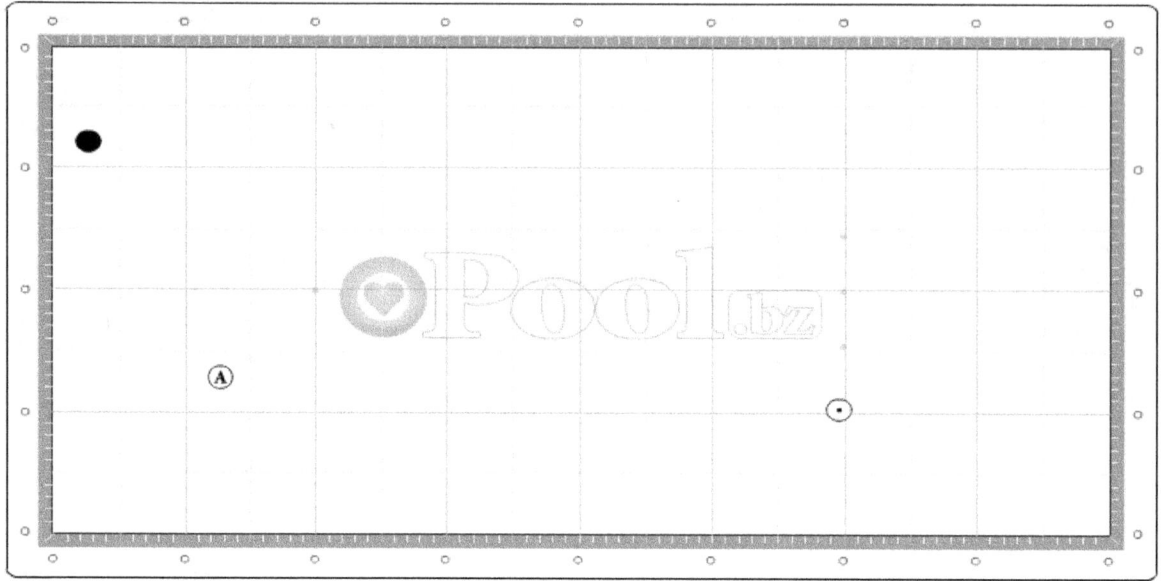

Opmerkingen en ideeën:

## Schotpatroon

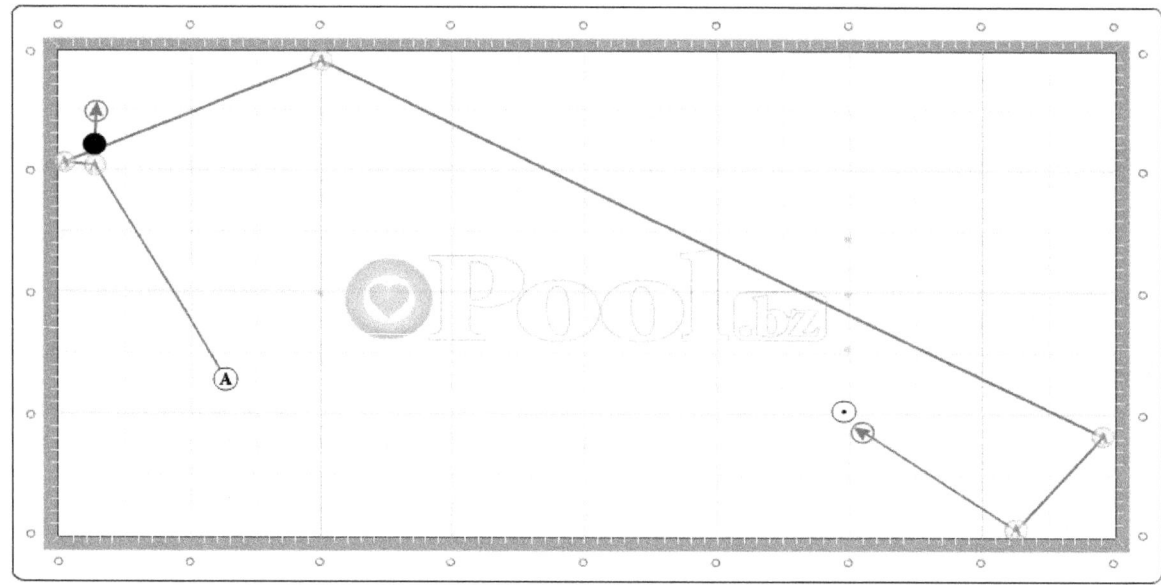

## A:5b – Opstelling

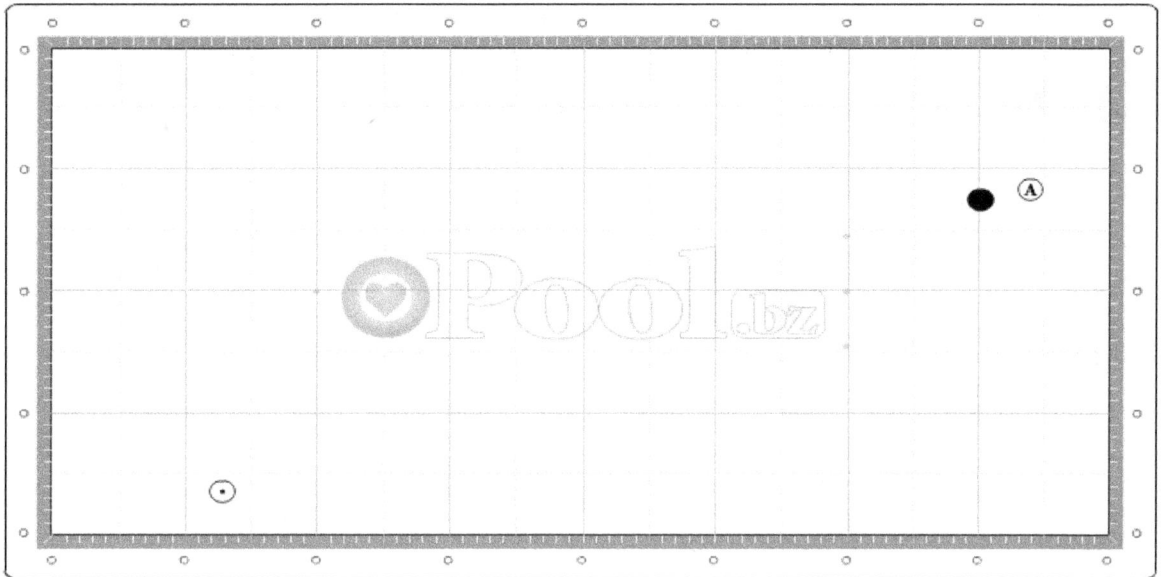

Opmerkingen en ideeën:

## Schotpatroon

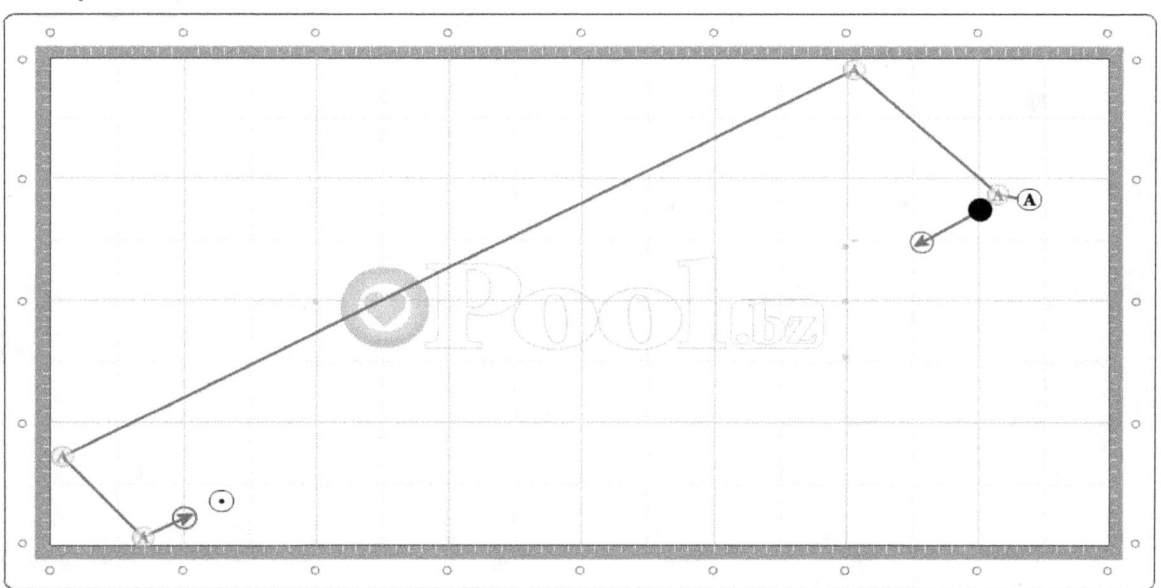

## A:5c – Opstelling

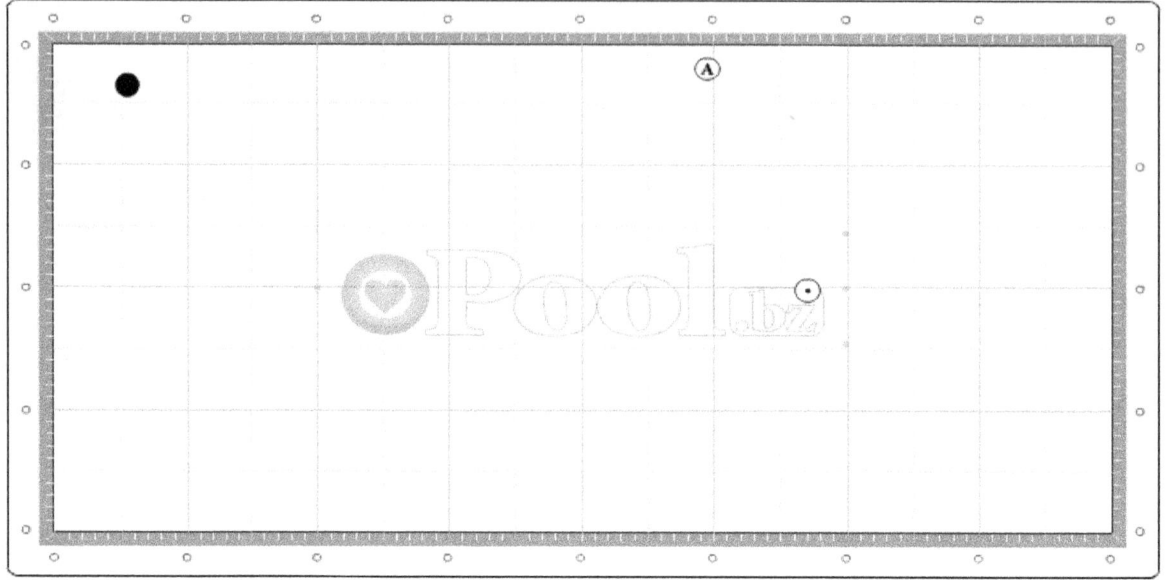

Opmerkingen en ideeën:

## Schotpatroon

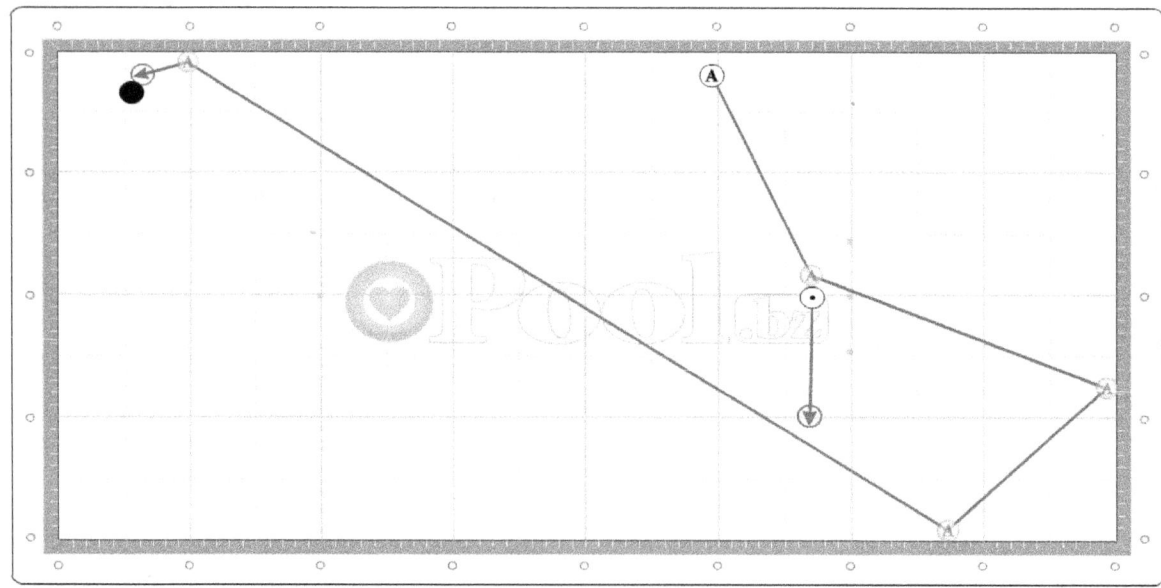

## A:5d – Opstelling

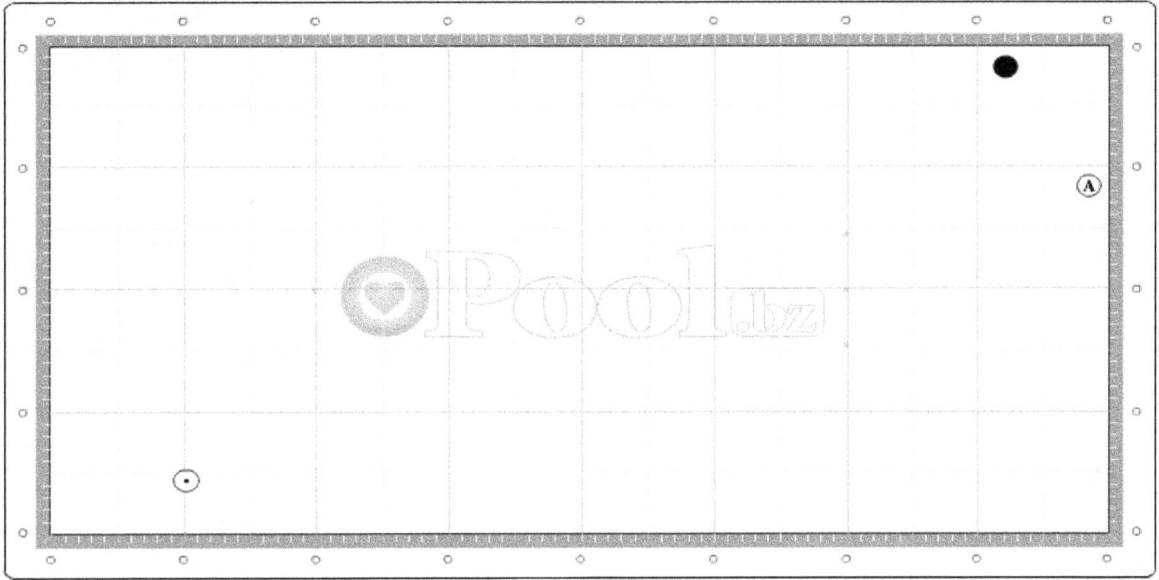

Opmerkingen en ideeën:

## Schotpatroon

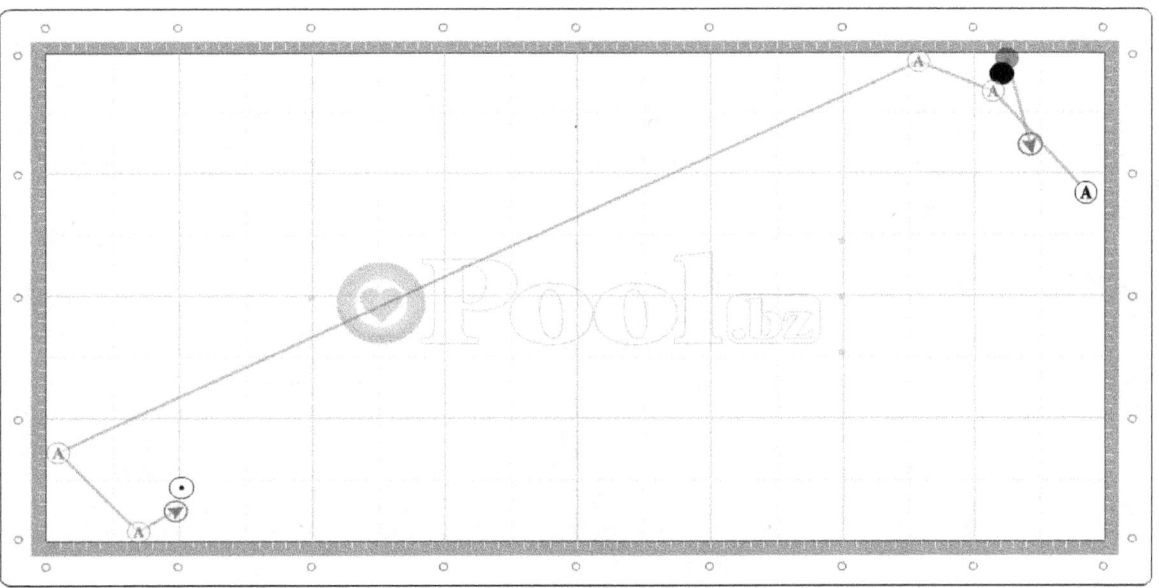

# A: Groep 6

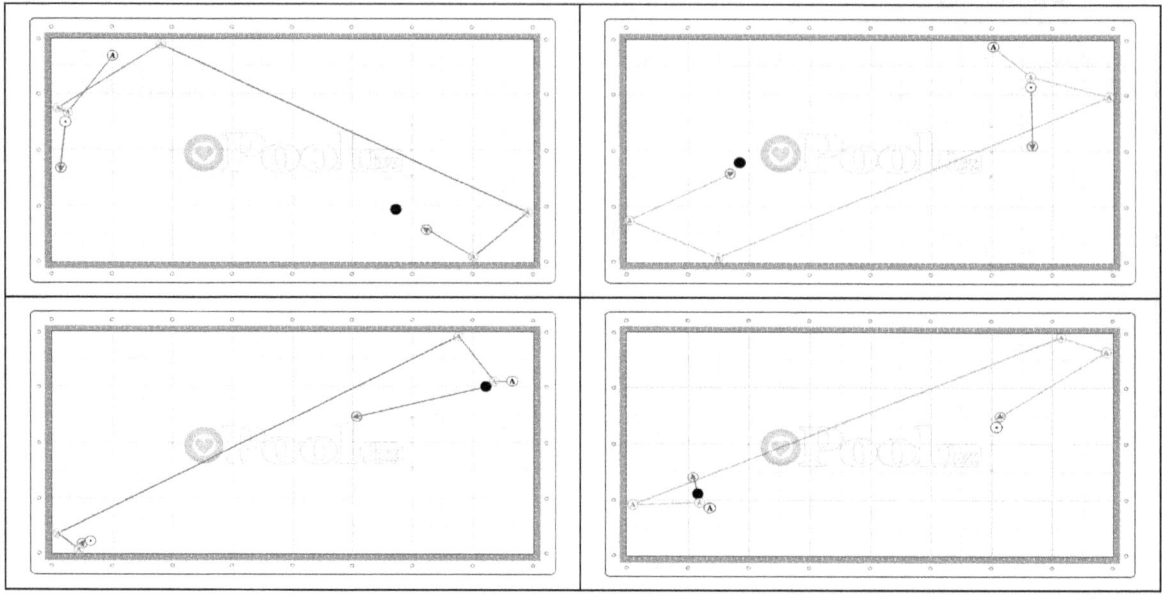

**Analyse**:

A:6a. _____

A:6b. _____

A:6c. _____

A:6d. _____

## A:6a – Opstelling

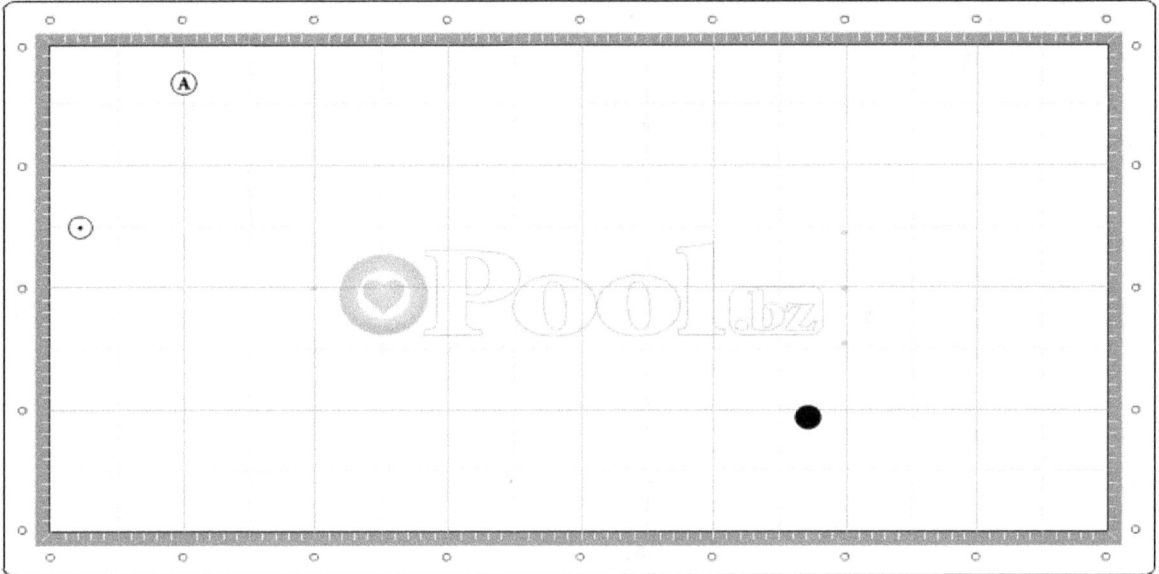

Opmerkingen en ideeën:

## Schotpatroon

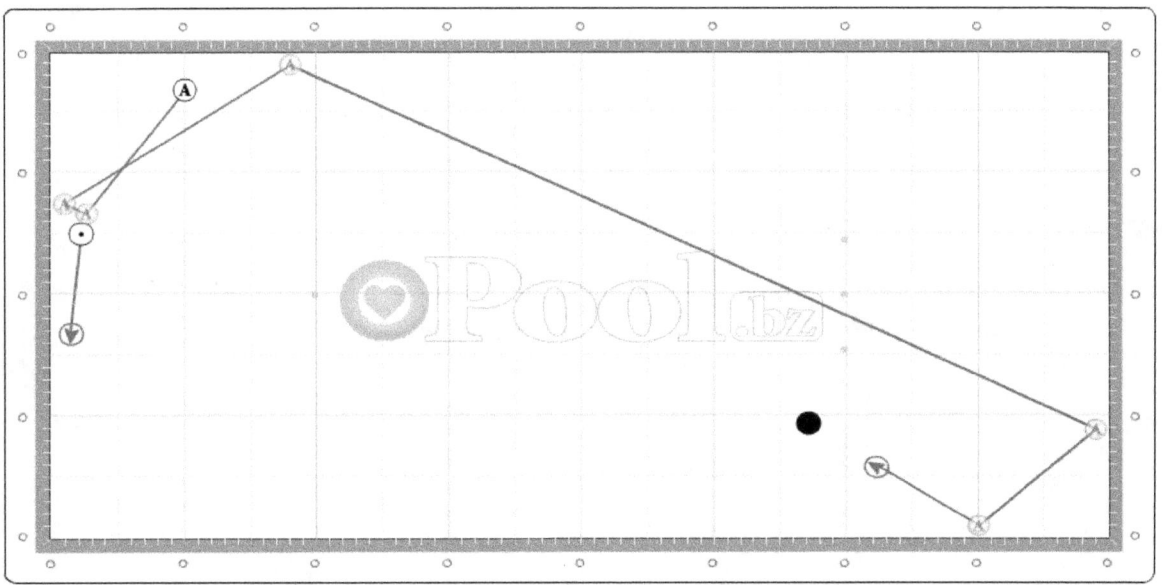

## A:6b – Opstelling

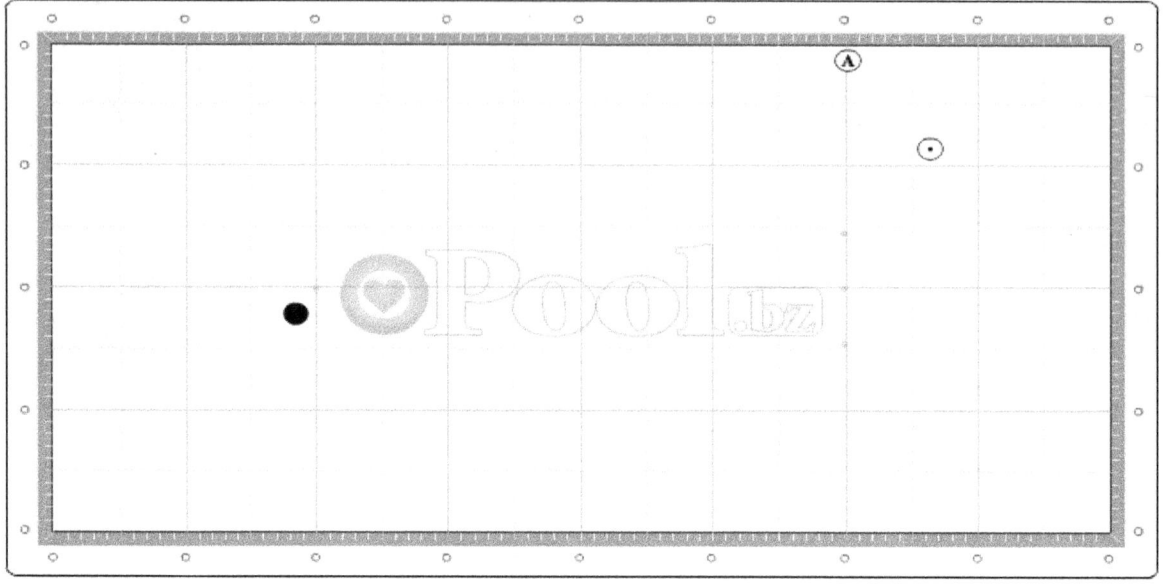

Opmerkingen en ideeën:

## Schotpatroon

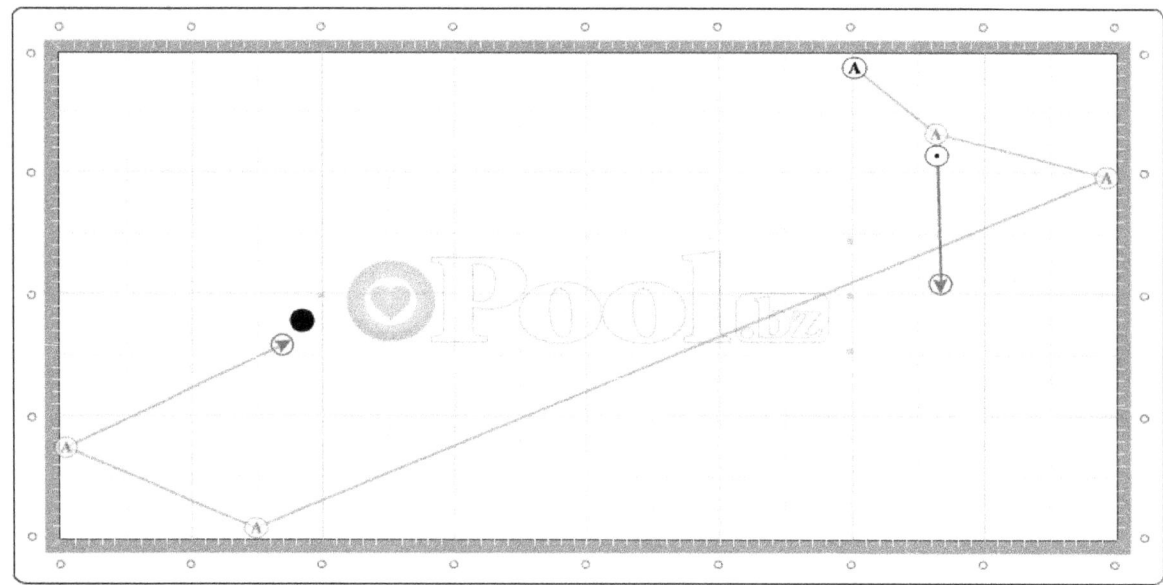

## A:6c – Opstelling

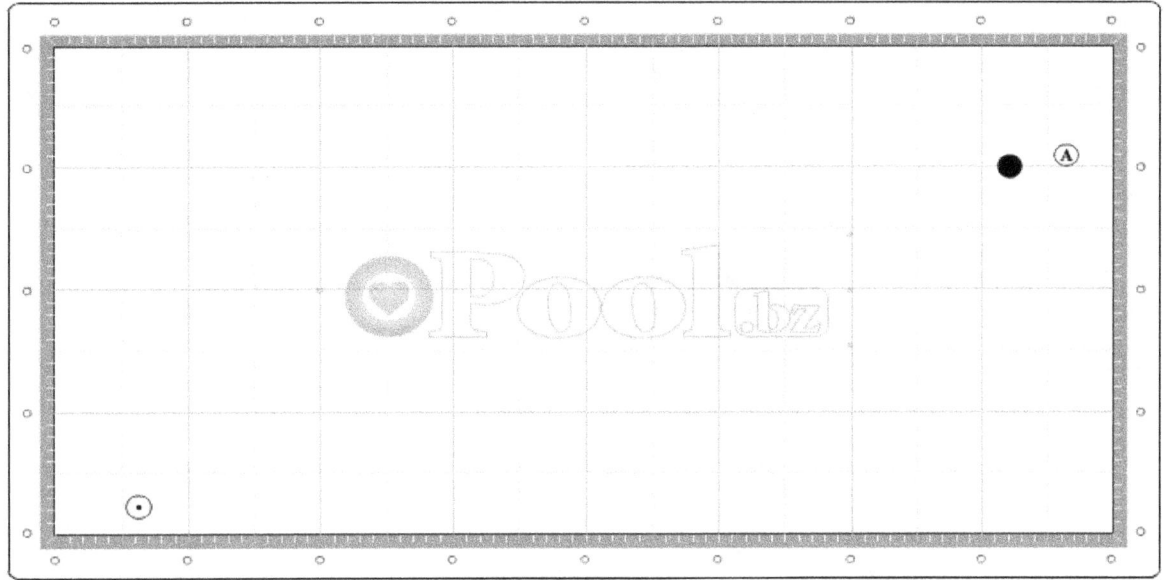

Opmerkingen en ideeën:

## Schotpatroon

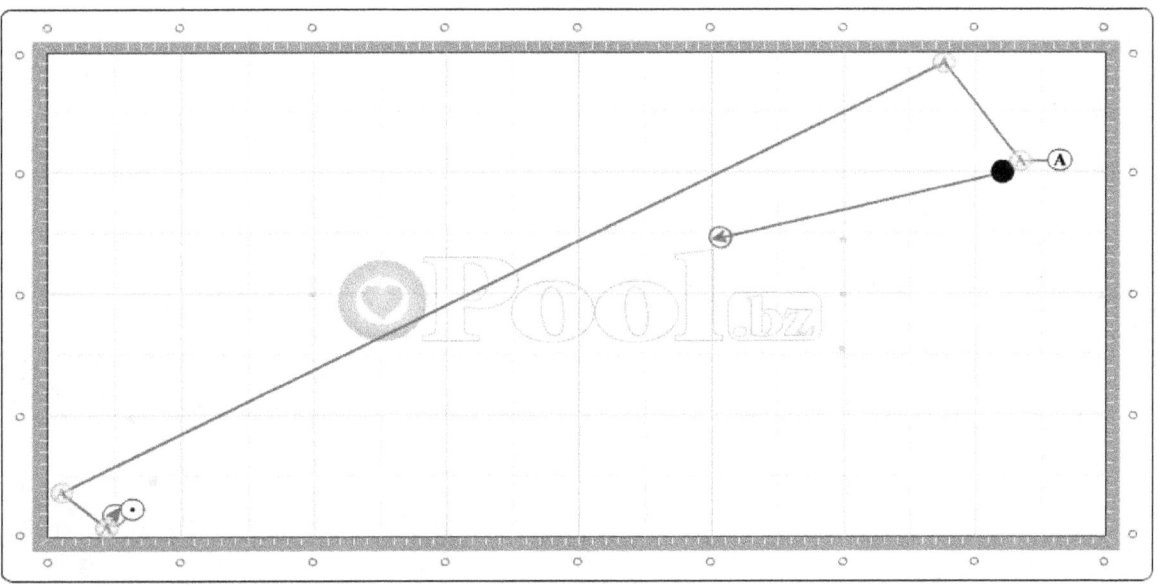

## A:6d – Opstelling

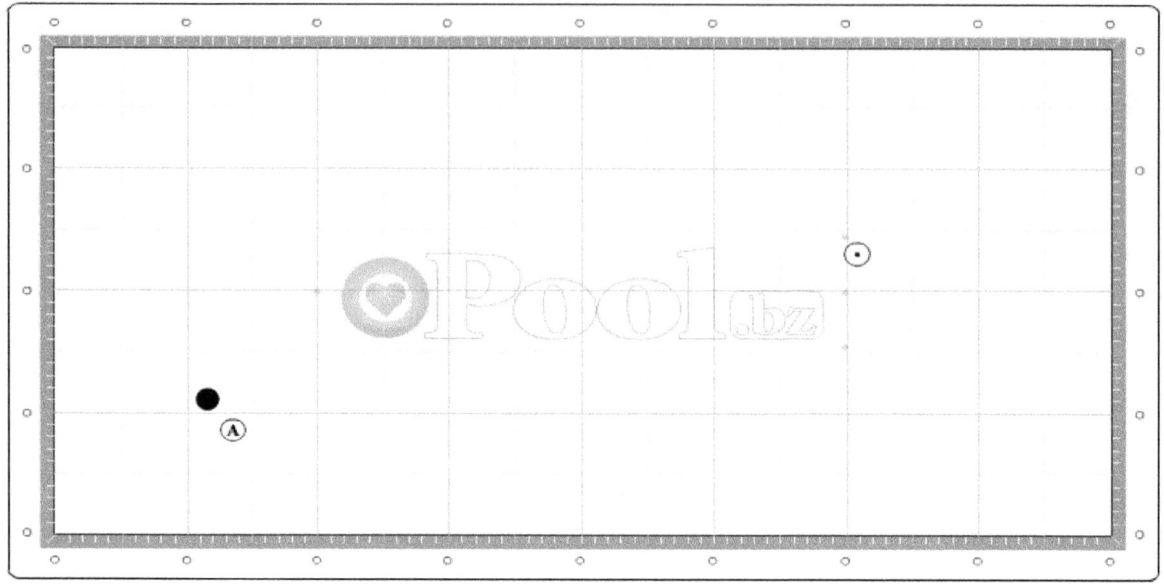

Opmerkingen en ideeën:

## Schotpatroon

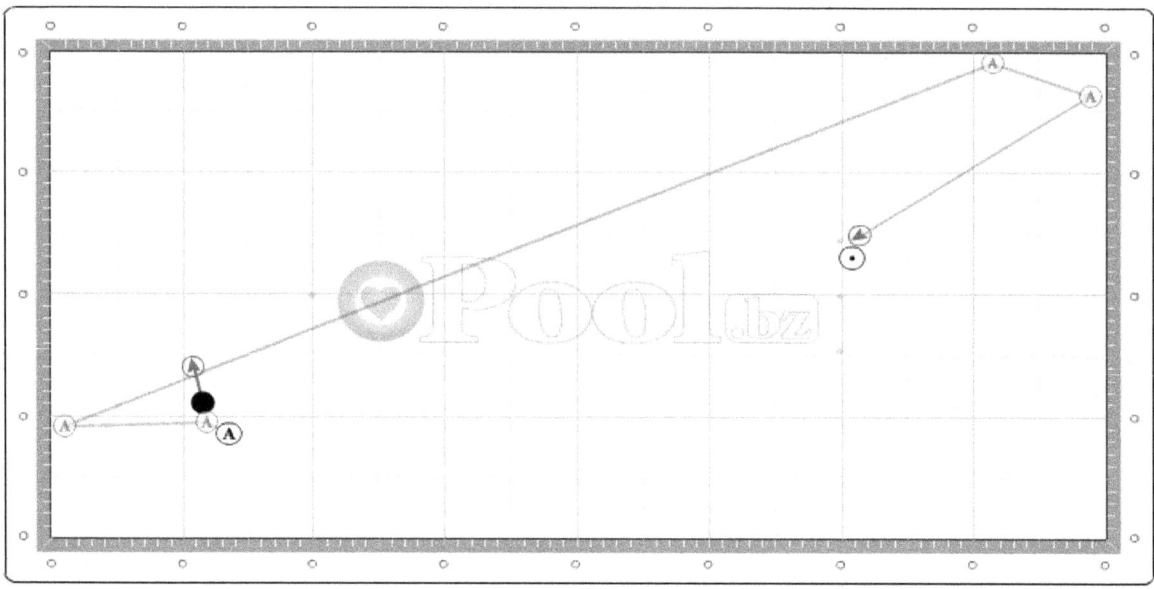

# B: Eenvoudig diagonaal, gewijzigd

Deze hoek- tot hoekpatronen zijn enigszins gewijzigd ten opzichte van het basishoekpatroon. De oplossing vereist een retourhaak om het punt te scoren.

Ⓐ (CB) (uw biljartbal) – ⊙ (OB) (tegenstander biljartbal) – ● (OB) (rode biljartbal)

## B: Groep 1

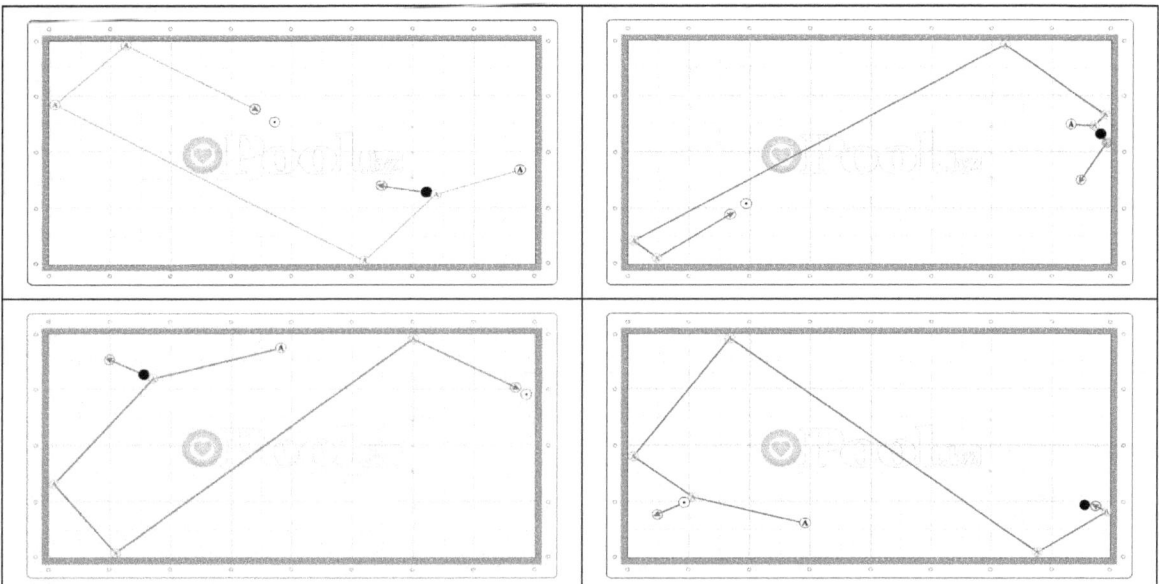

**Analyse:**

B:1a. _____

B:1b. _____

B:1c. _____

B:1d. _____

## B:1a – Opstelling

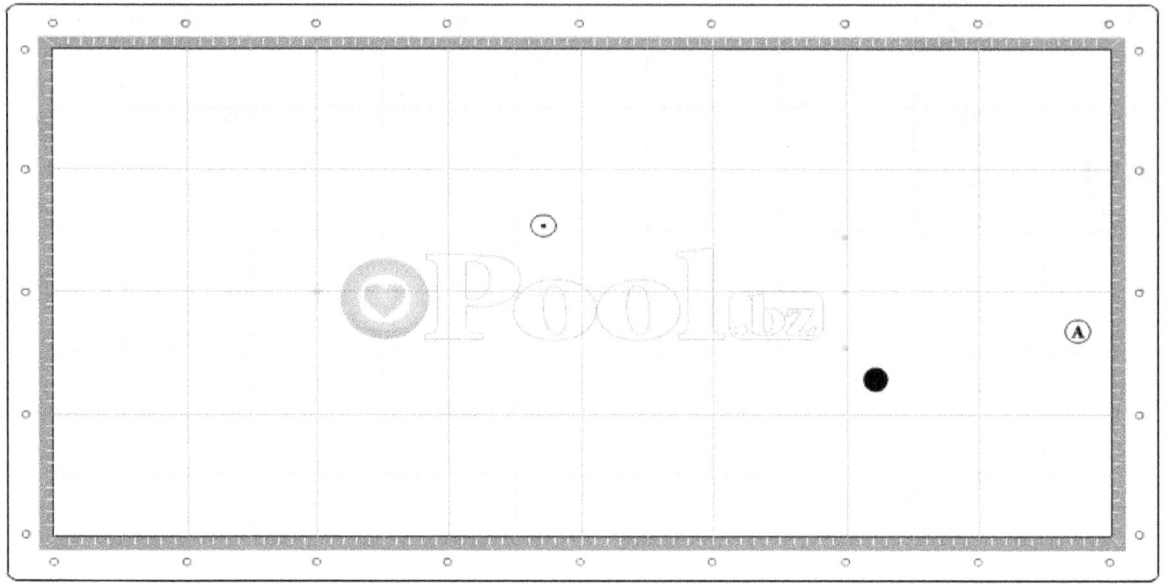

Opmerkingen en ideeën:

## Schotpatroon

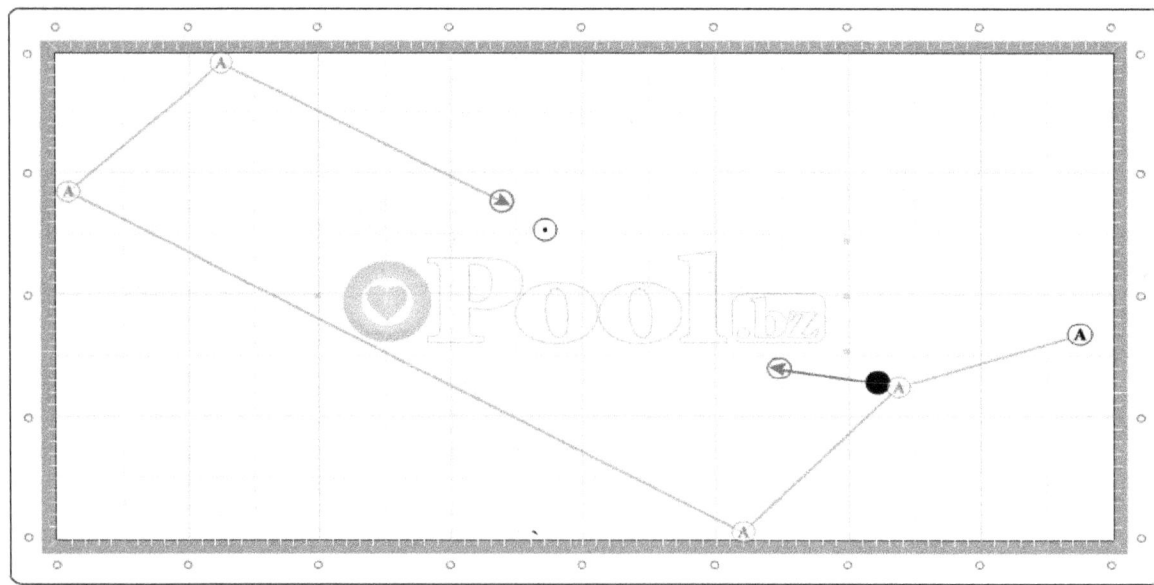

## B:1b – Opstelling

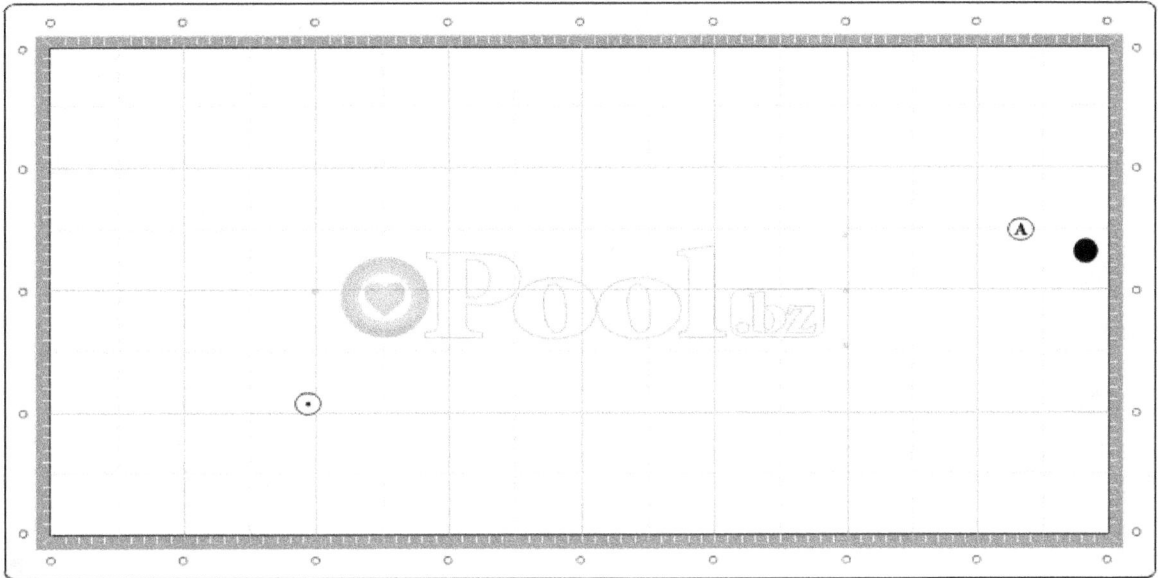

Opmerkingen en ideeën:

## Schotpatroon

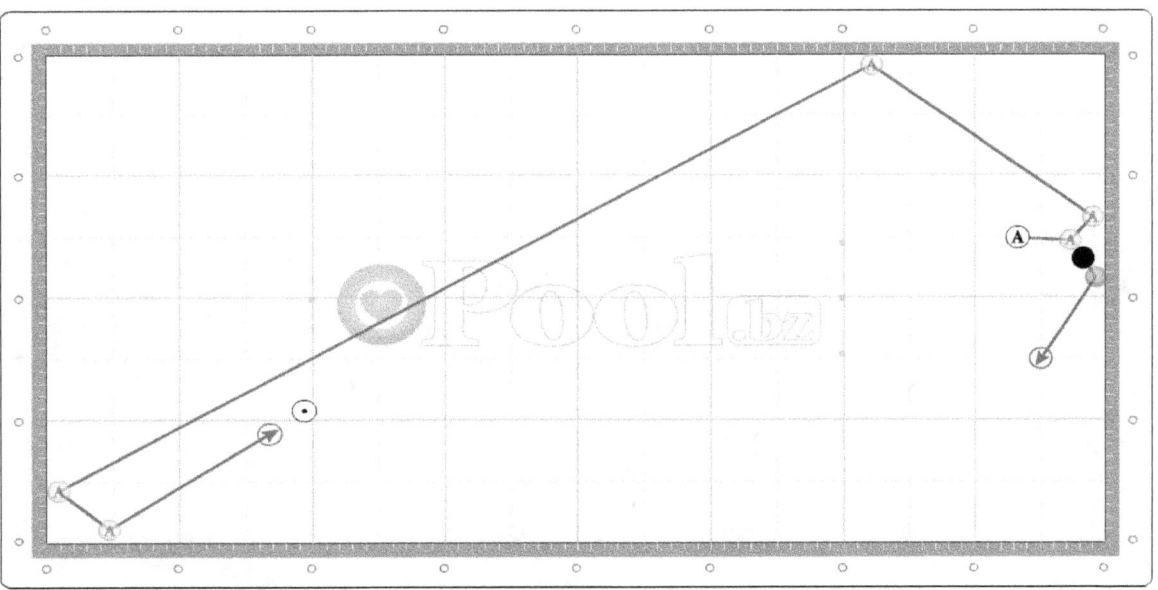

## B:1c – Opstelling

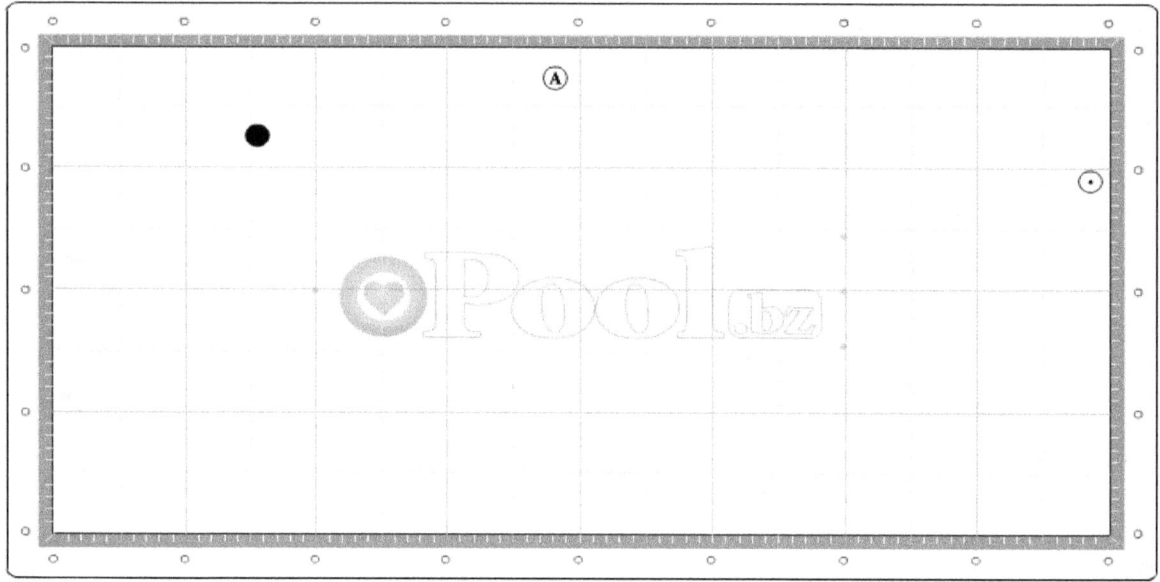

Opmerkingen en ideeën:

## Schotpatroon

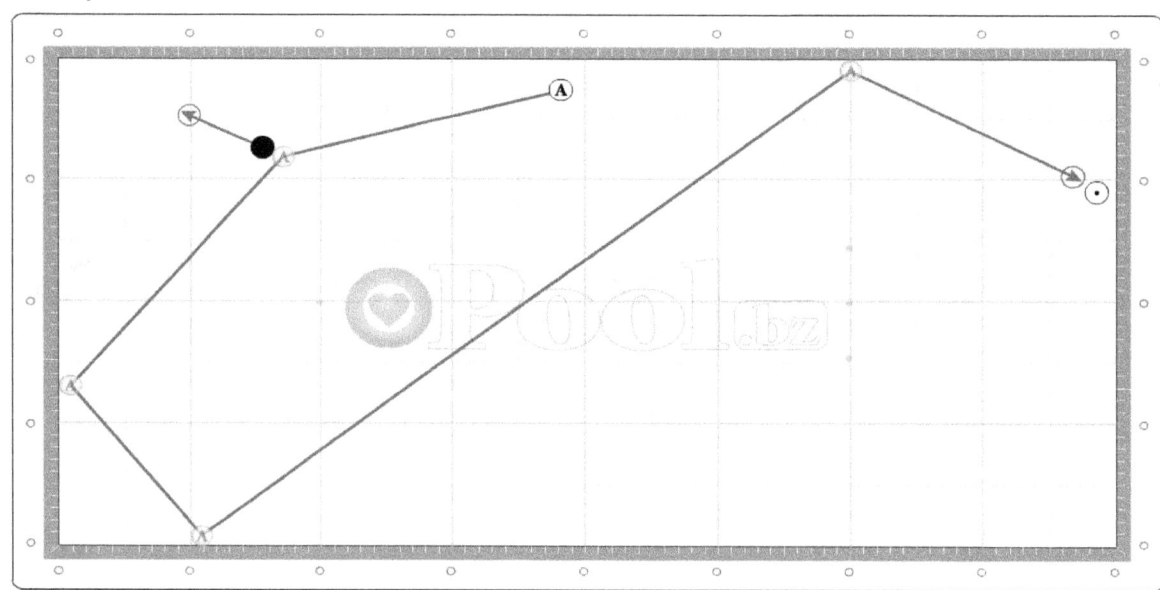

## B:1d – Opstelling

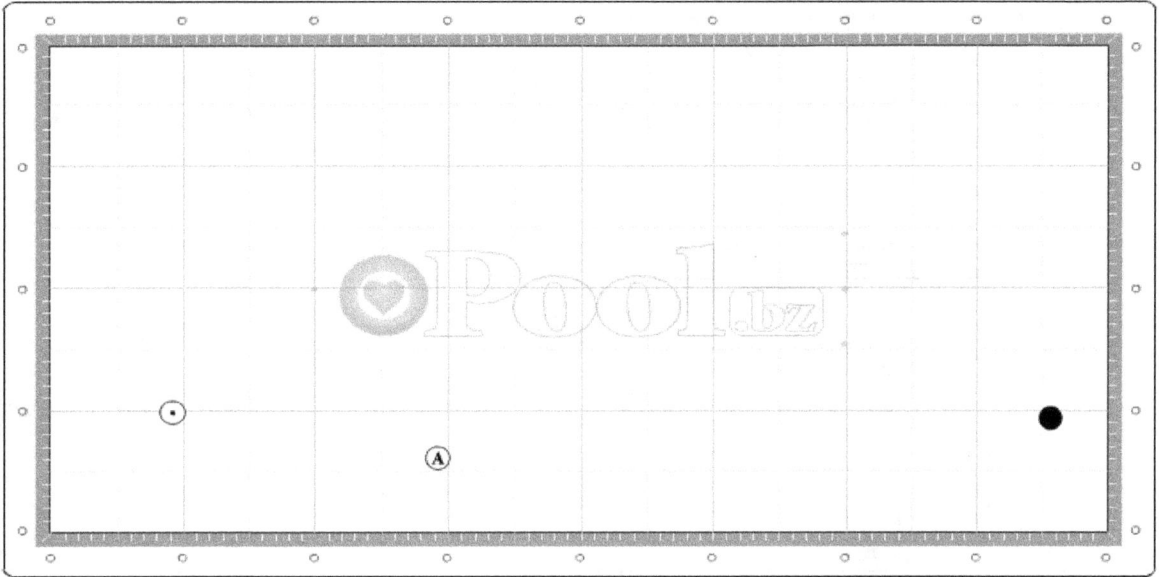

Opmerkingen en ideeën:

## Schotpatroon

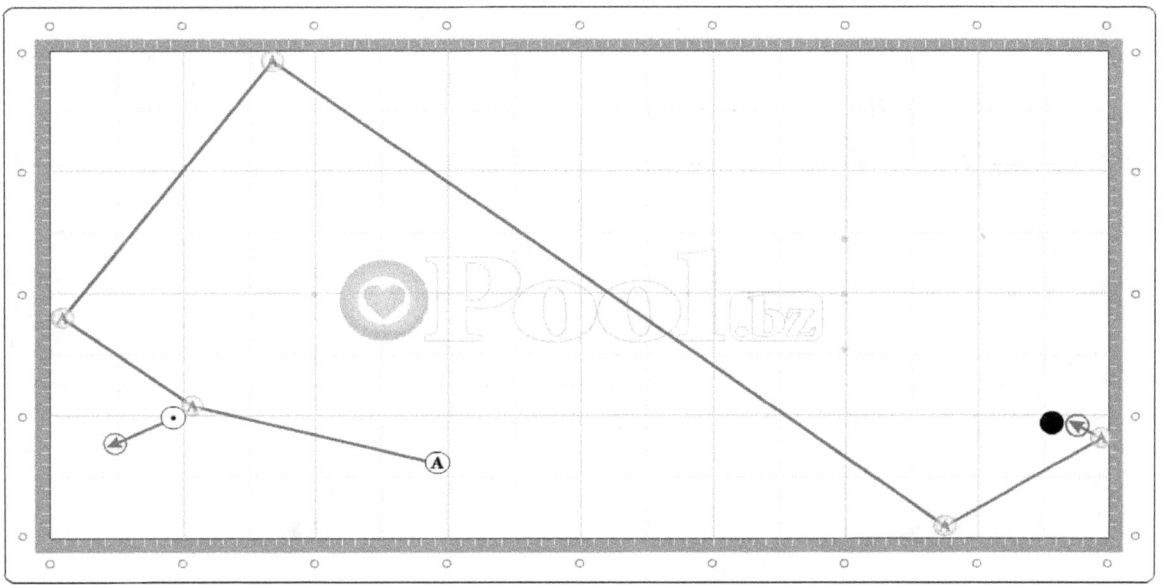

# B: Groep 2

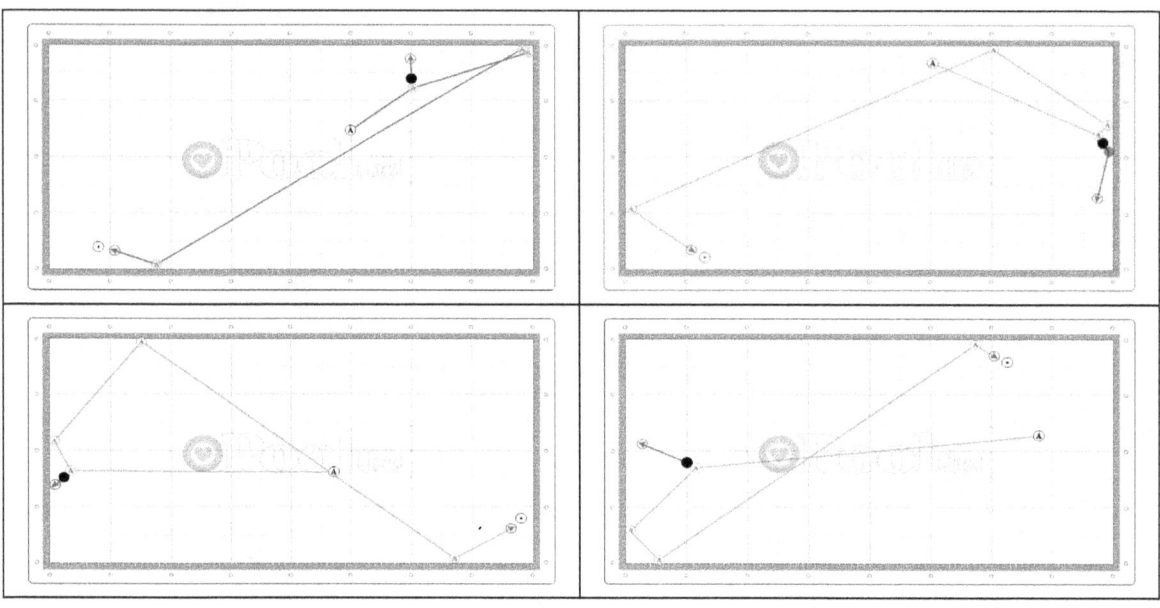

**Analyse**:

B:2a. _____

B:2b. _____

B:2c. _____

B:2d. _____

## B:2a – Opstelling

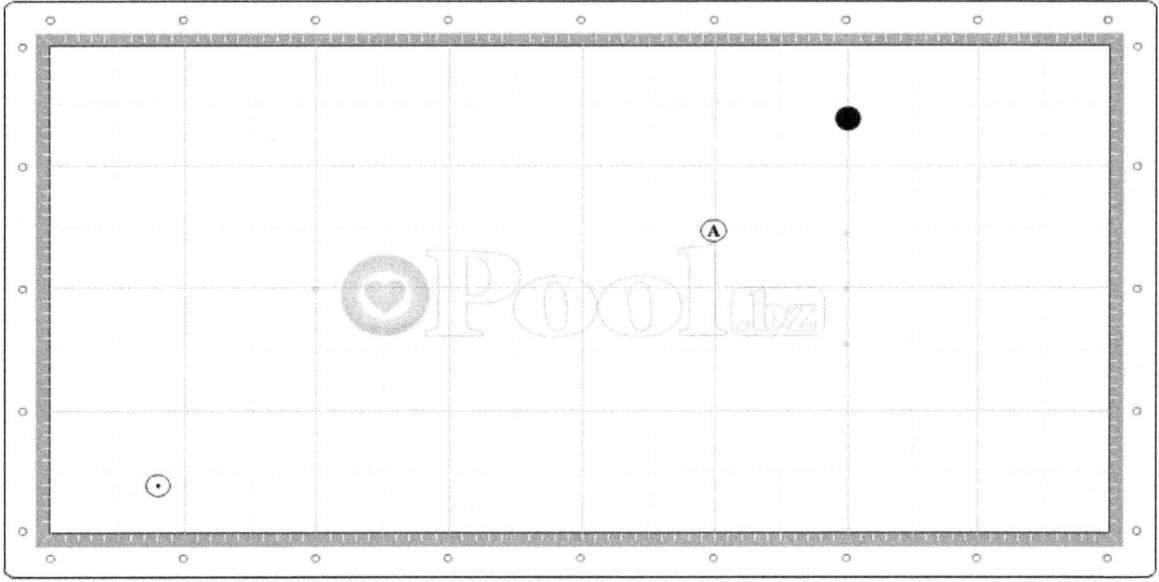

Opmerkingen en ideeën:

## Schotpatroon

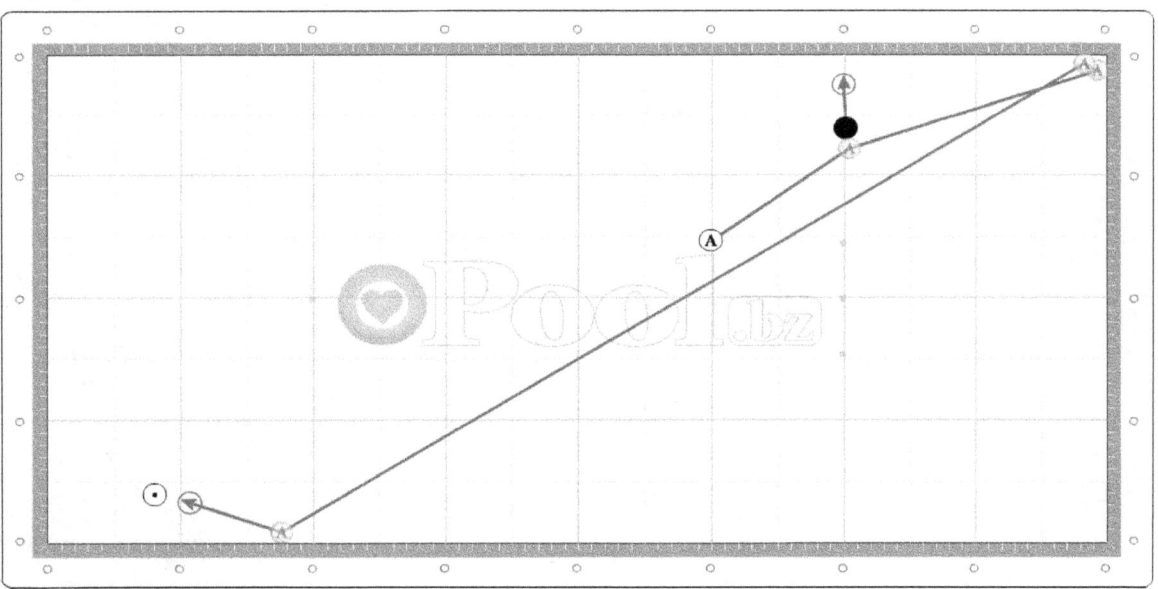

## B:2b – Opstelling

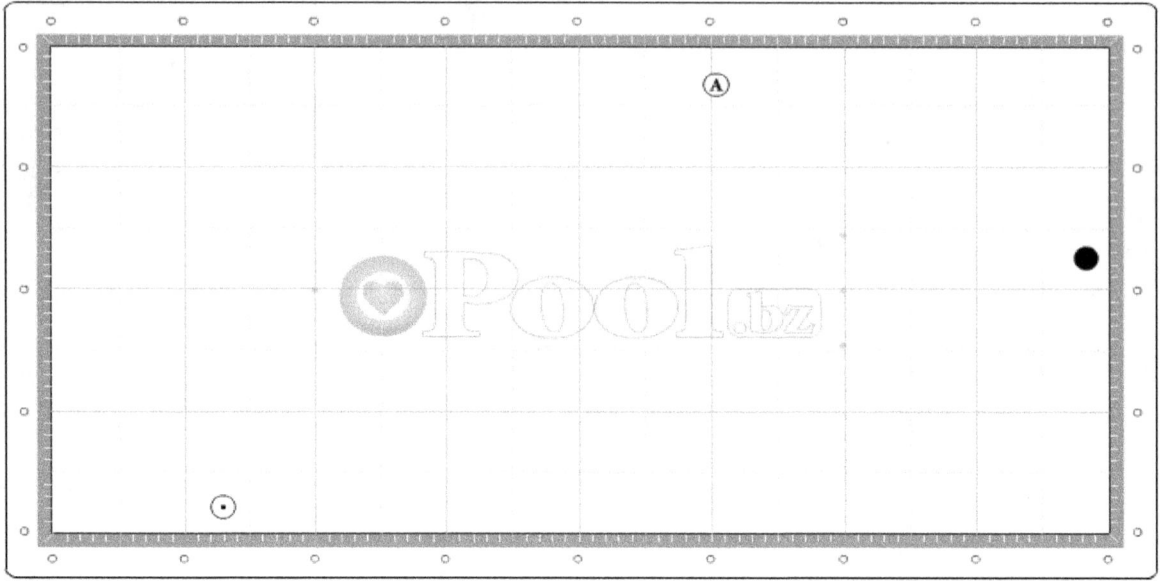

Opmerkingen en ideeën:

## Schotpatroon

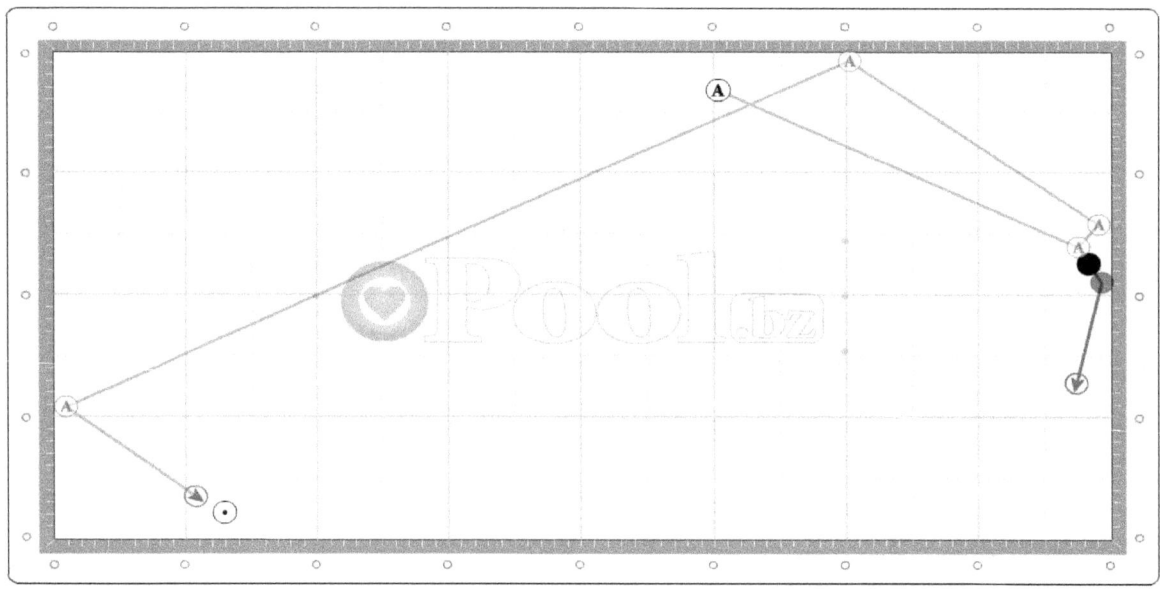

## B:2c – Opstelling

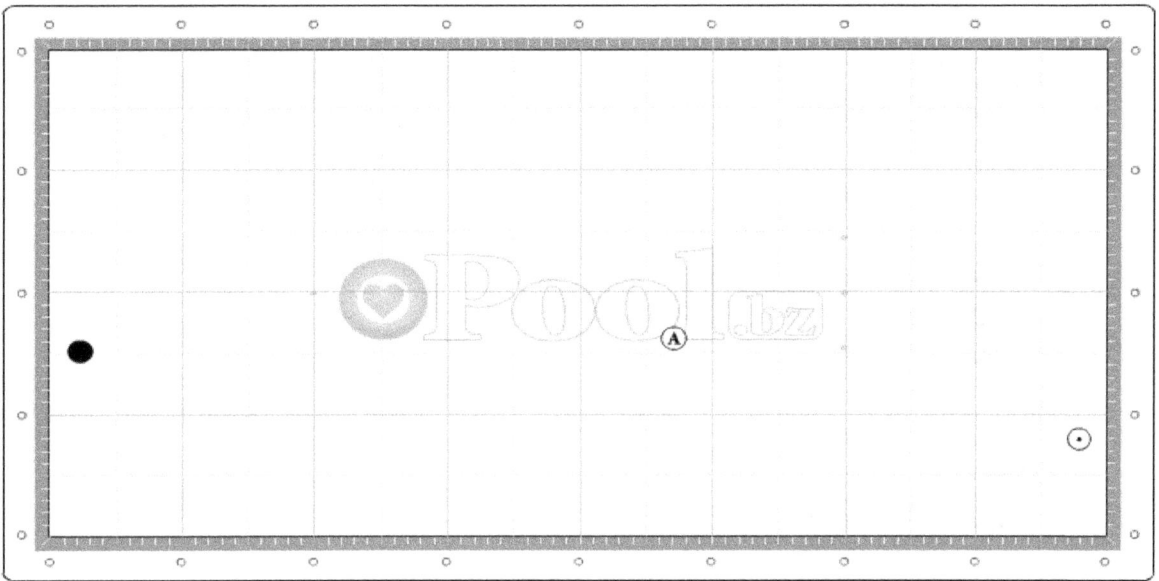

Opmerkingen en ideeën:

## Schotpatroon

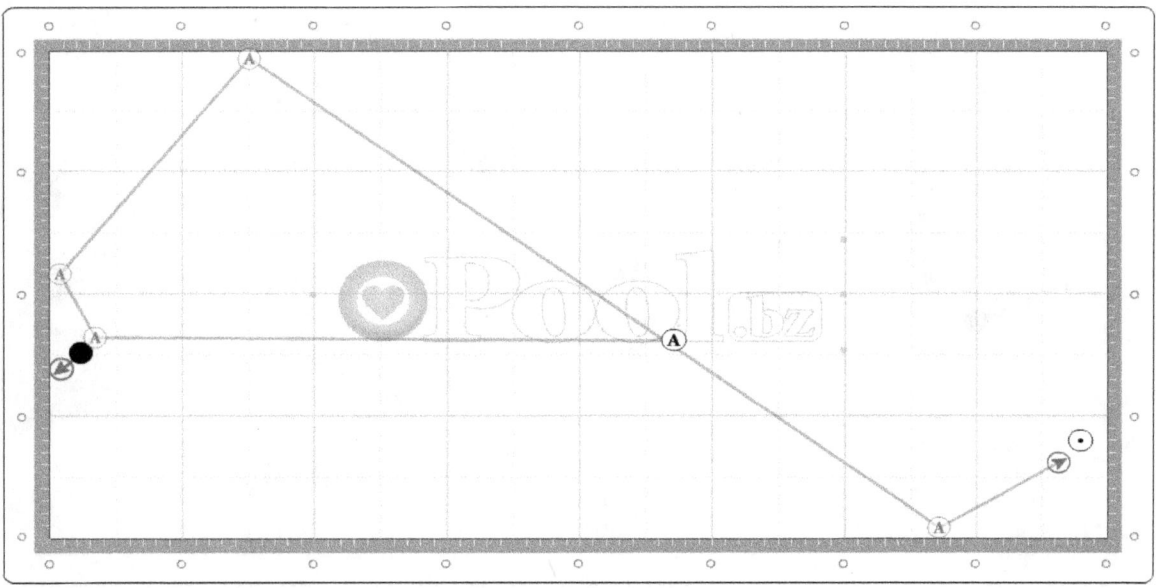

## B:2d – Opstelling

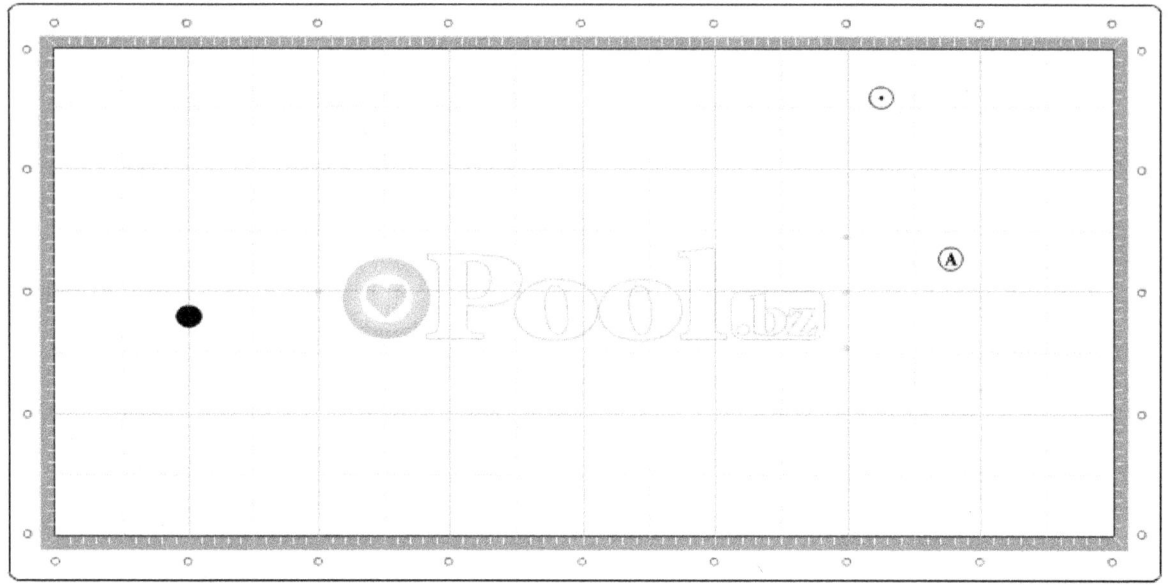

Opmerkingen en ideeën:

## Schotpatroon

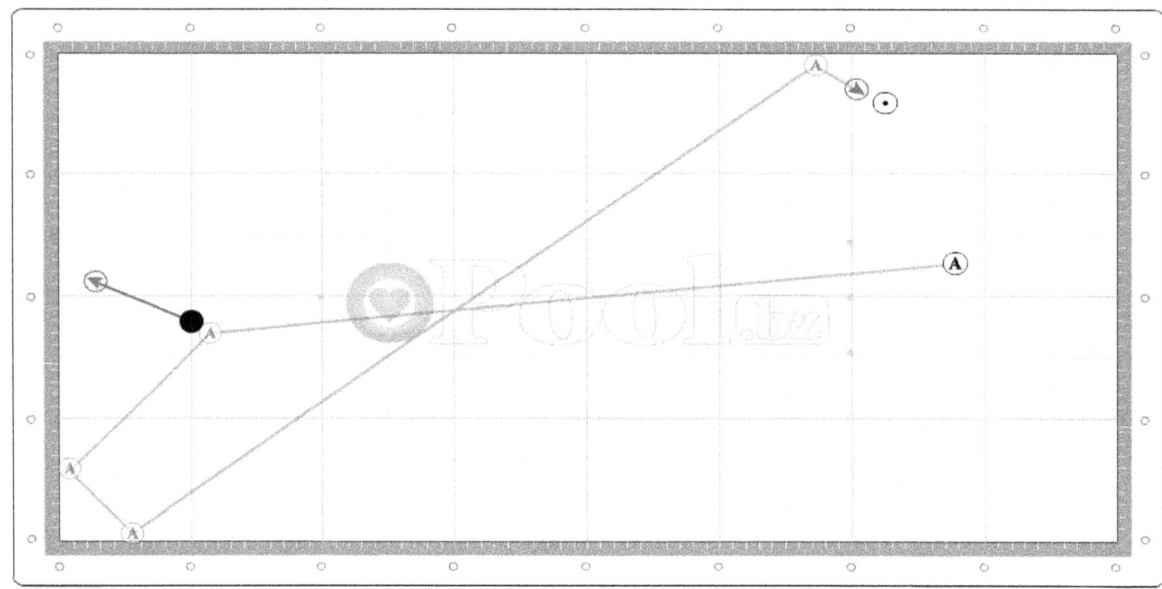

# B: Groep 3

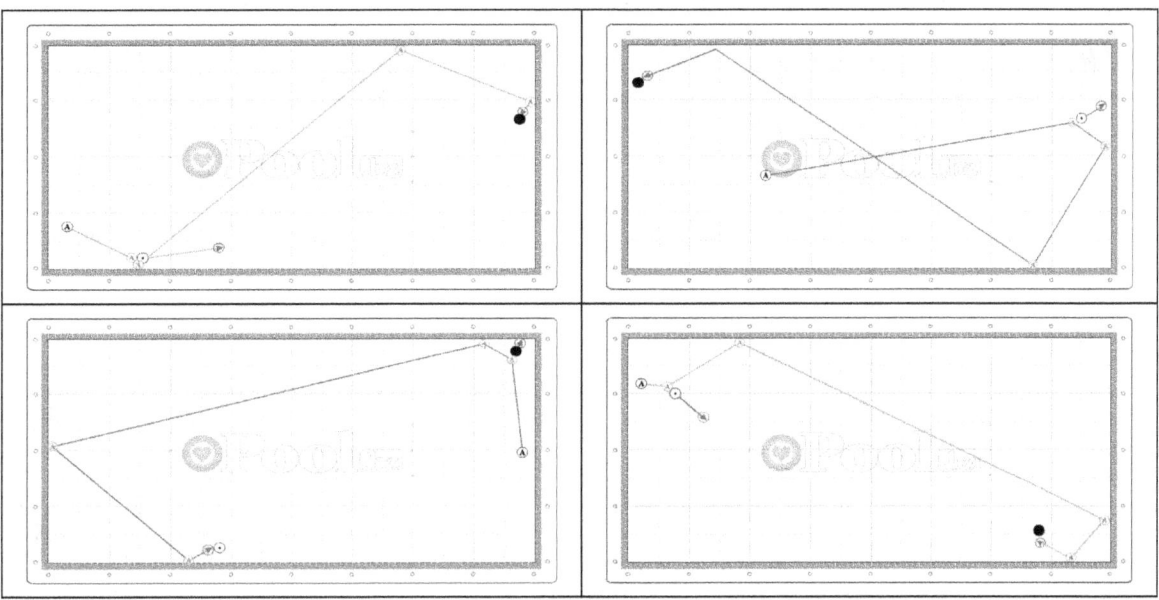

**Analyse:**

B:3a. _____

B:3b. _____

B:3c. _____

B:3d. _____

## B:3a – Opstelling

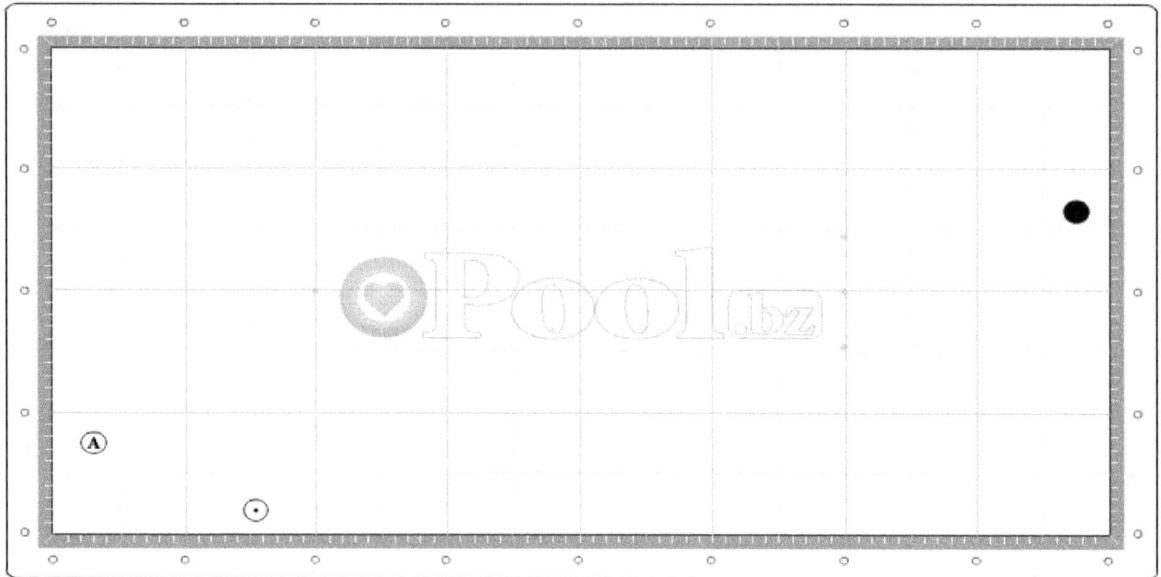

Opmerkingen en ideeën:

## Schotpatroon

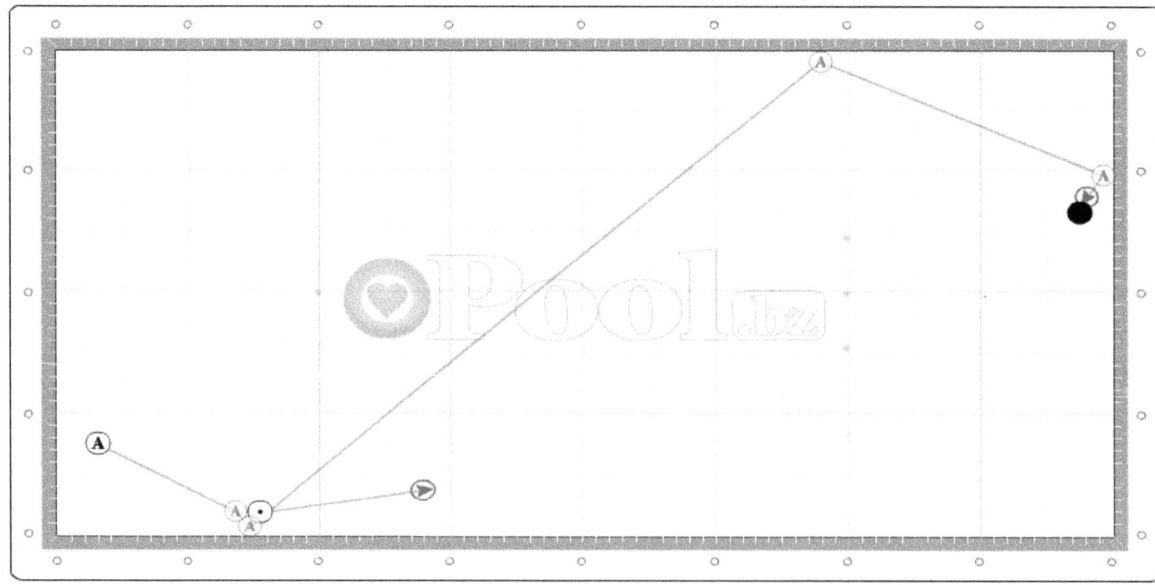

## B:3b – Opstelling

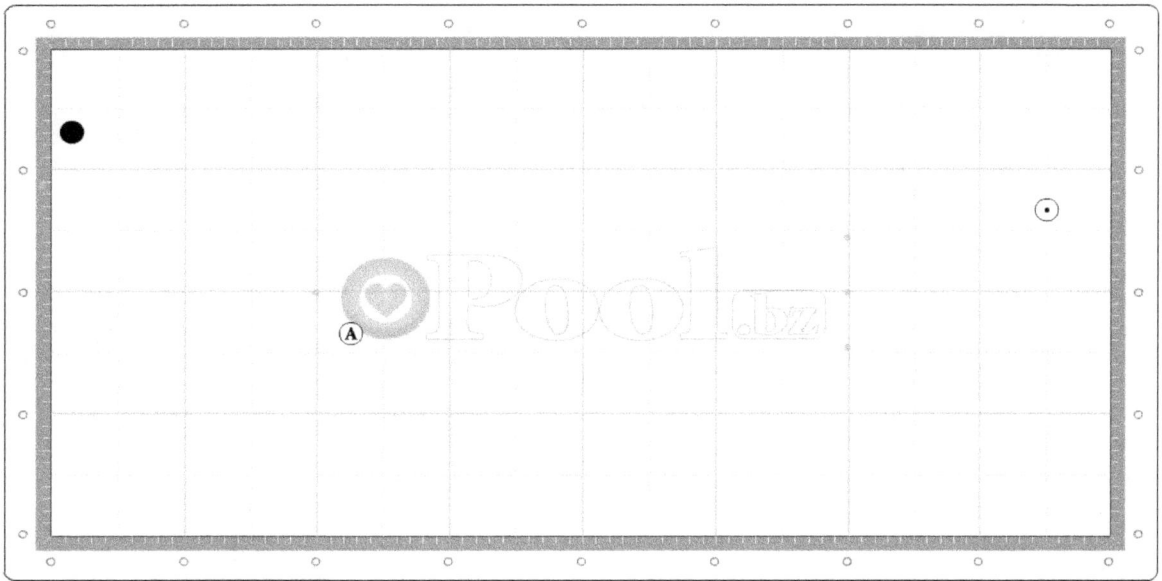

Opmerkingen en ideeën:

## Schotpatroon

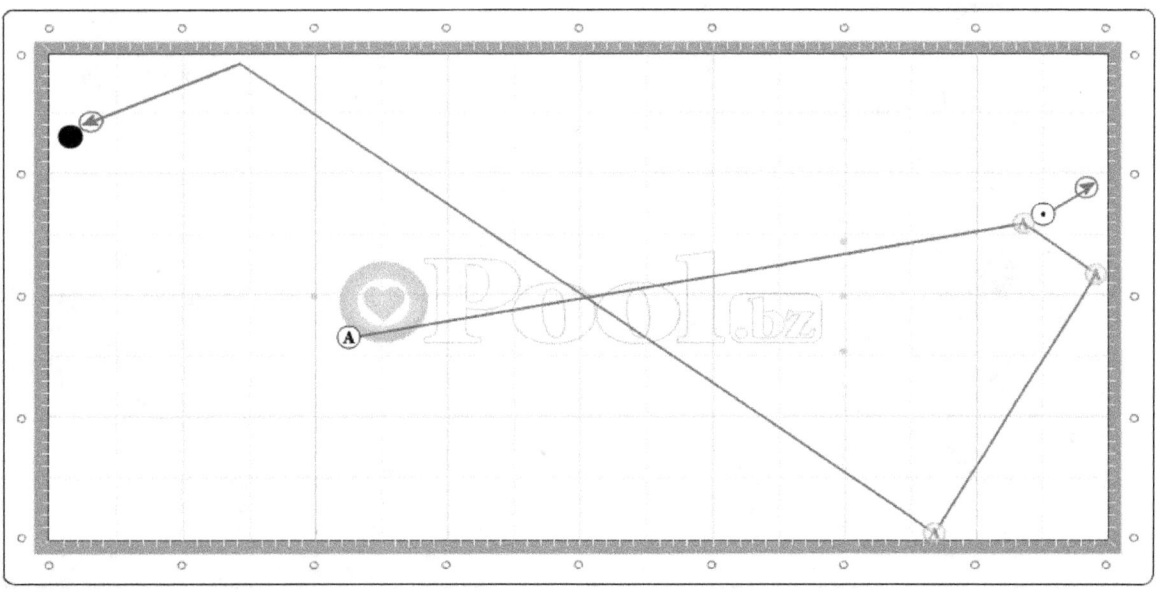

## B:3c – Opstelling

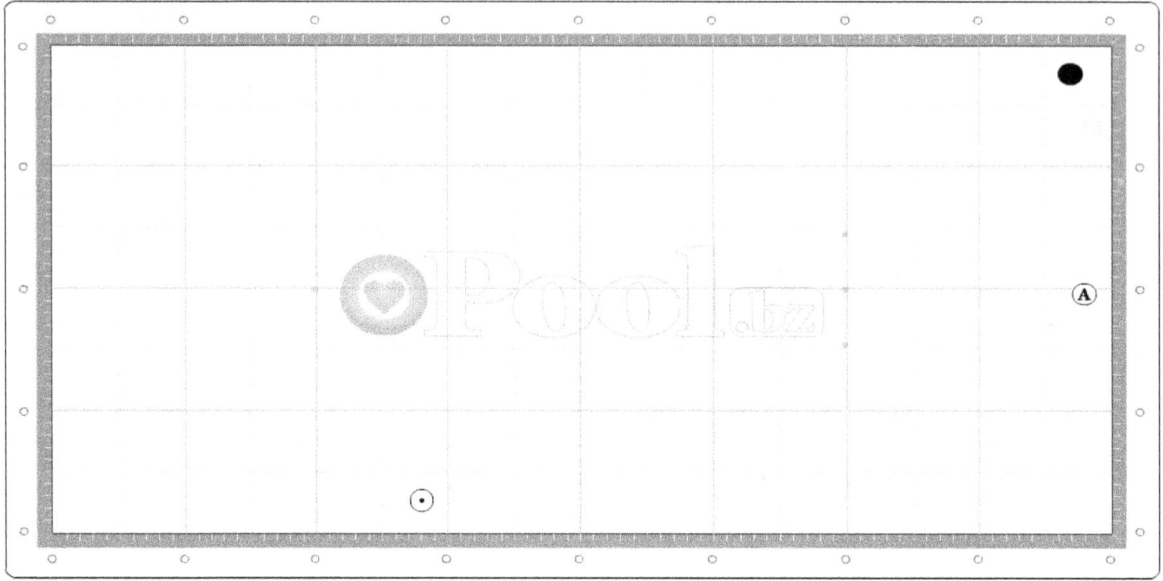

Opmerkingen en ideeën:

## Schotpatroon

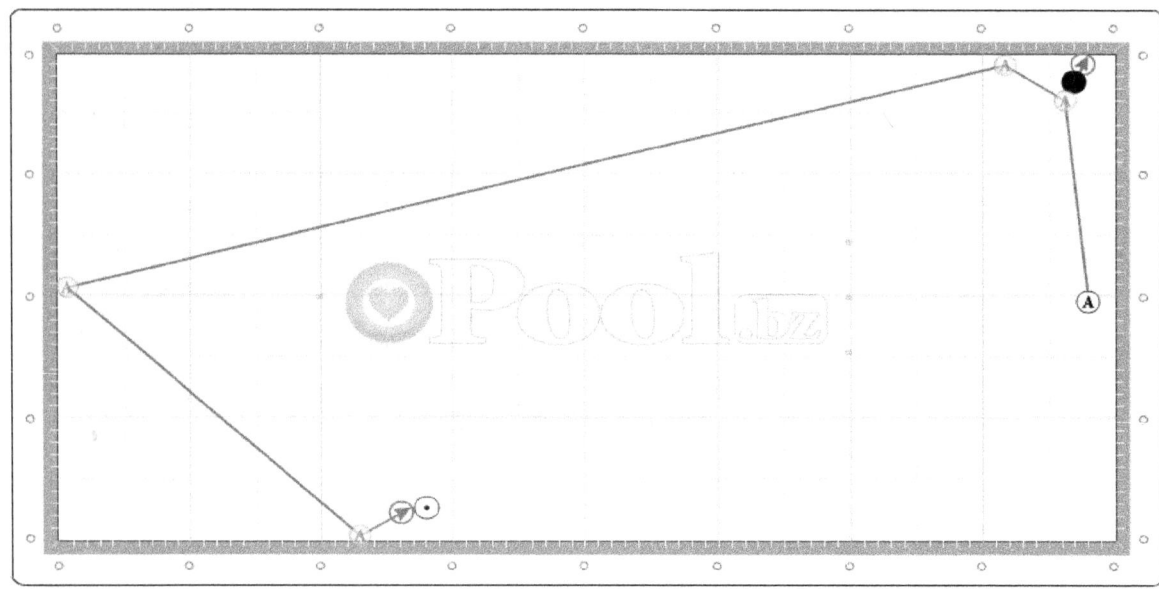

## B:3d – Opstelling

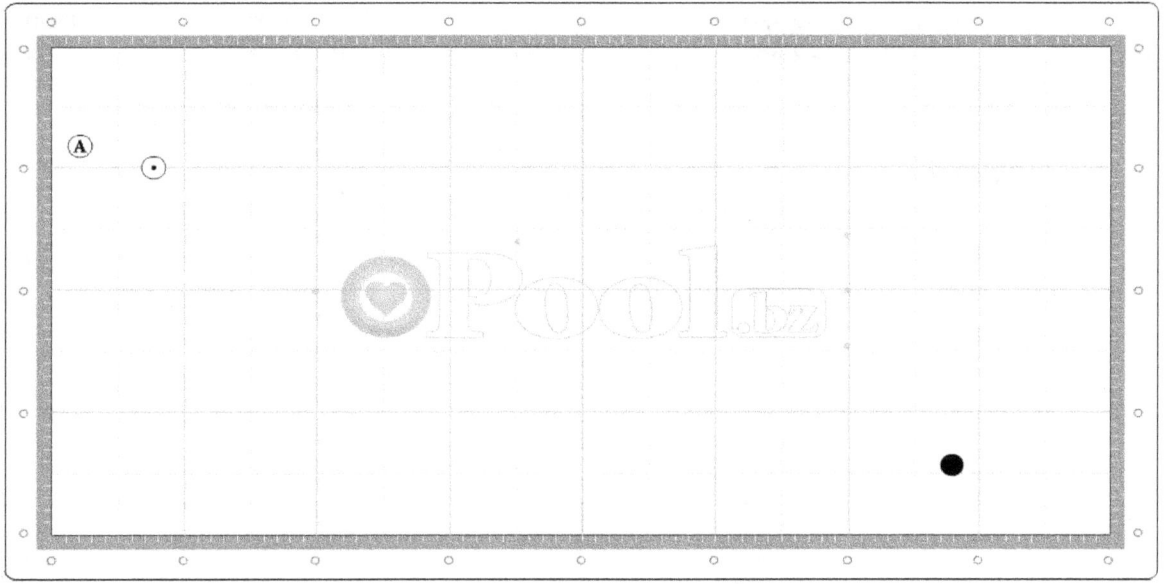

Opmerkingen en ideeën:

## Schotpatroon

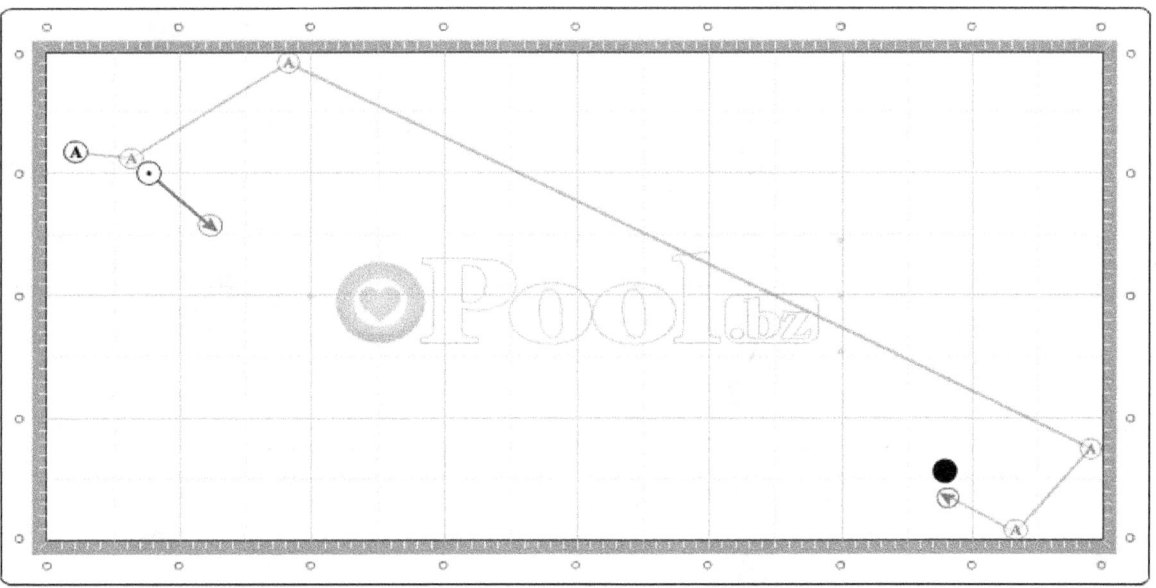

# C: Parallelle diagonaal

De (CB) komt van de eerste (OB) af en reist naar de tegenovergestelde hoek en komt dan terug in een parallel pad terug om contact te maken met de tweede (OB) en een punt.

Ⓐ (CB) (uw biljartbal) – ⊙ (OB) (tegenstander biljartbal) – ● (OB) (rode biljartbal)

## C: Groep 1

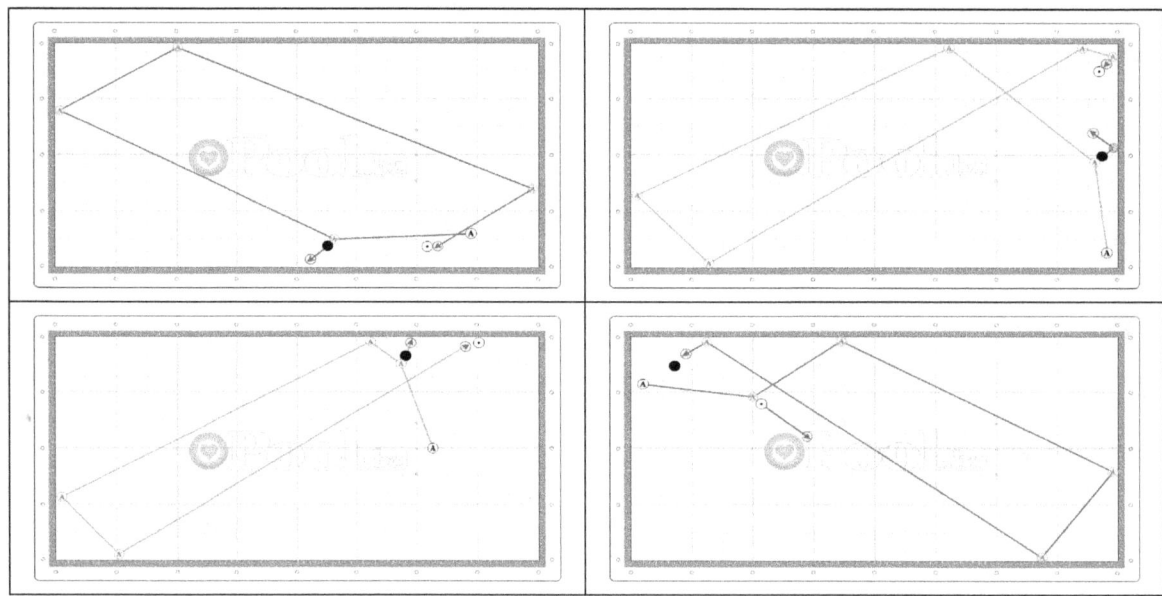

**Analyse**:

C:1a. _____

C:1b. _____

C:1c. _____

C:1d. _____

## C:1a – Opstelling

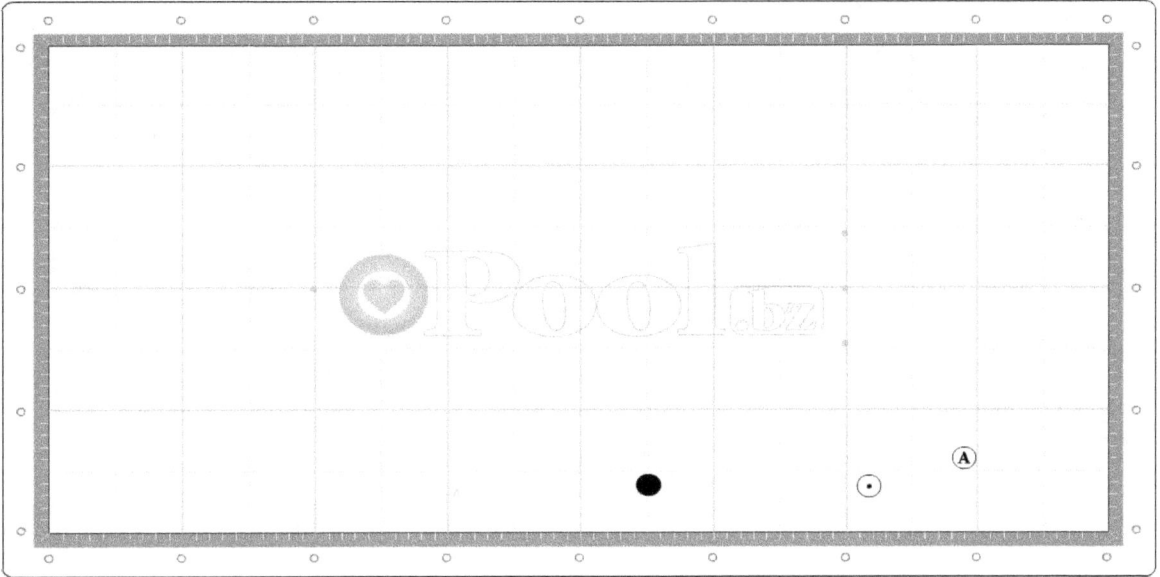

Opmerkingen en ideeën:

## Schotpatroon

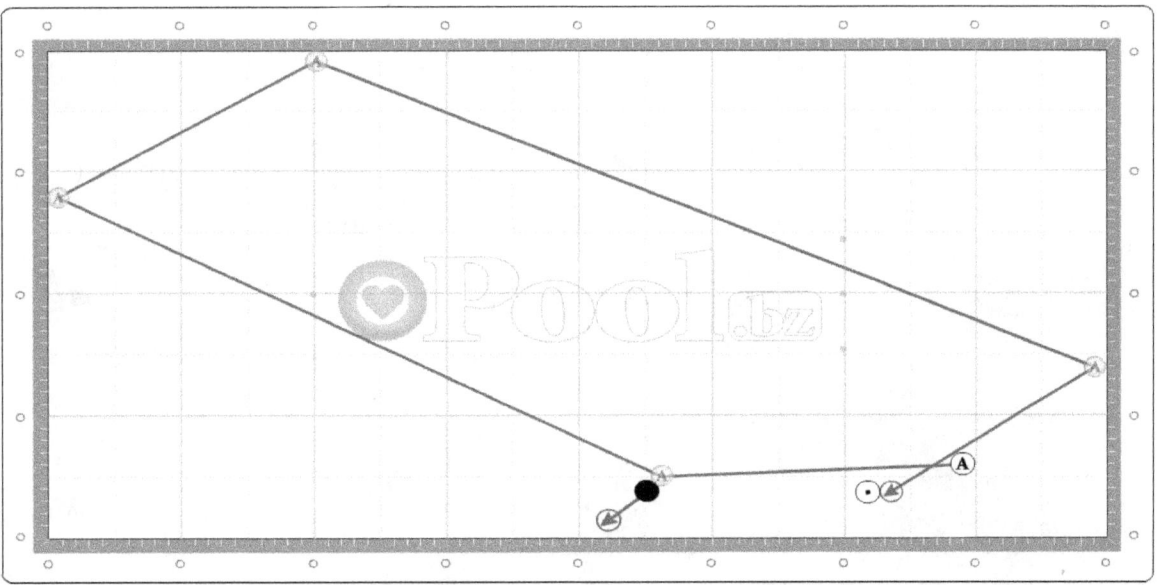

## C:1b – Opstelling

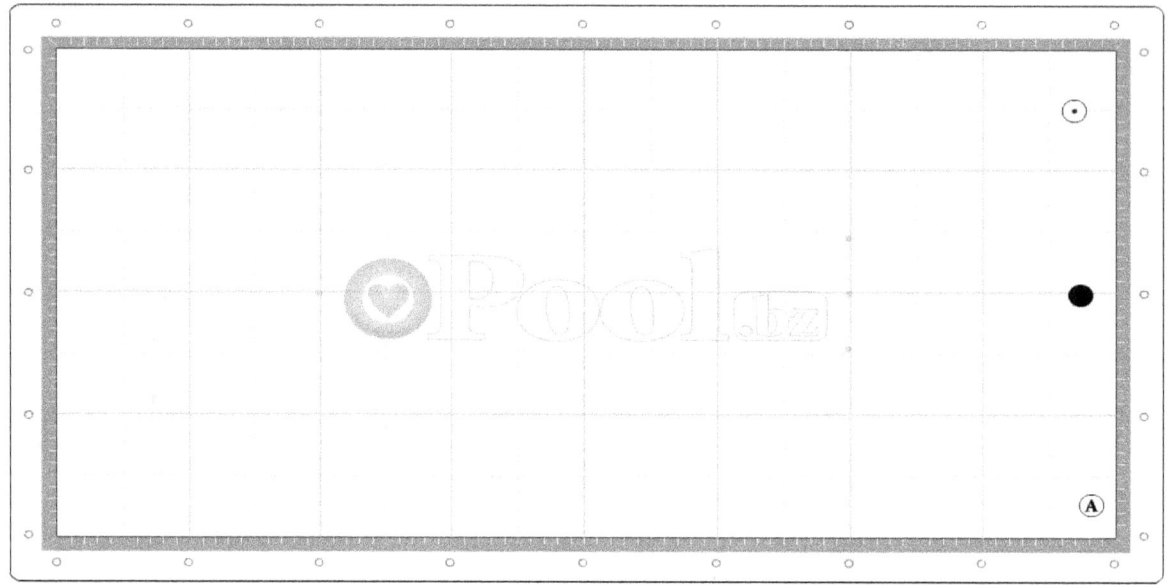

Opmerkingen en ideeën:

## Schotpatroon

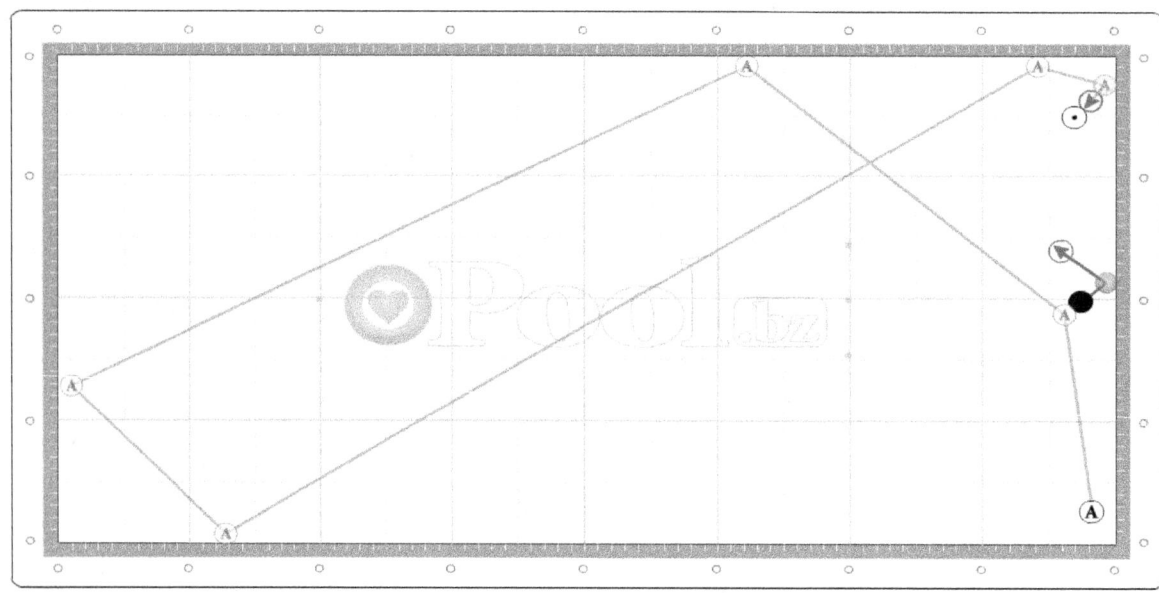

## C:1c – Opstelling

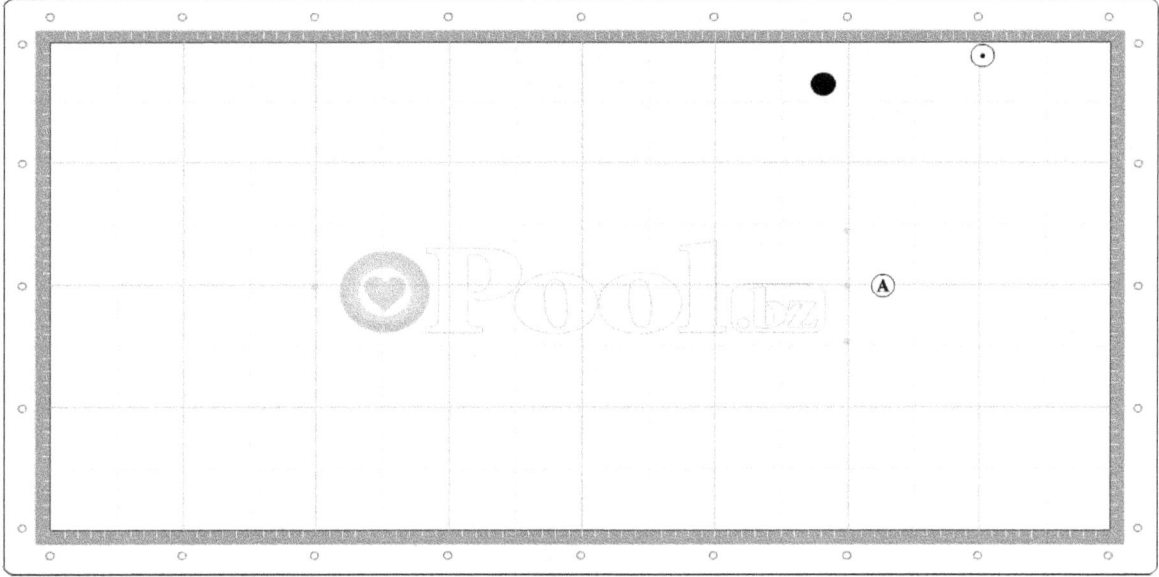

Opmerkingen en ideeën:

## Schotpatroon

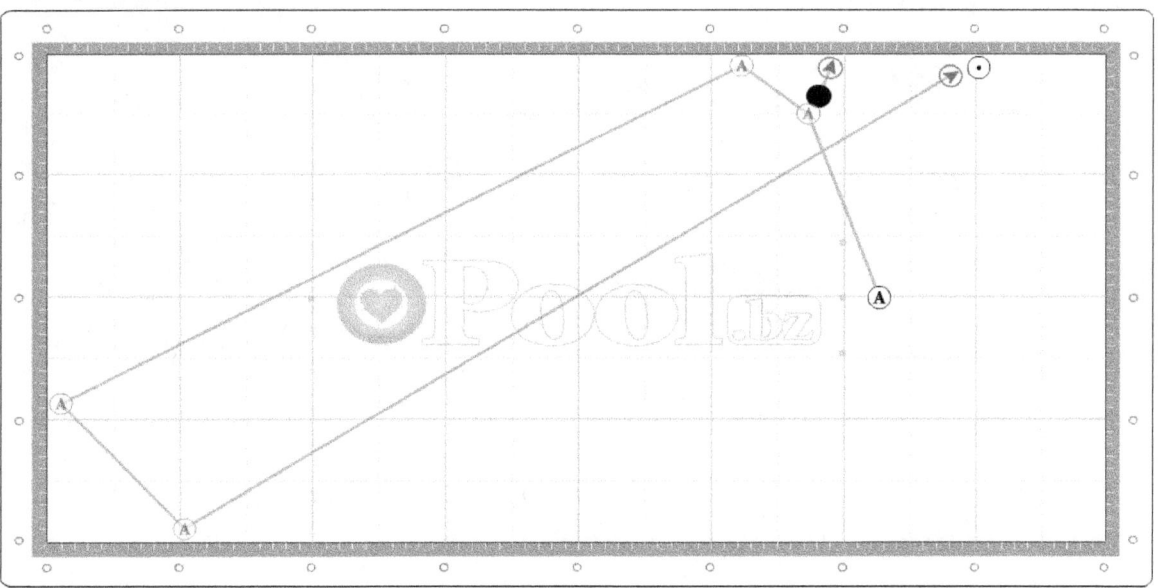

## C:1d – Opstelling

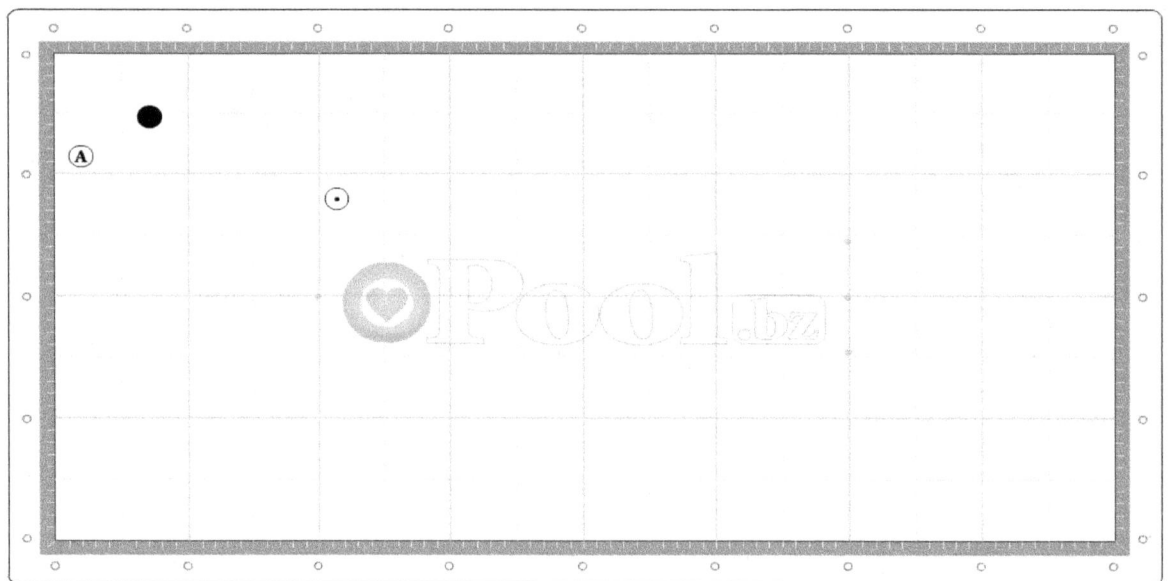

Opmerkingen en ideeën:

## Schotpatroon

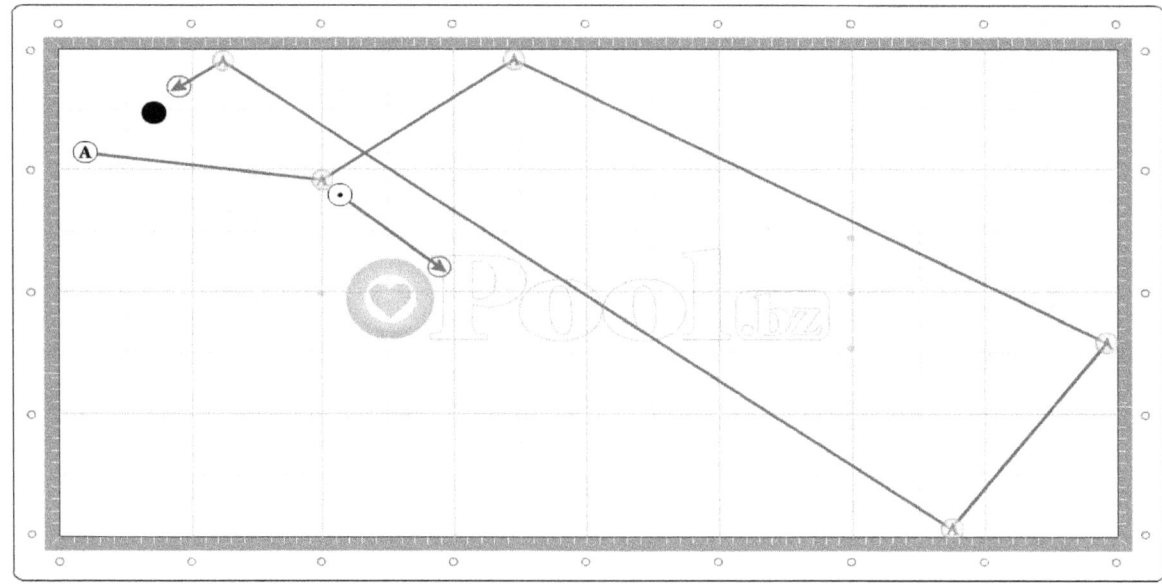

# C: Groep 2

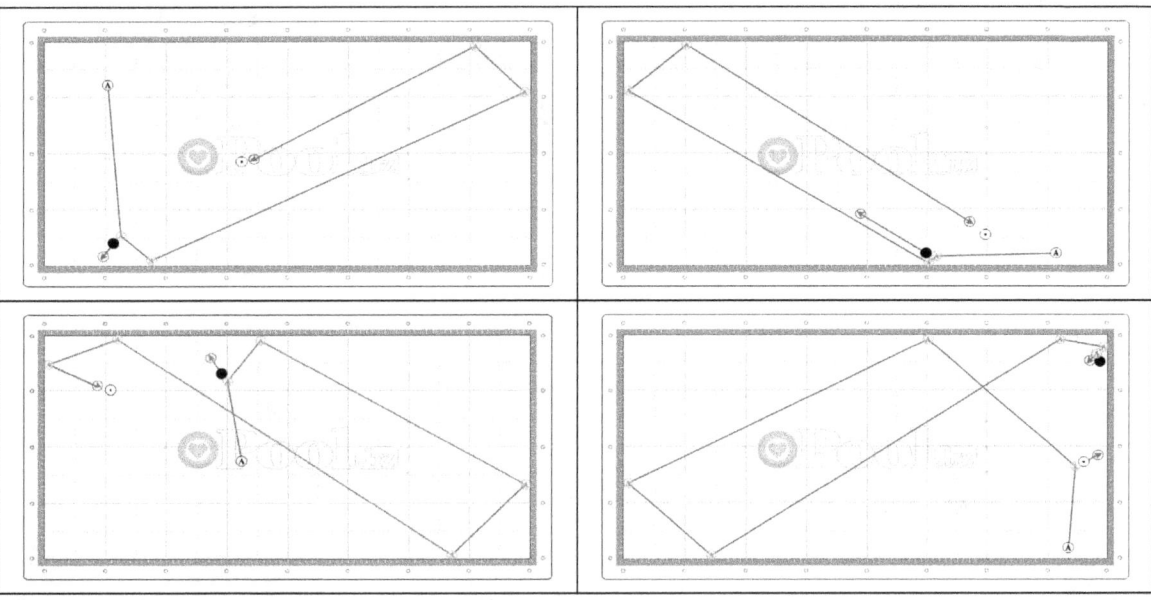

**Analyse**:

C:2a. _____


C:2b. _____


C:2c. _____


C:2d. _____

## C:2a – Opstelling

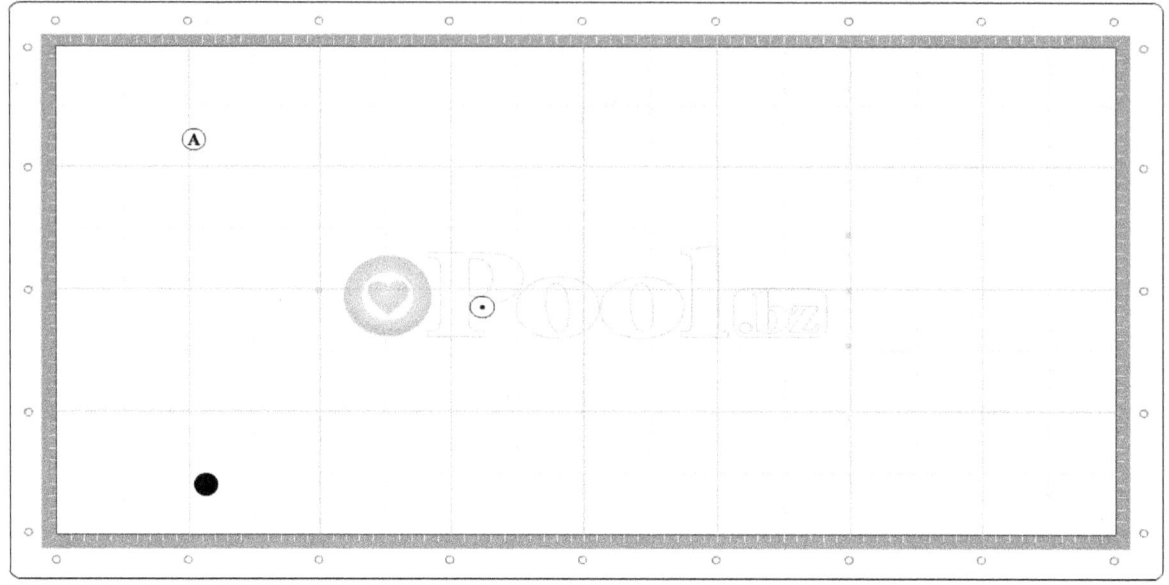

Opmerkingen en ideeën:

## Schotpatroon

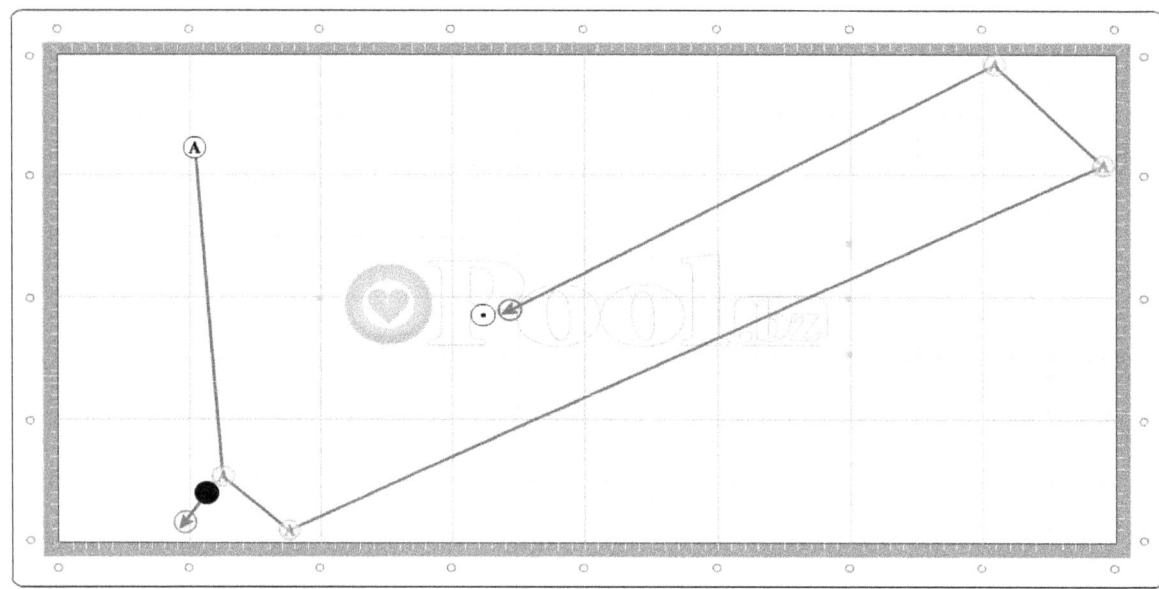

## C:2b – Opstelling

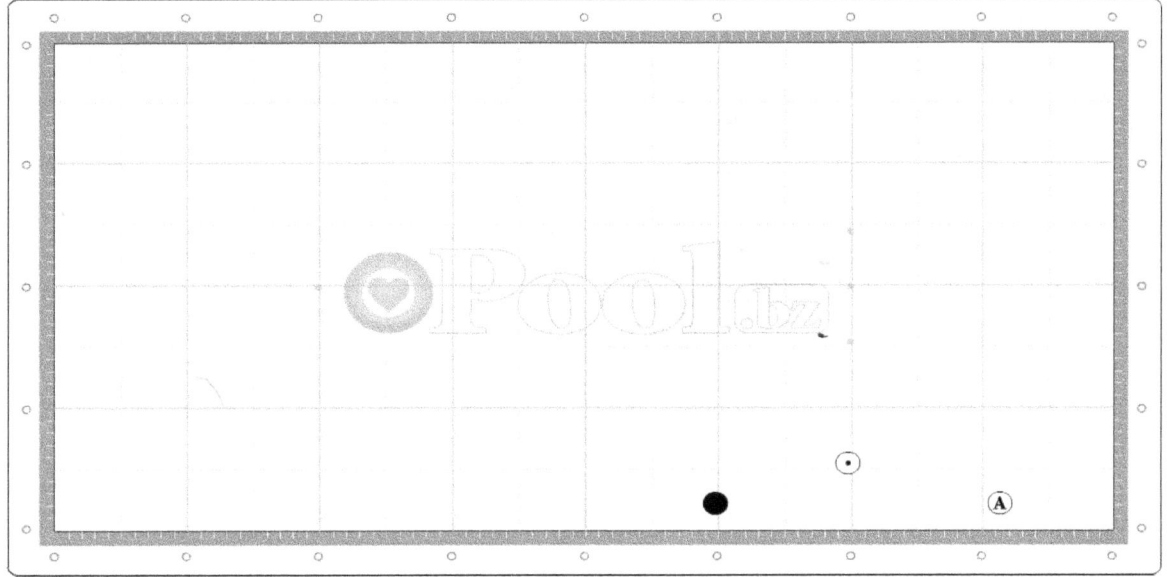

Opmerkingen en ideeën:

## Schotpatroon

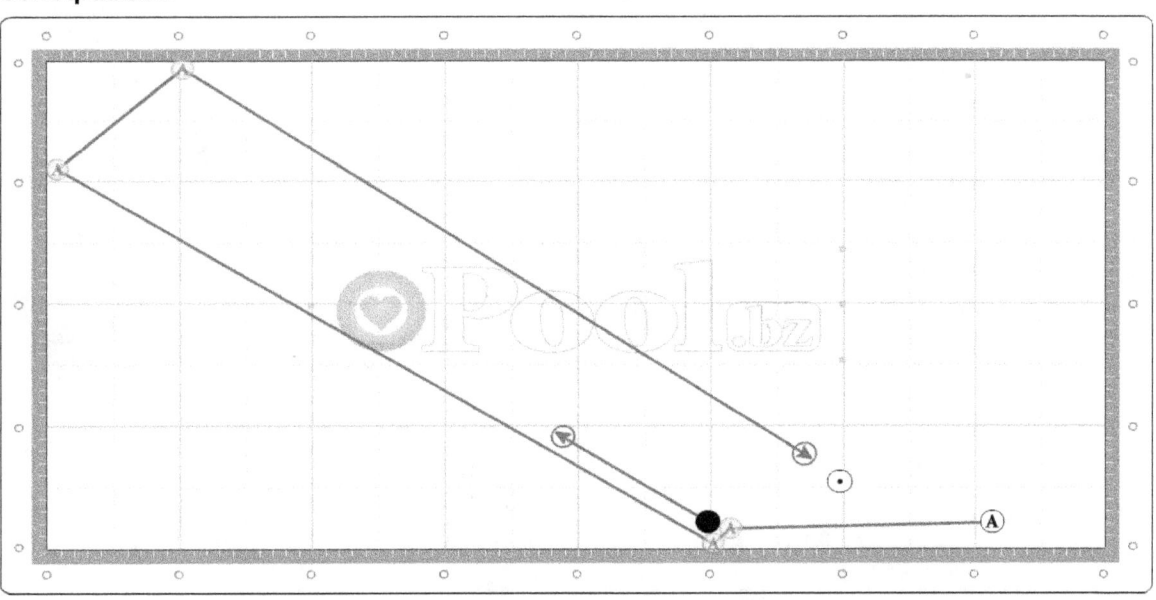

## C:2c – Opstelling

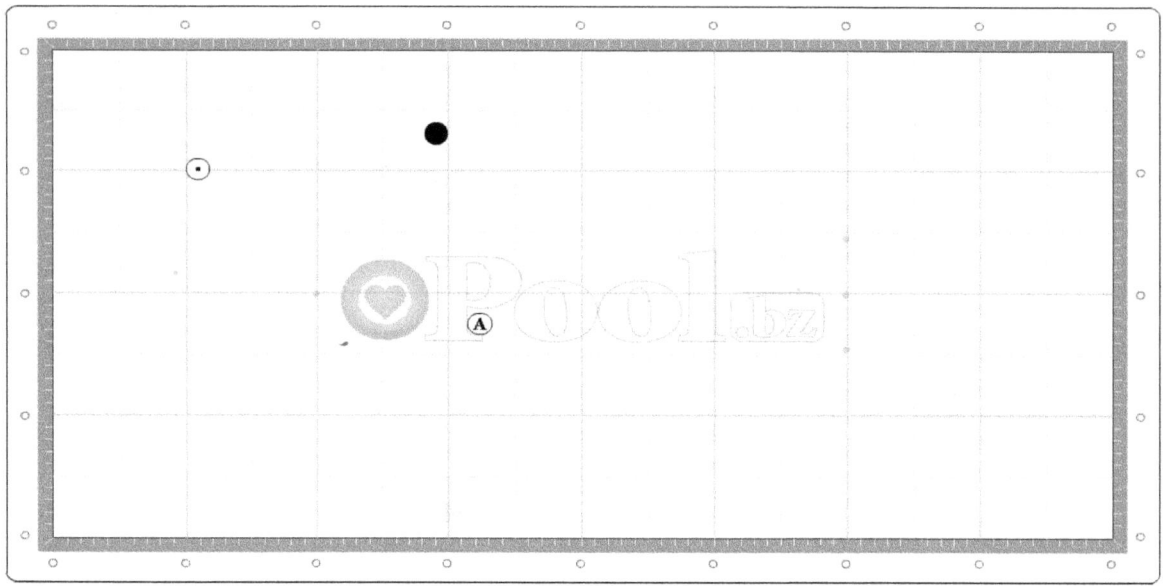

Opmerkingen en ideeën:

## Schotpatroon

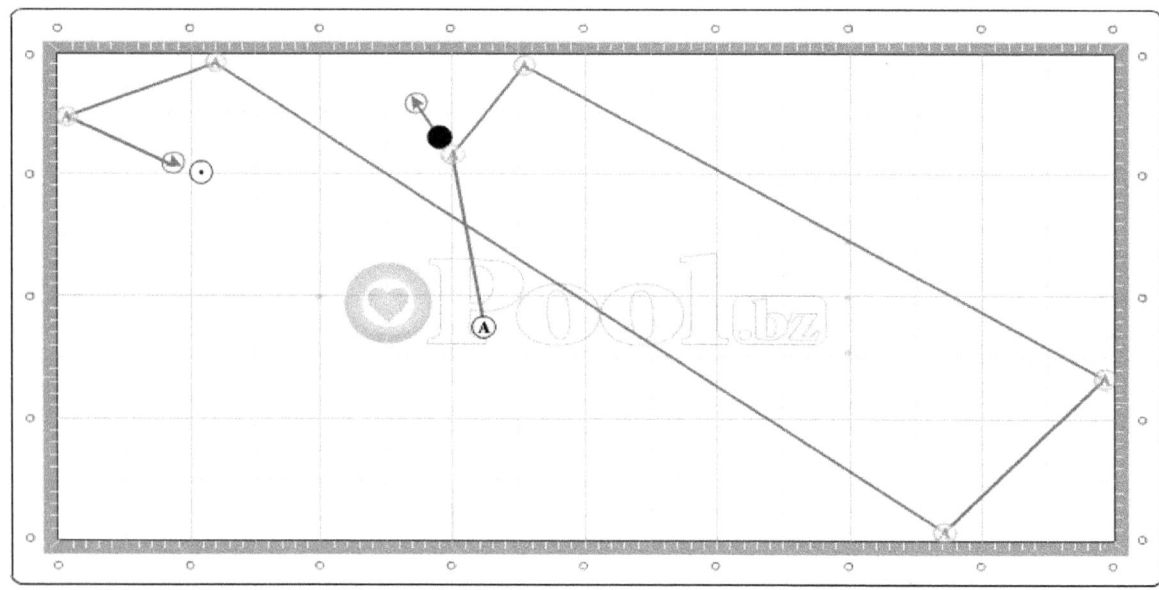

## C:2d – Opstelling

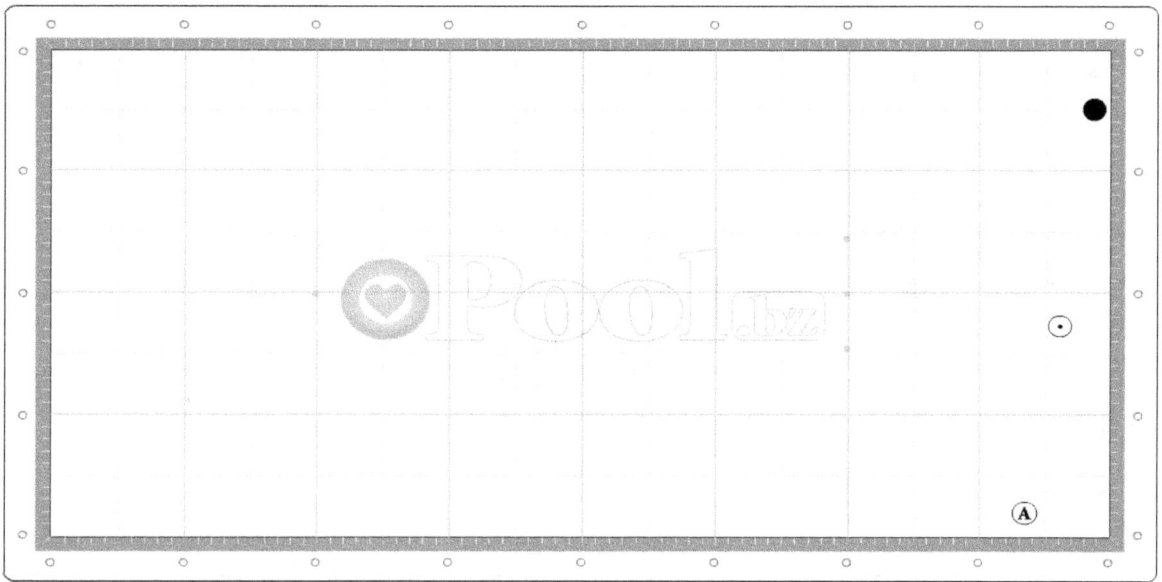

Opmerkingen en ideeën:

## Schotpatroon

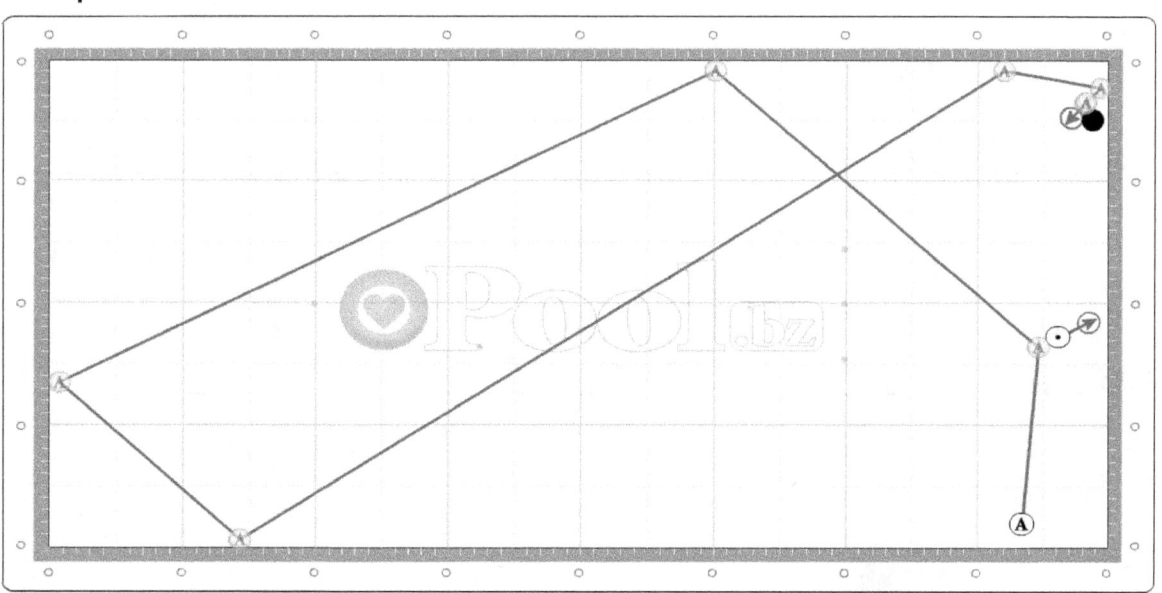

# C: Groep 3

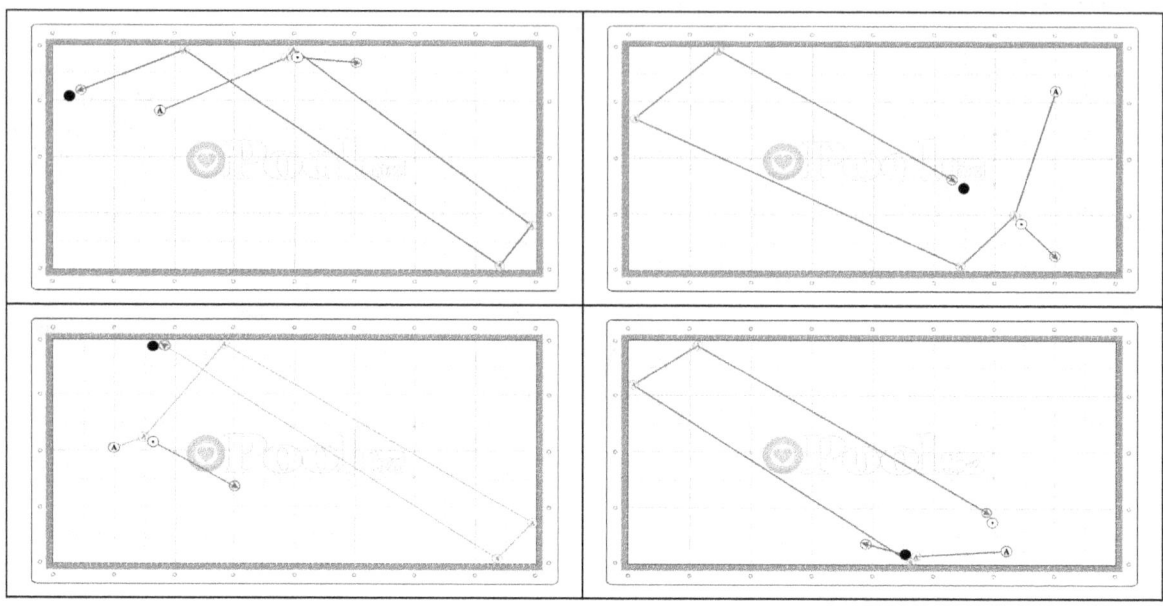

**Analyse**:

C:3a. _____

C:3b. _____

C:3c. _____

C:3d. _____

## C:3a – Opstelling

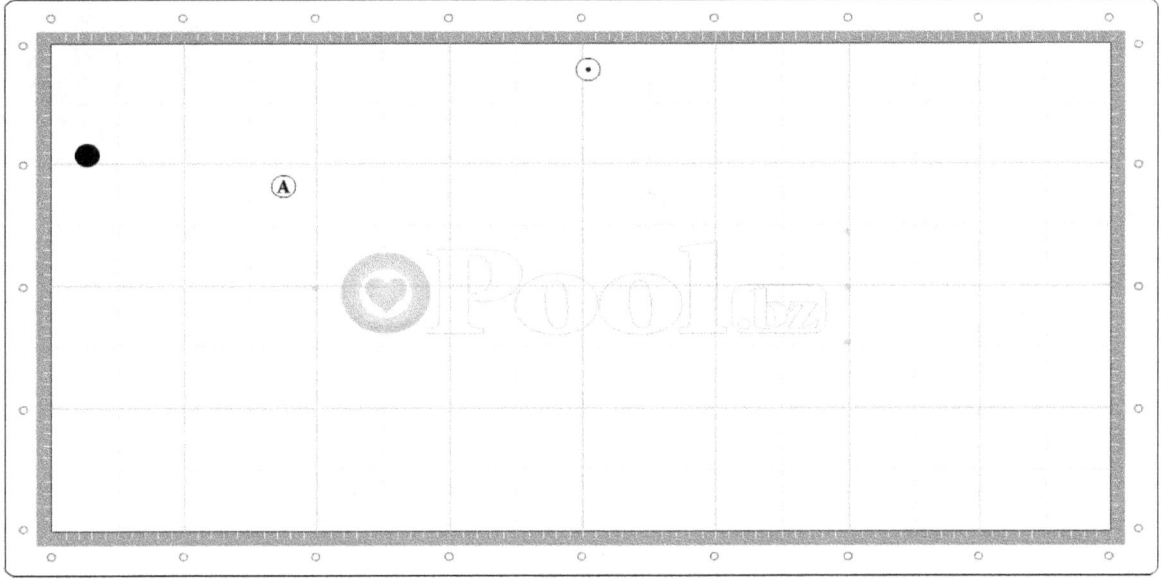

Opmerkingen en ideeën:

## Schotpatroon

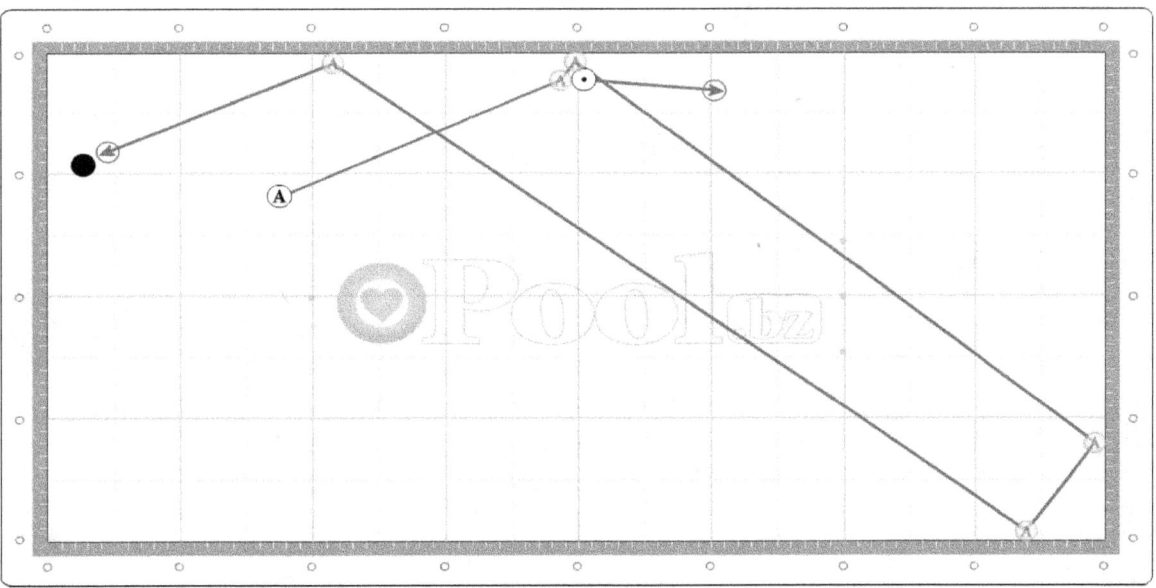

## C:3b – Opstelling

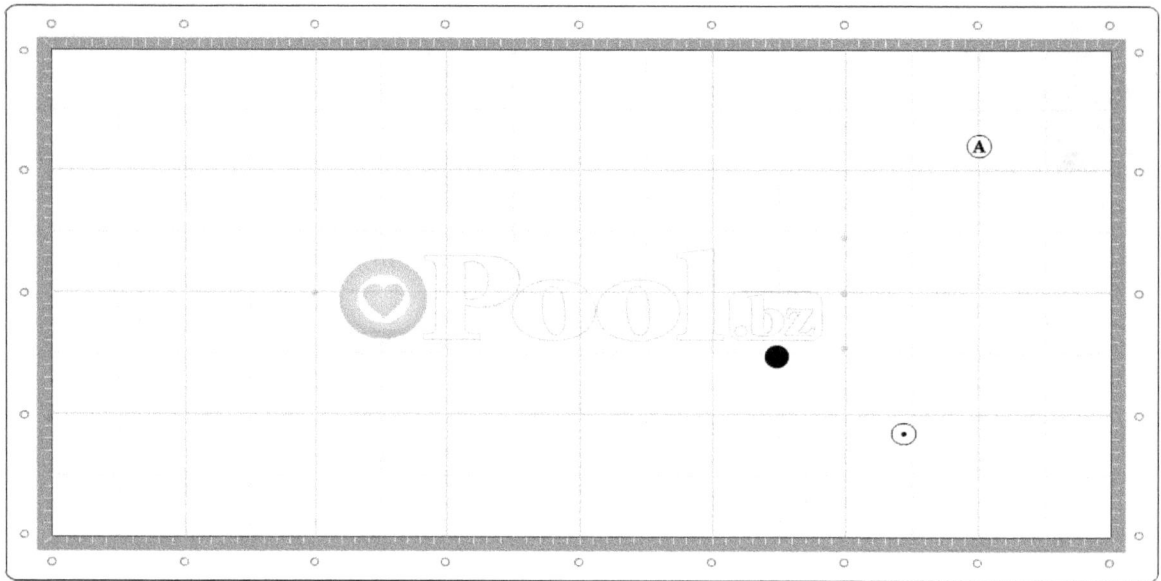

Opmerkingen en ideeën:

## Schotpatroon

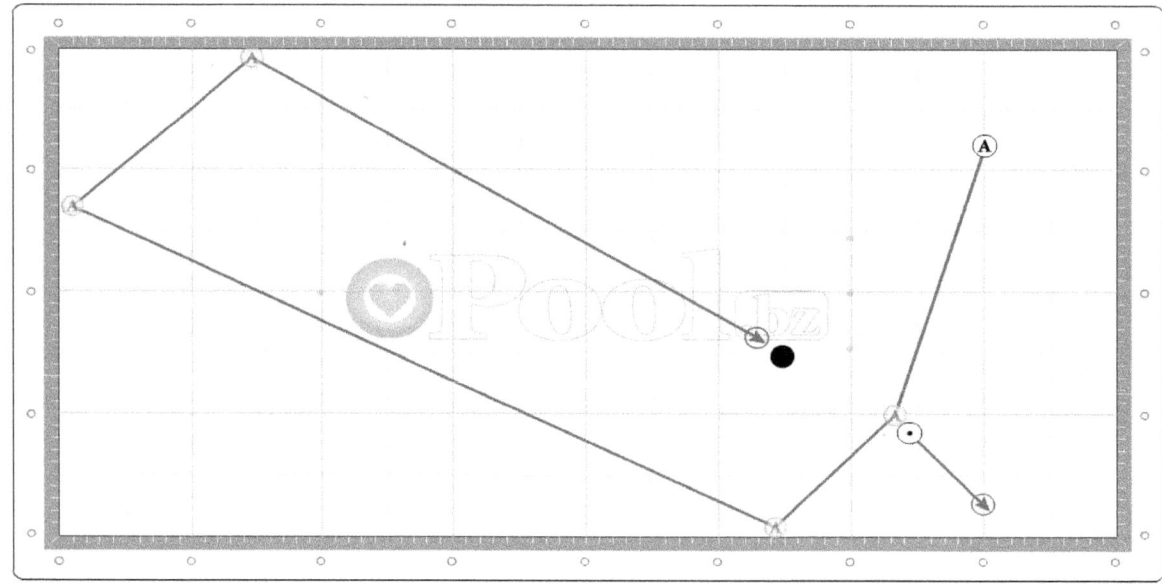

## C:3c – Opstelling

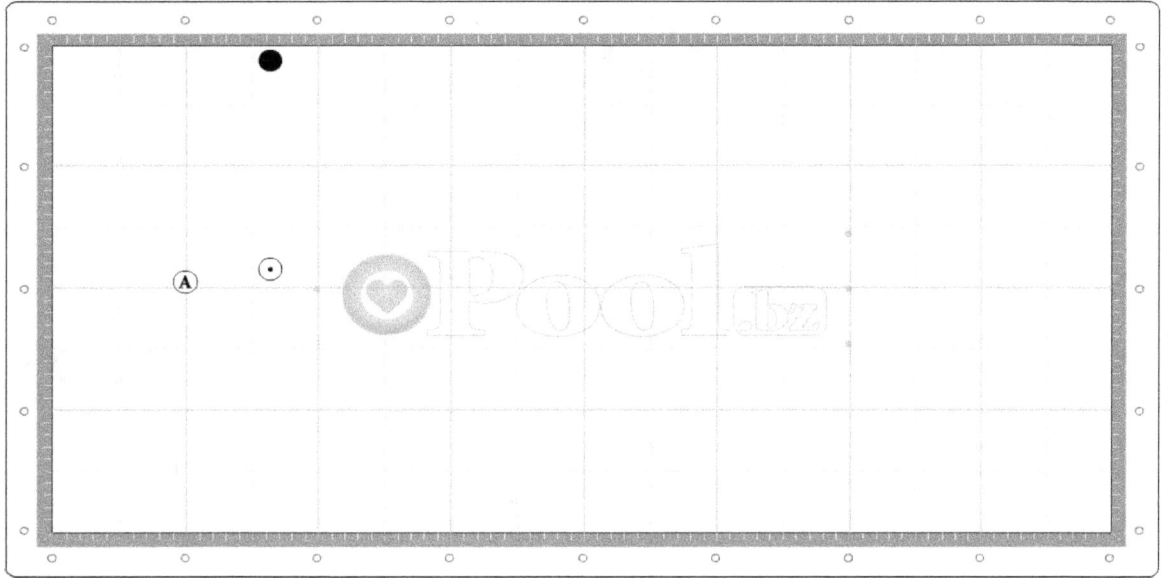

Opmerkingen en ideeën:

## Schotpatroon

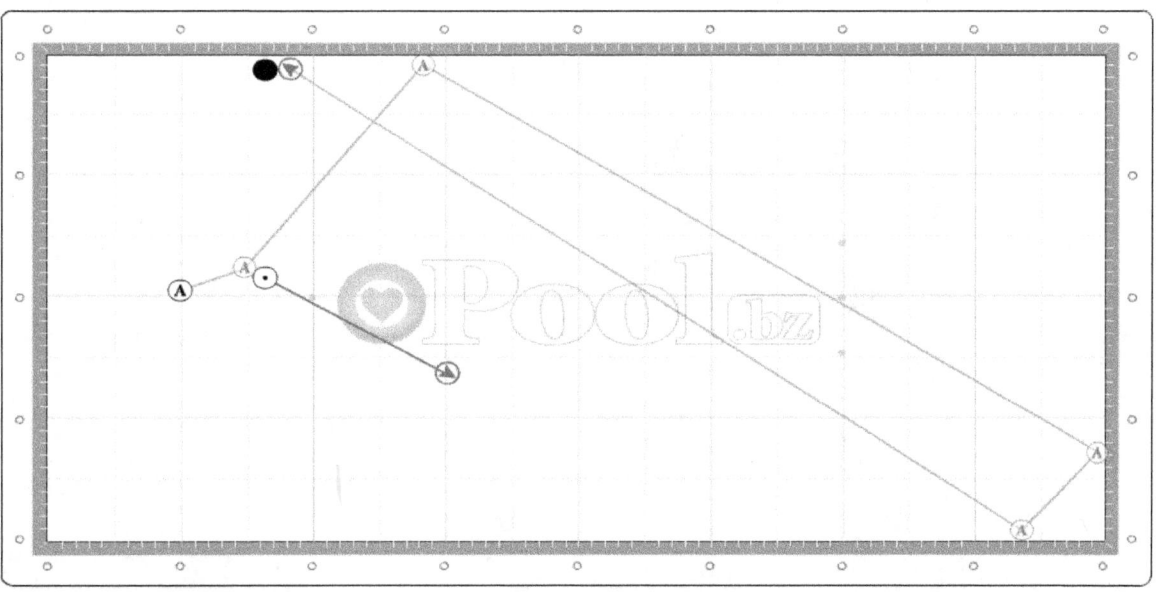

## C:3d – Opstelling

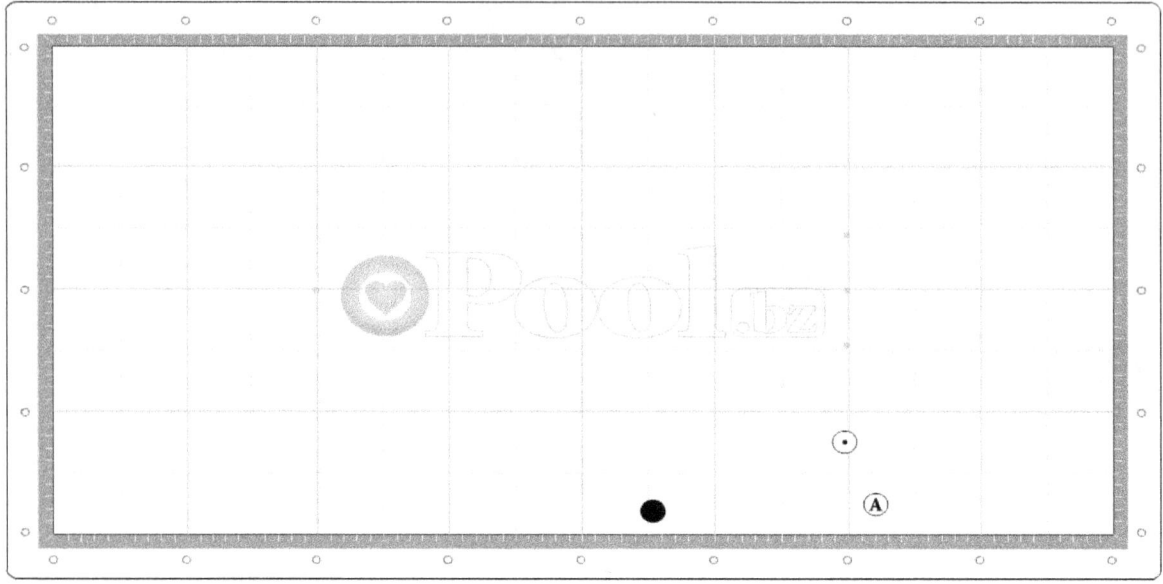

Opmerkingen en ideeën:

## Schotpatroon

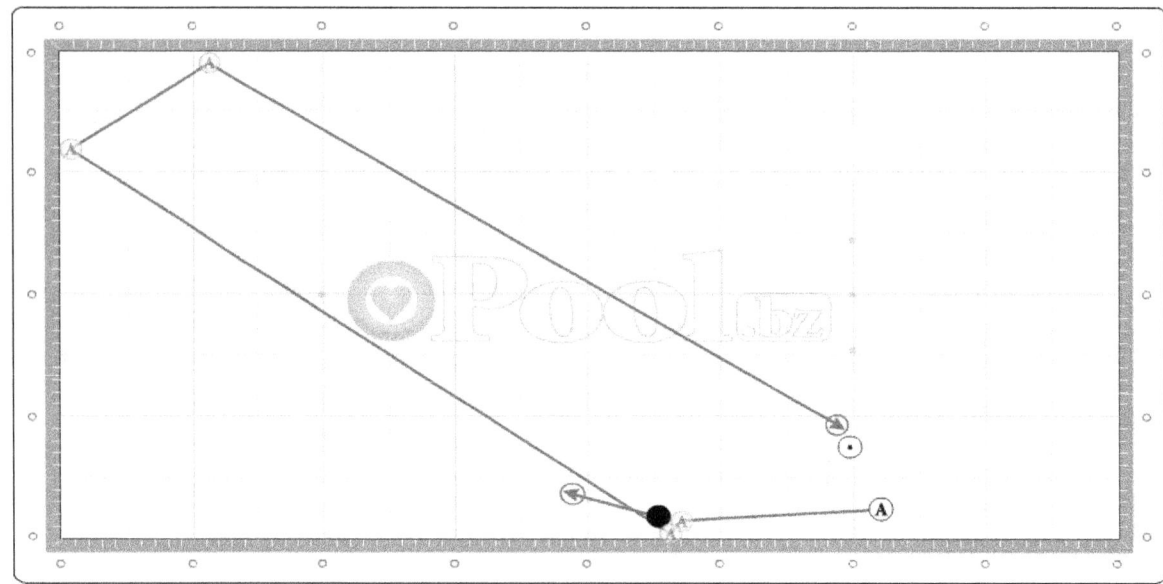

# C: Groep 4

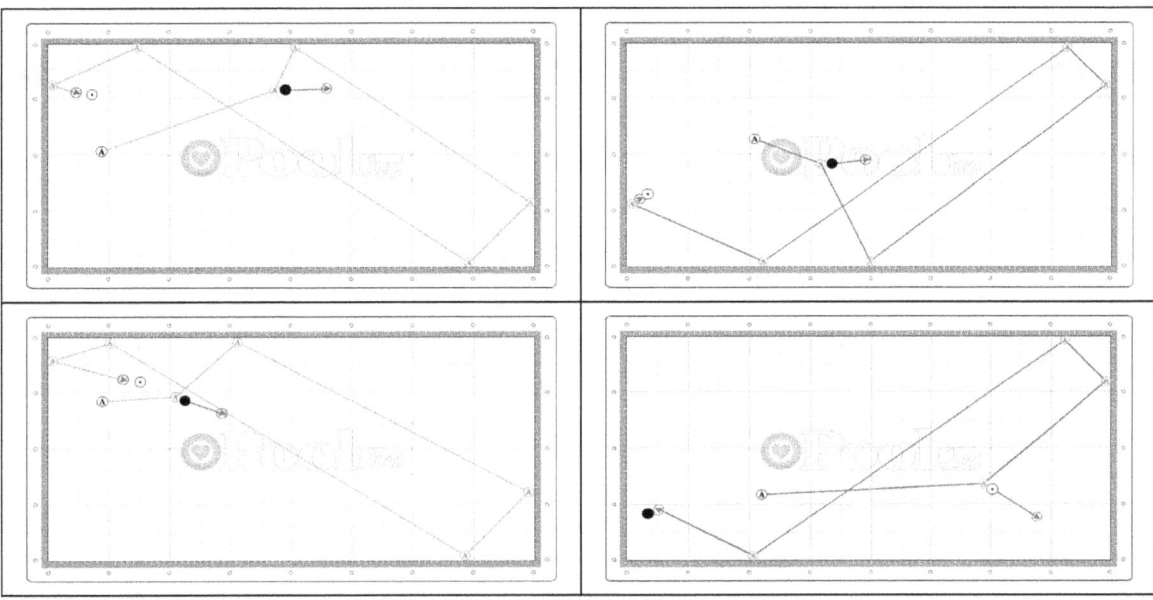

**Analyse**:

C:4a. _____

C:4b. _____

C:4c. _____

C:4d. _____

## C:4a – Opstelling

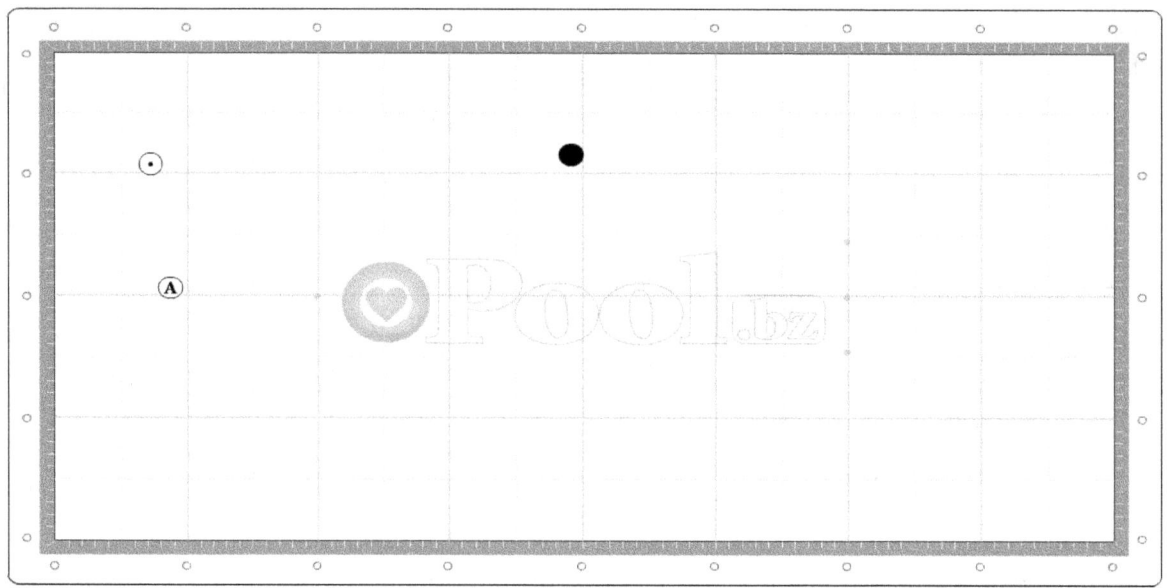

Opmerkingen en ideeën:

## Schotpatroon

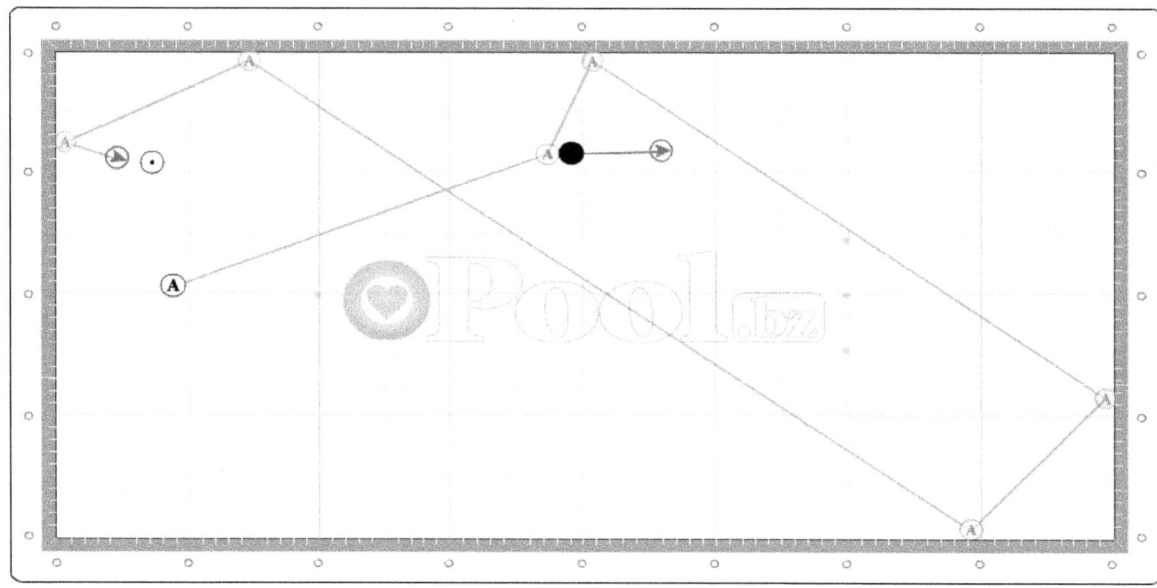

## C:4b – Opstelling

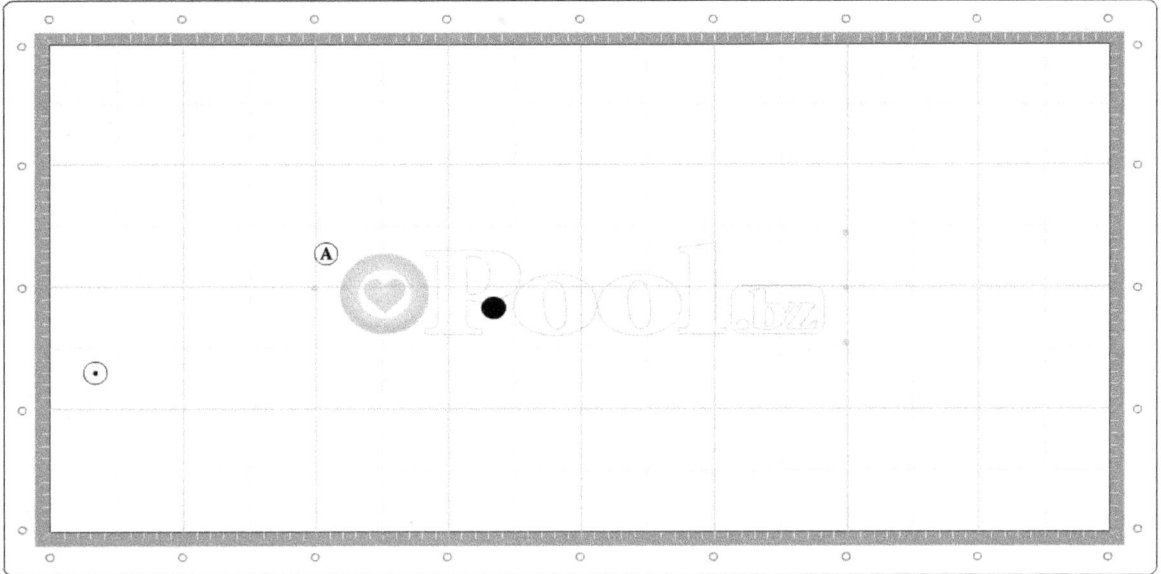

Opmerkingen en ideeën:

## Schotpatroon

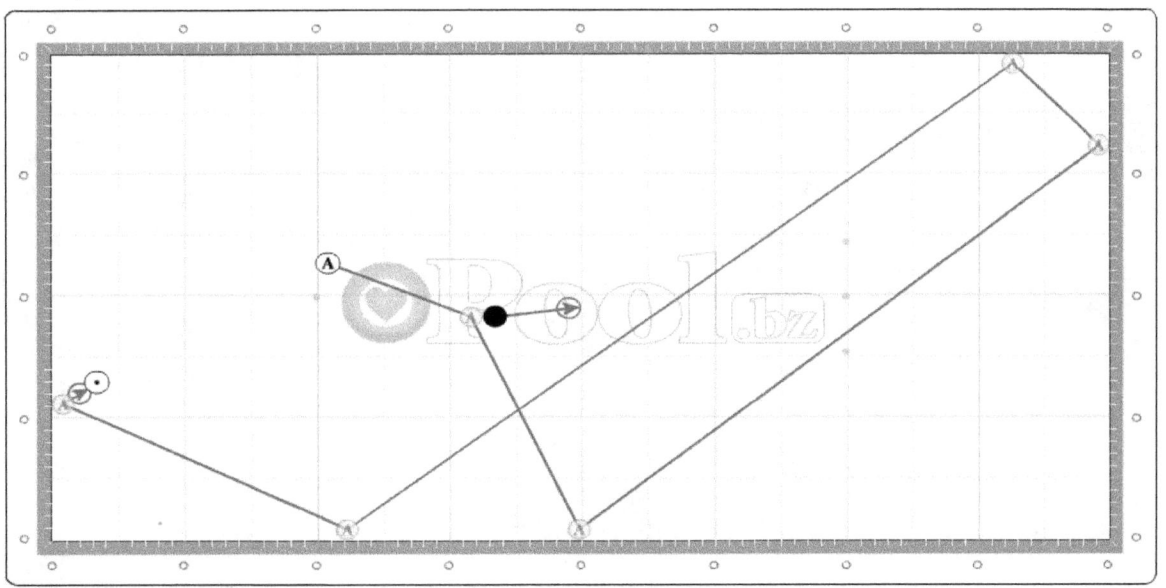

## C:4c – Opstelling

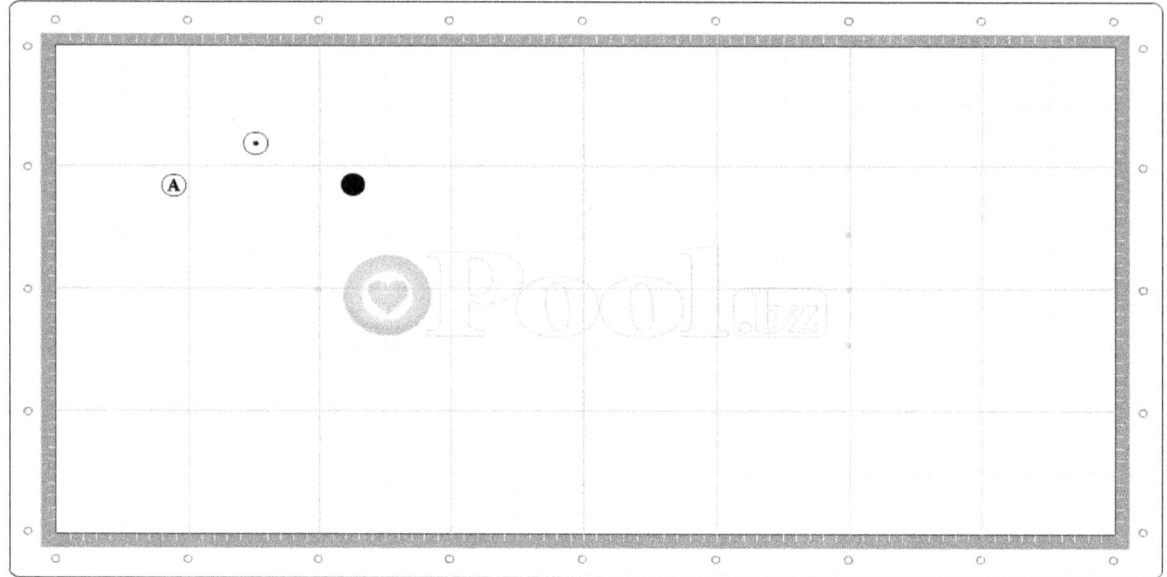

Opmerkingen en ideeën:

## Schotpatroon

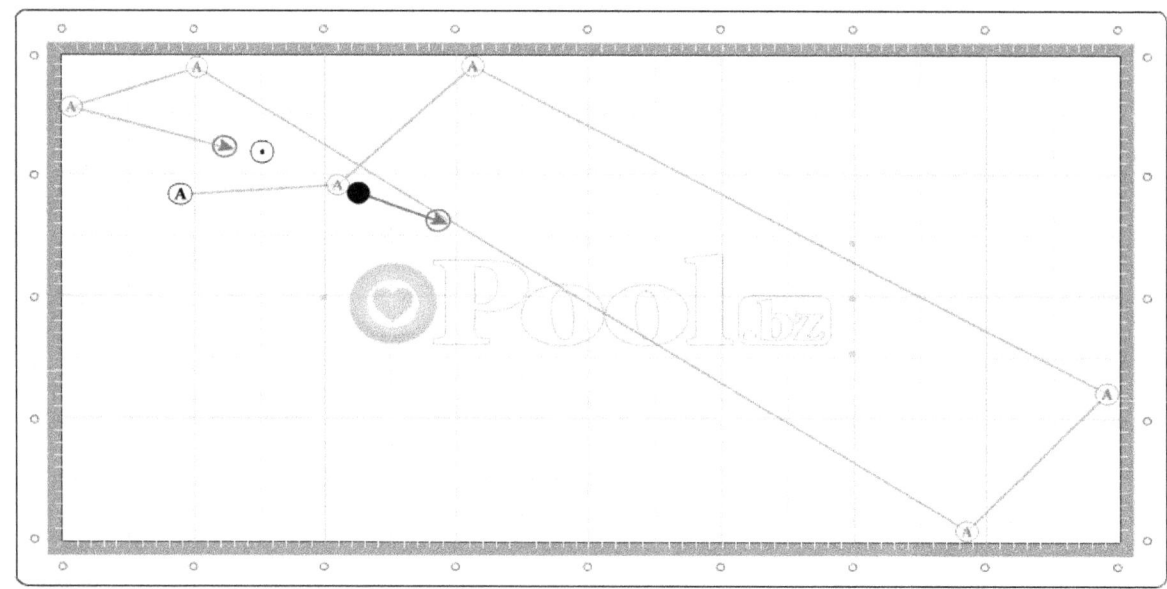

## C:4d – Opstelling

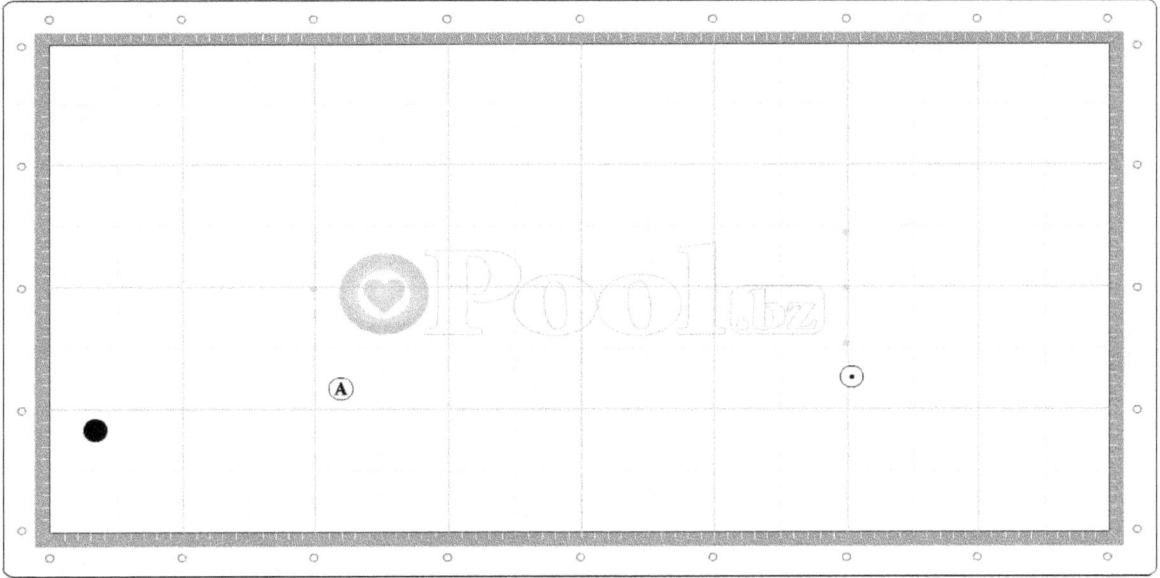

Opmerkingen en ideeën:

## Schotpatroon

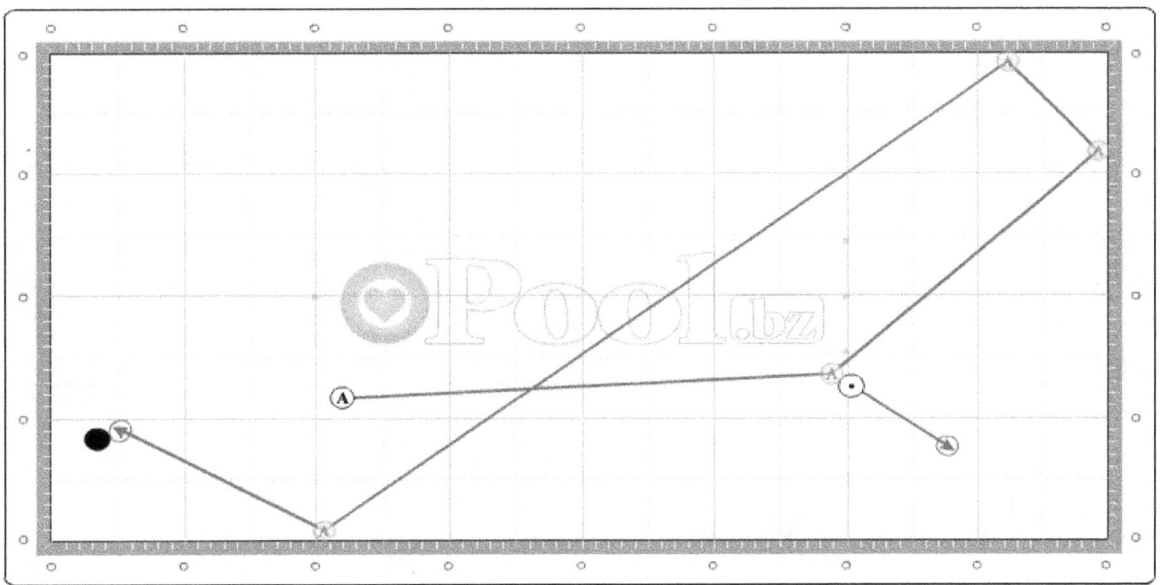

# C: Groep 5

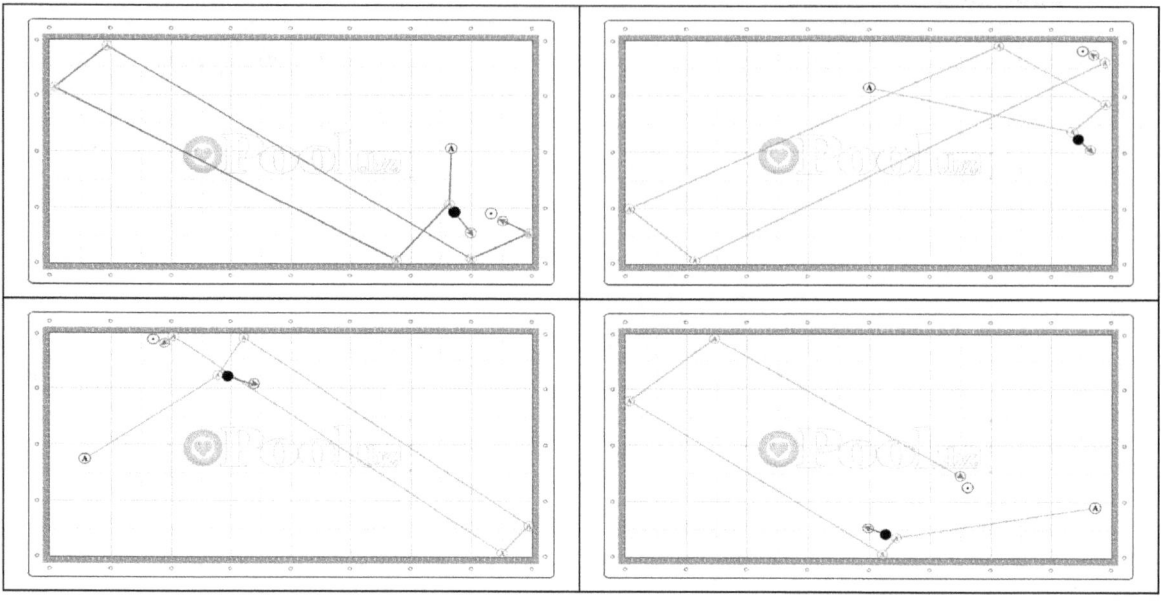

**Analyse**:

C:5a. _____

C:5b. _____

C:5c. _____

C:5d. _____

## C:5a – Opstelling

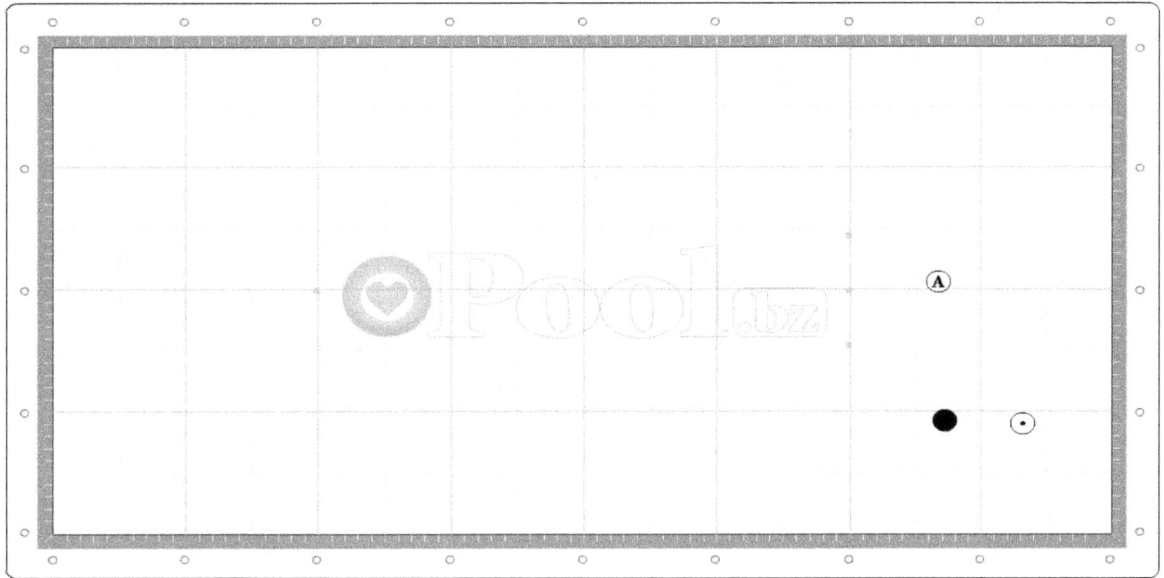

Opmerkingen en ideeën:

## Schotpatroon

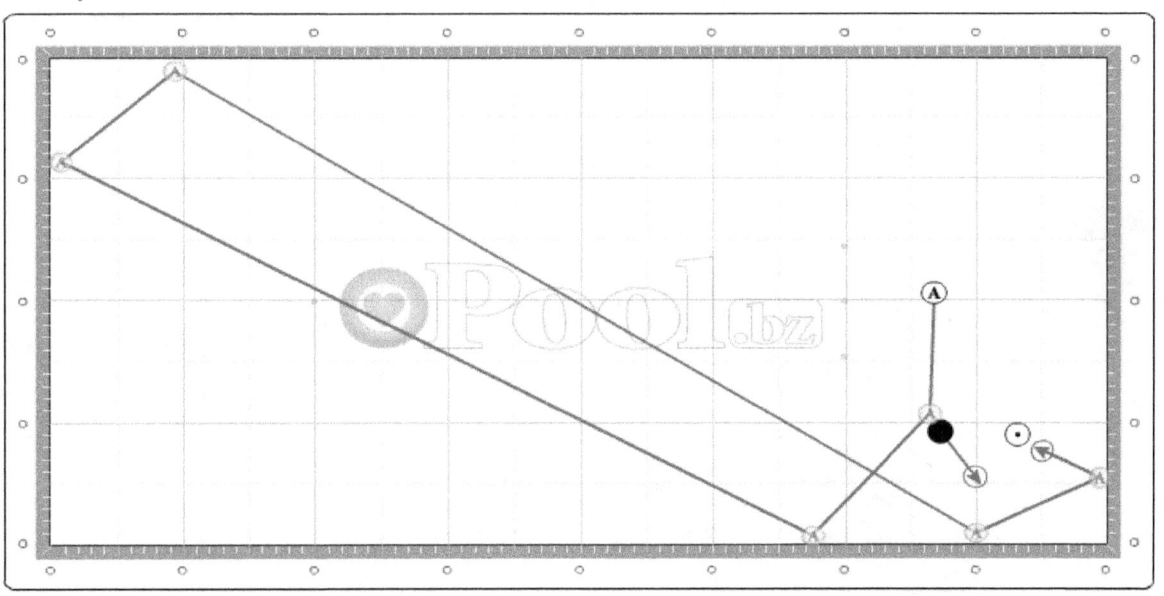

## C:5b – Opstelling

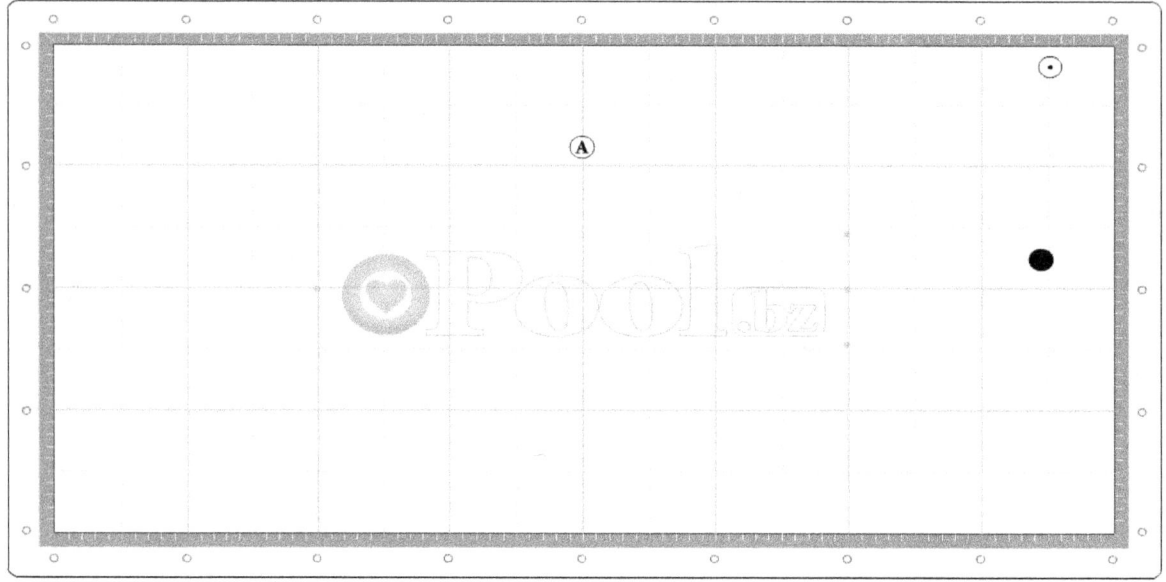

Opmerkingen en ideeën:

## Schotpatroon

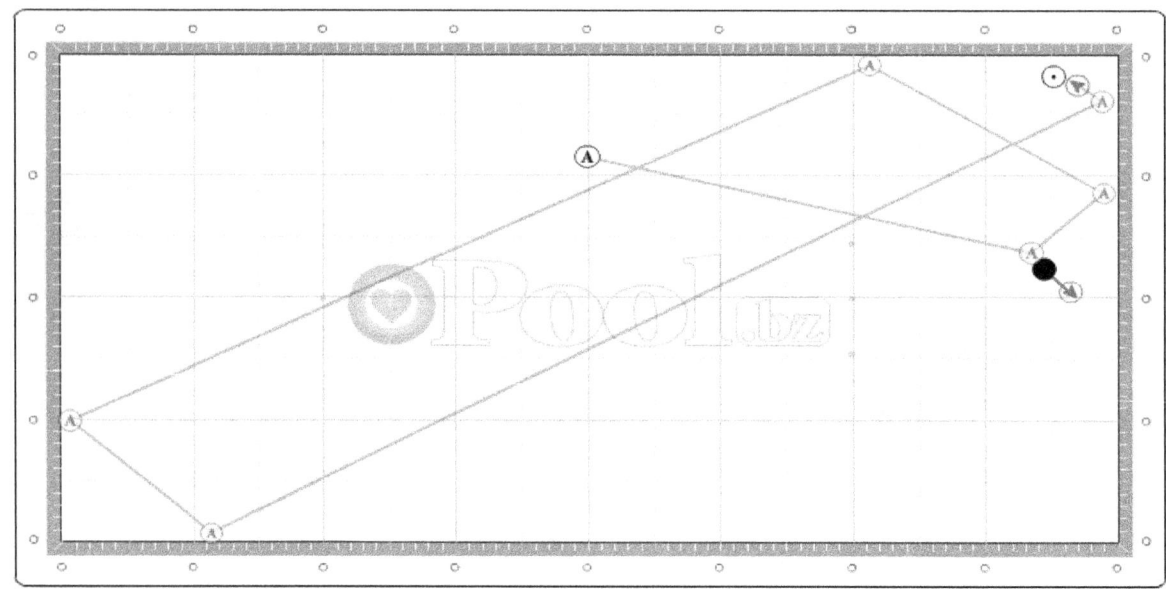

## C:5c – Opstelling

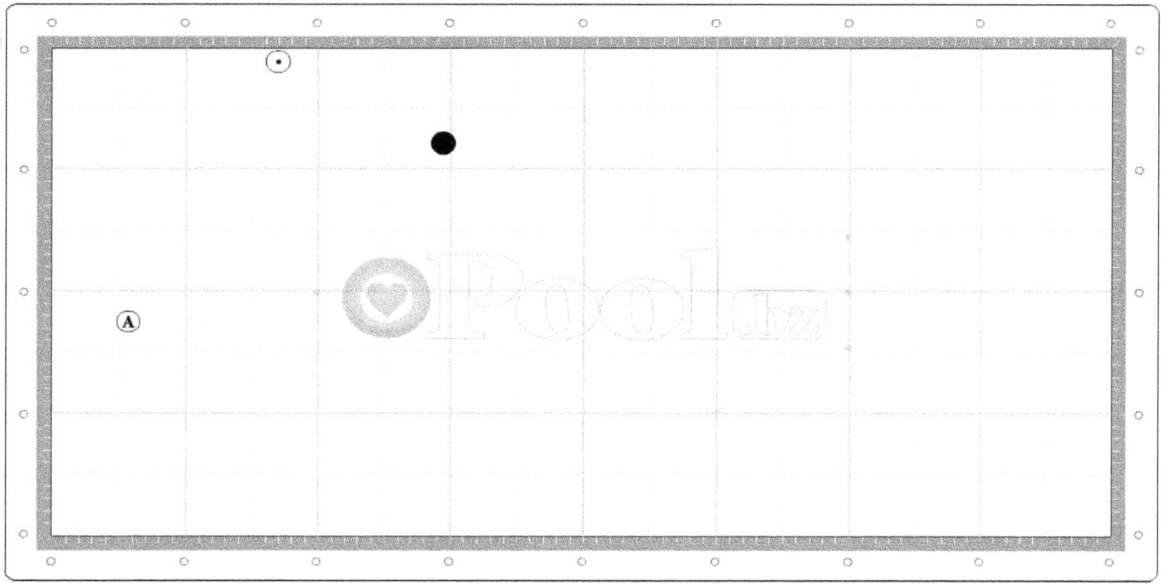

Opmerkingen en ideeën:

## Schotpatroon

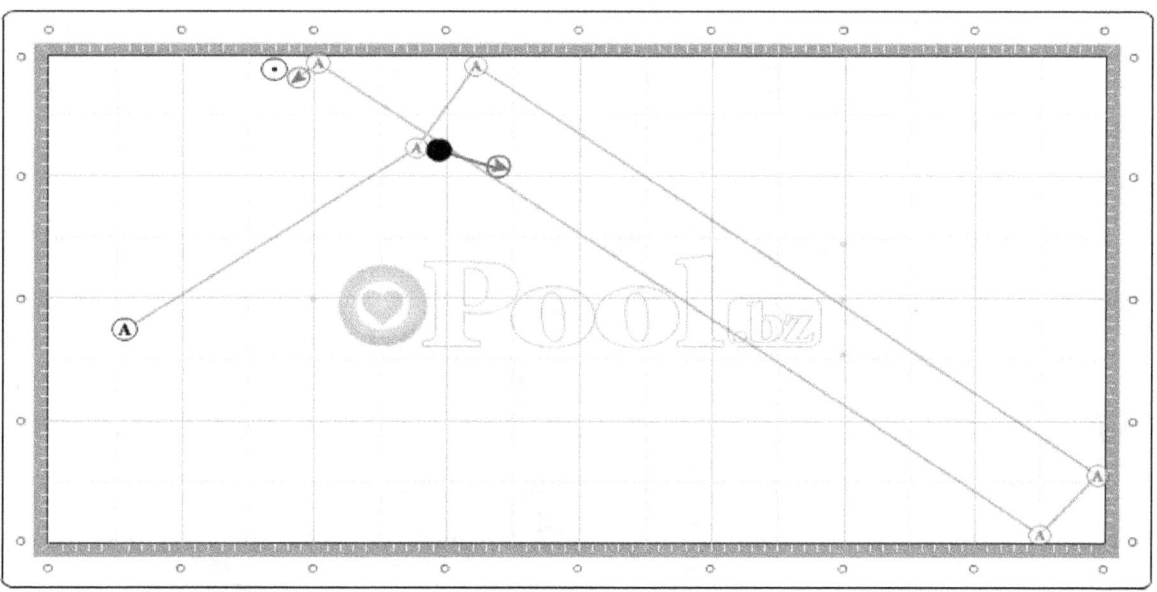

## C:5d – Opstelling

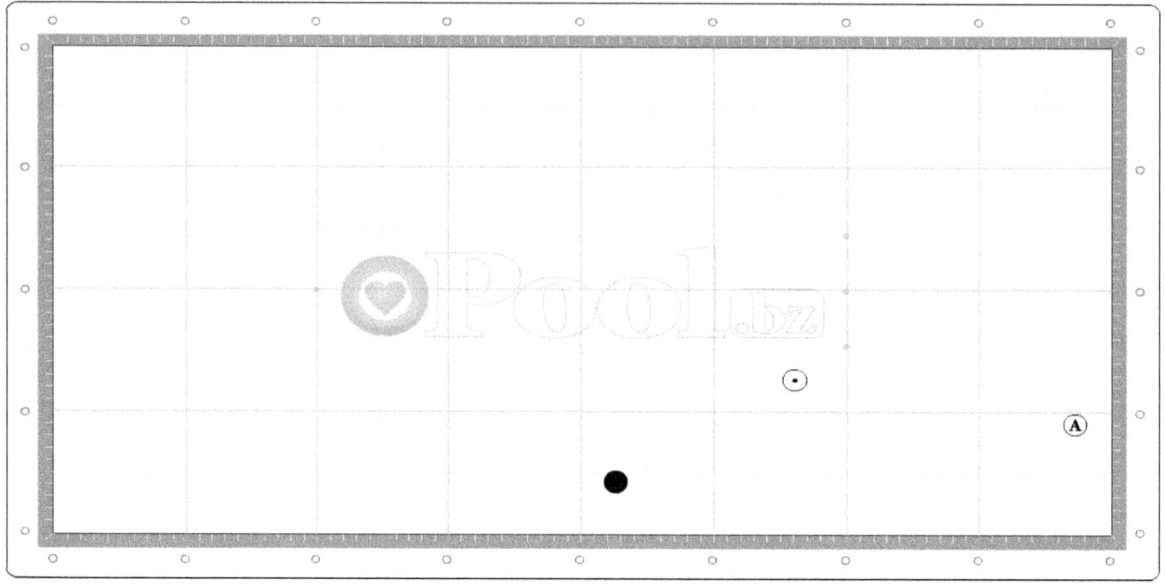

Opmerkingen en ideeën:

## Schotpatroon

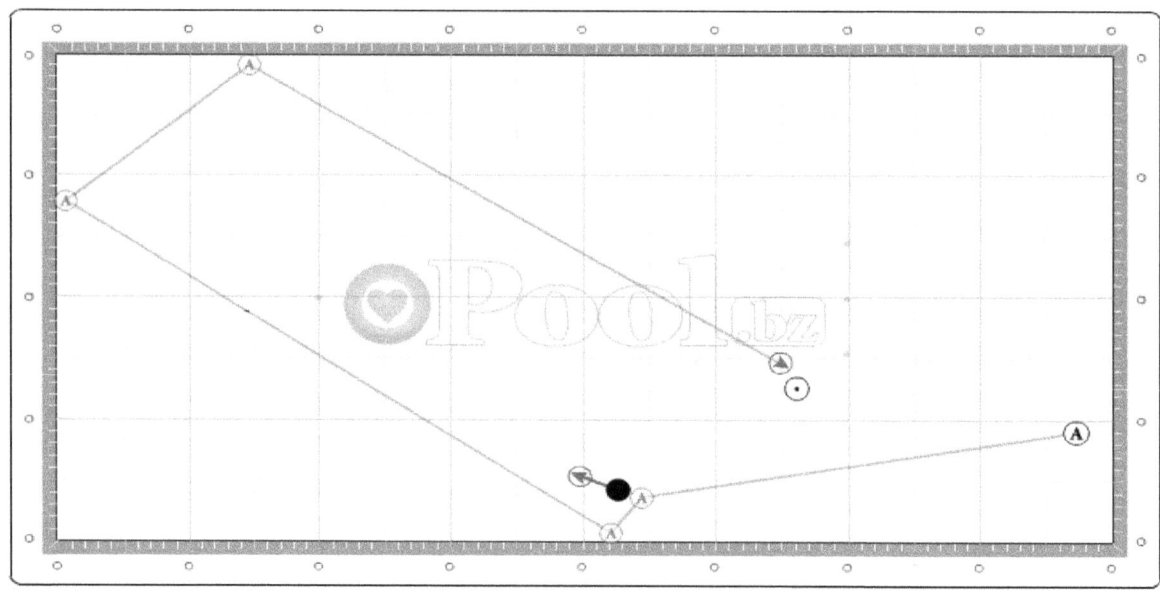

# D: Dubbele diagonaal

De (CB) komt van de eerste (OB) in een van de hoeken. Het komt naar buiten en gaat naar de andere hoek. De inkomende en uitgaande paden zijn niet parallel.

Ⓐ (CB) (uw biljartbal) – ⊙ (OB) (tegenstander biljartbal) – ● (OB) (rode biljartbal)

## D: Groep 1

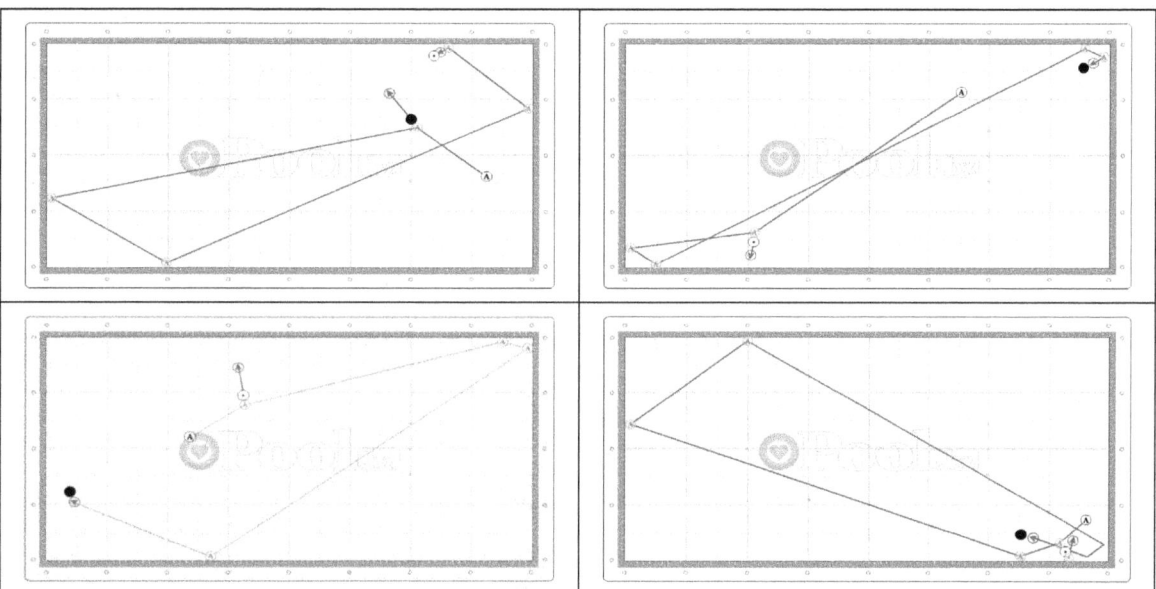

**Analyse**:

D:1a. _____

D:1b. _____

D:1c. _____

D:1d. _____

## D:1a – Opstelling

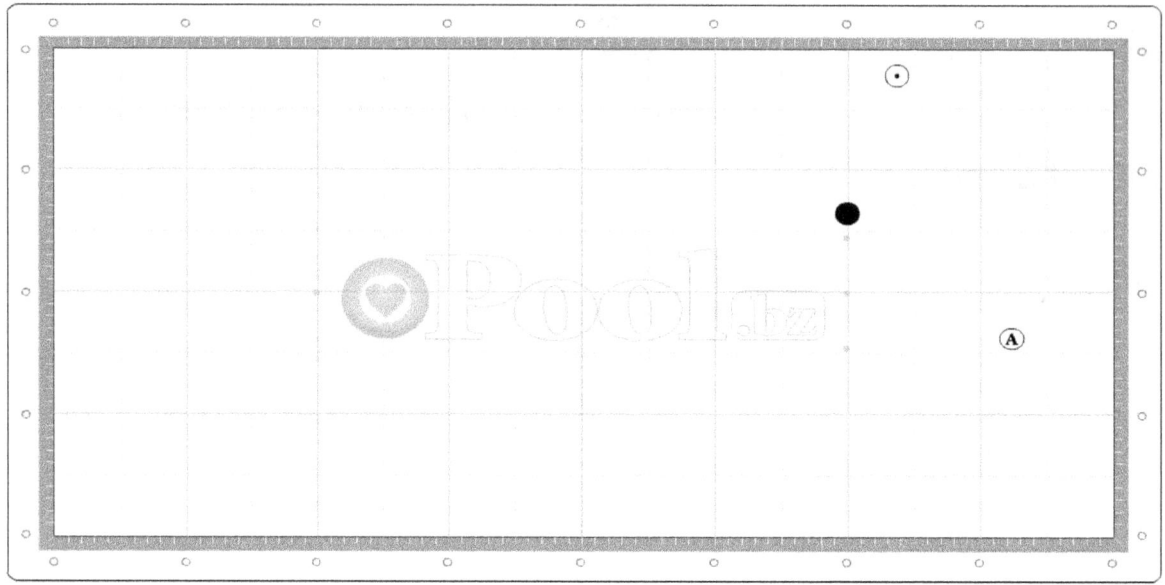

Opmerkingen en ideeën:

## Schotpatroon

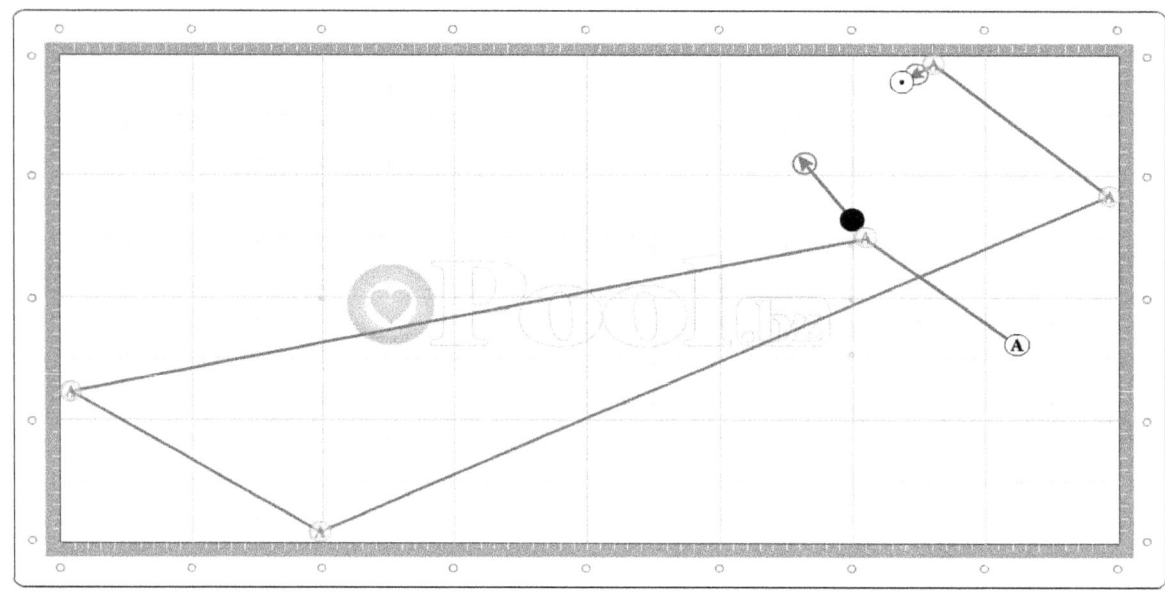

## D:1b – Opstelling

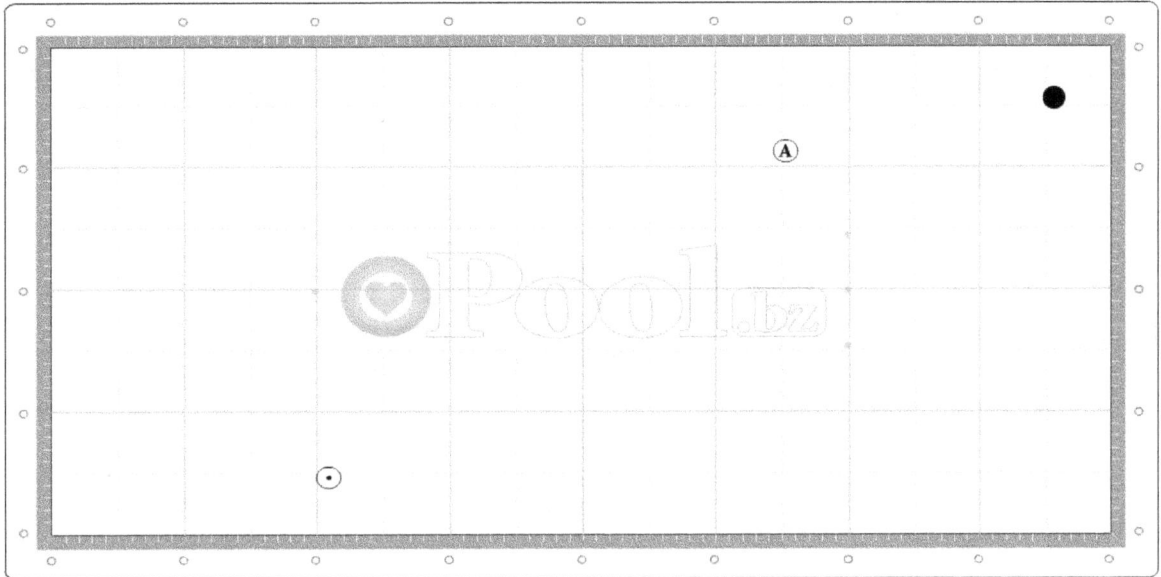

Opmerkingen en ideeën:

## Schotpatroon

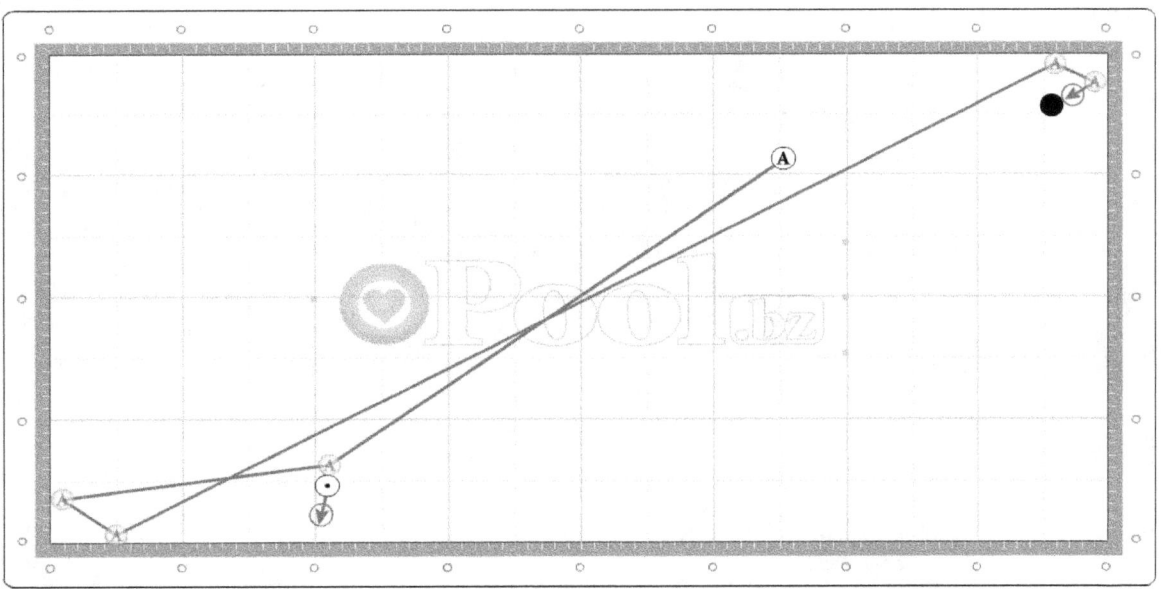

## D:1c – Opstelling

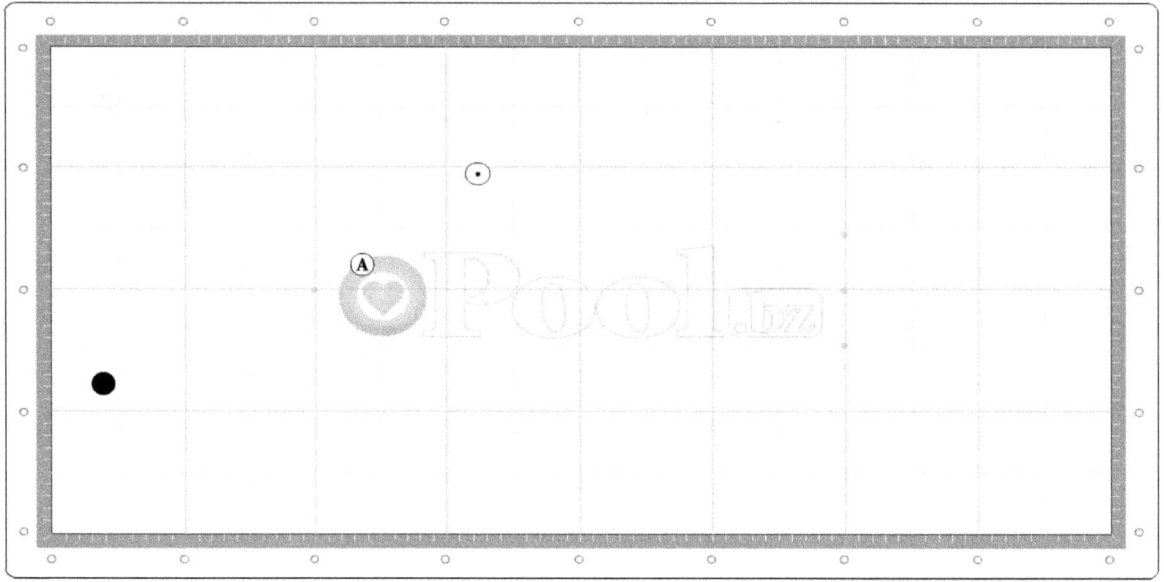

Opmerkingen en ideeën:

## Schotpatroon

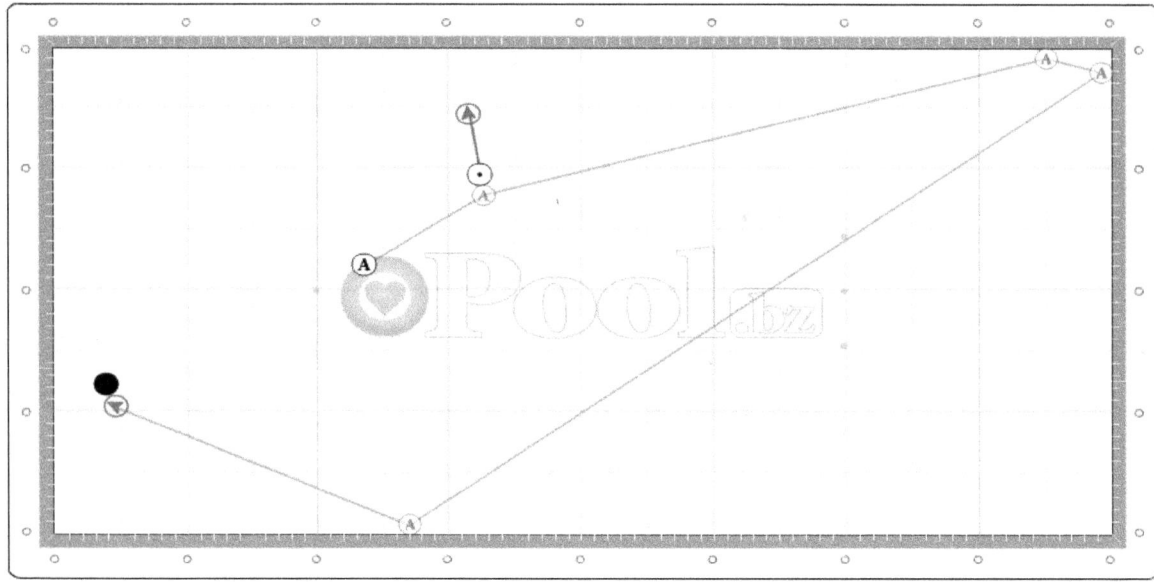

## D:1d – Opstelling

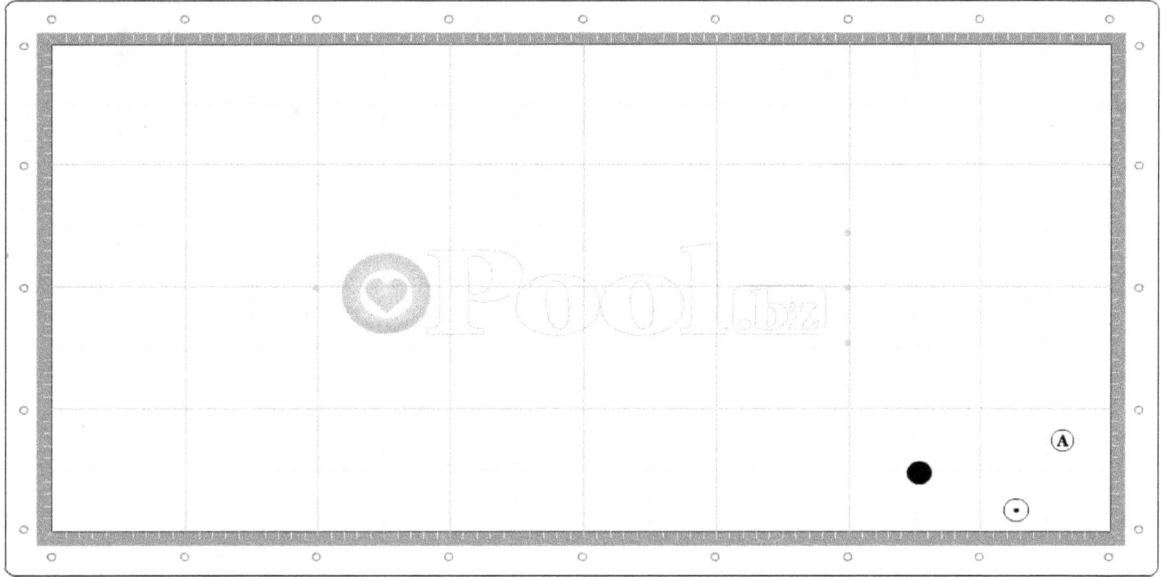

Opmerkingen en ideeën:

## Schotpatroon

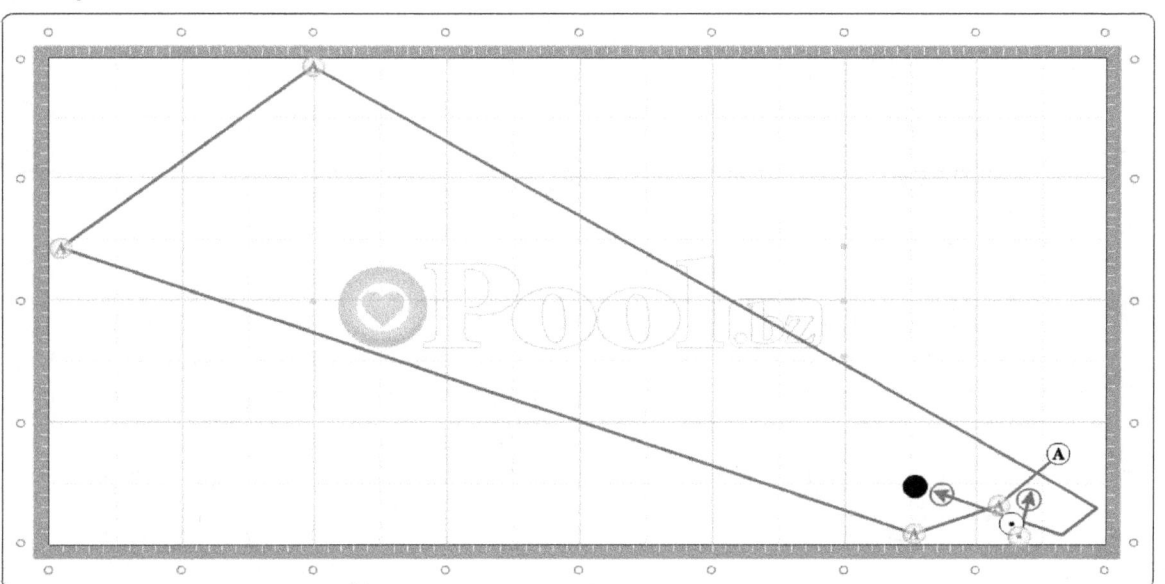

# D: Groep 2

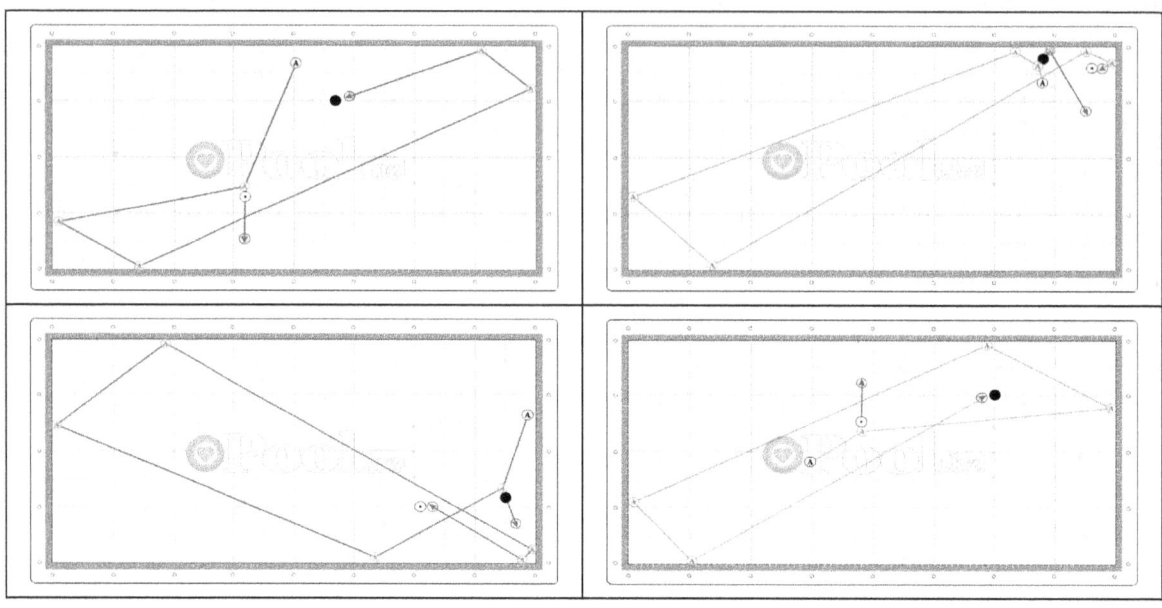

**Analyse**:

D:2a. _____

D:2b. _____

D:2c. _____

D:2d. _____

## D:2a – Opstelling

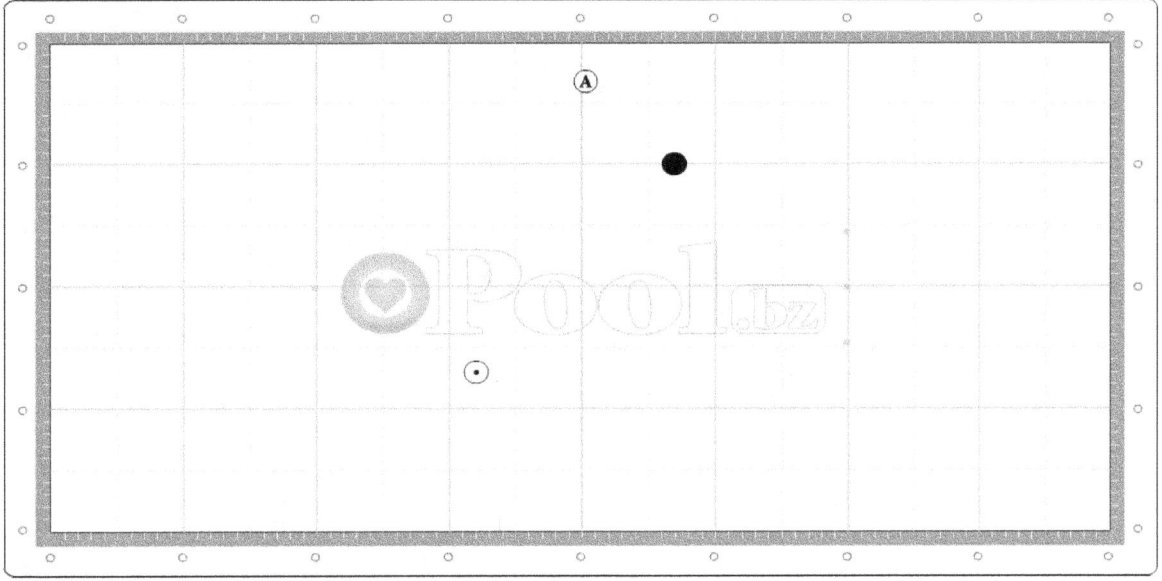

Opmerkingen en ideeën:

## Schotpatroon

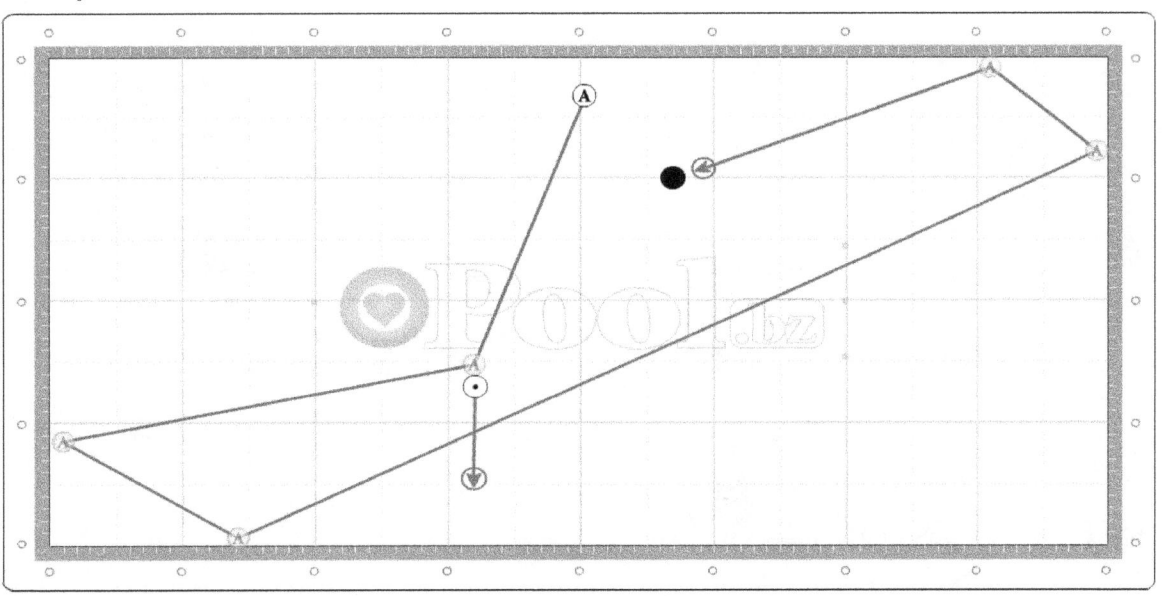

## D:2b – Opstelling

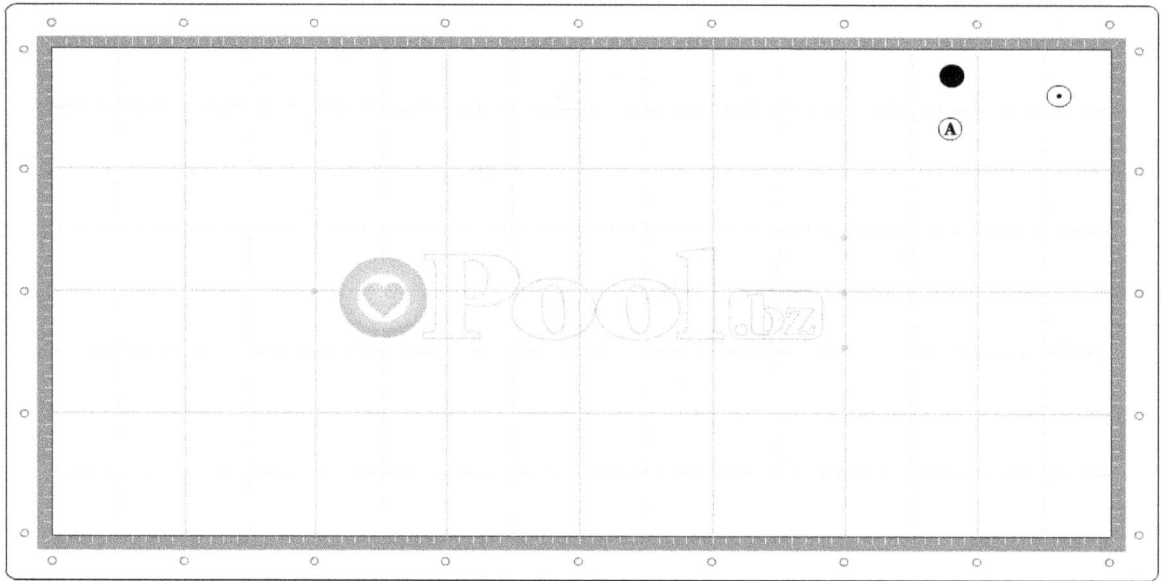

Opmerkingen en ideeën:

## Schotpatroon

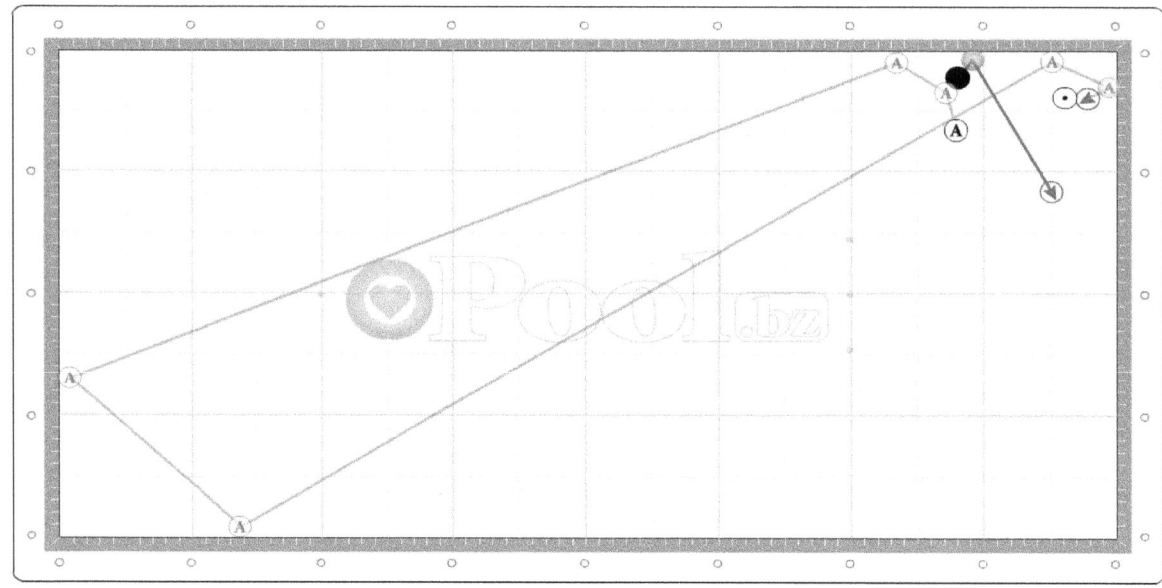

## D:2c – Opstelling

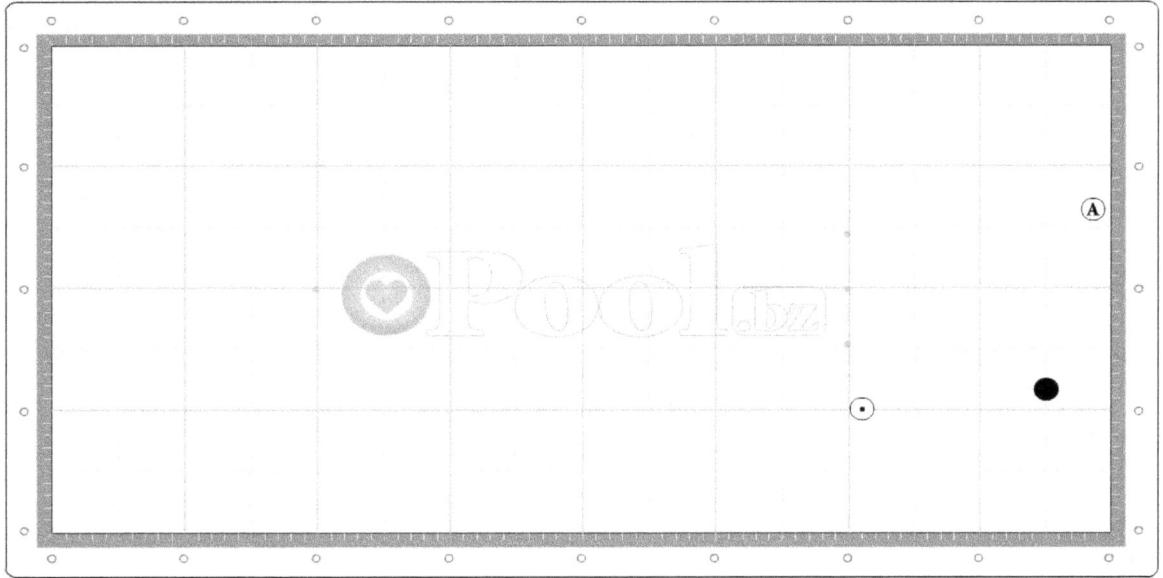

Opmerkingen en ideeën:

## Schotpatroon

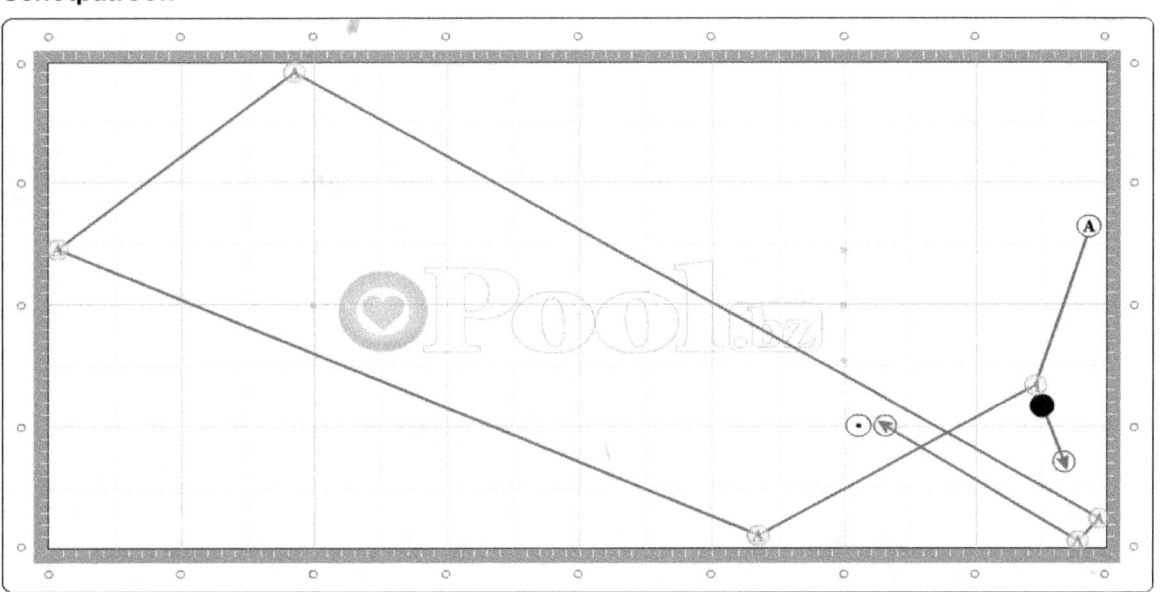

## D:2d – Opstelling

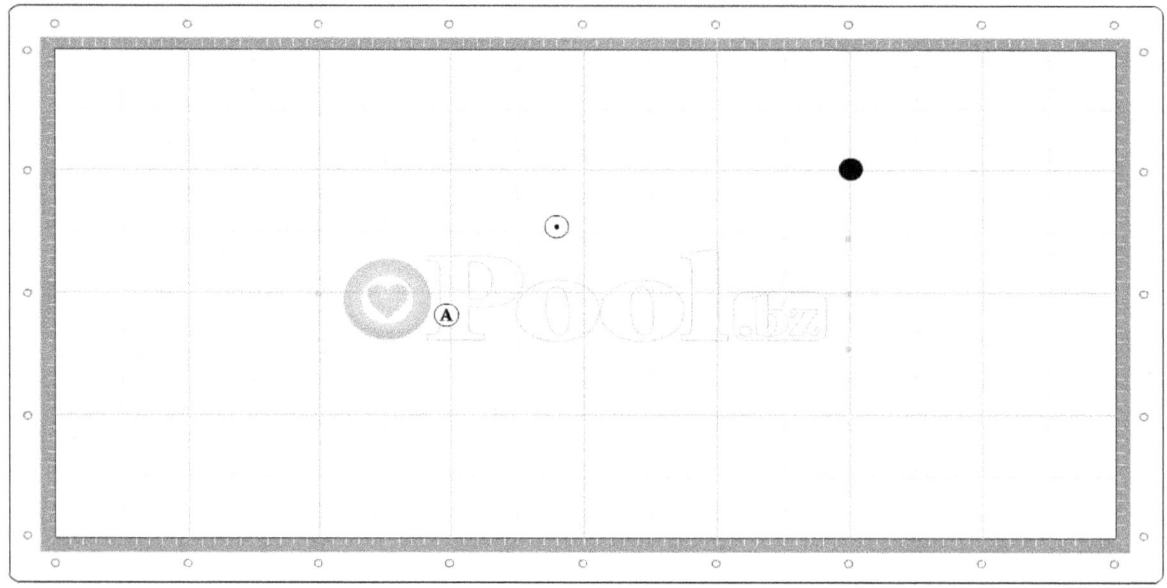

Opmerkingen en ideeën:

## Schotpatroon

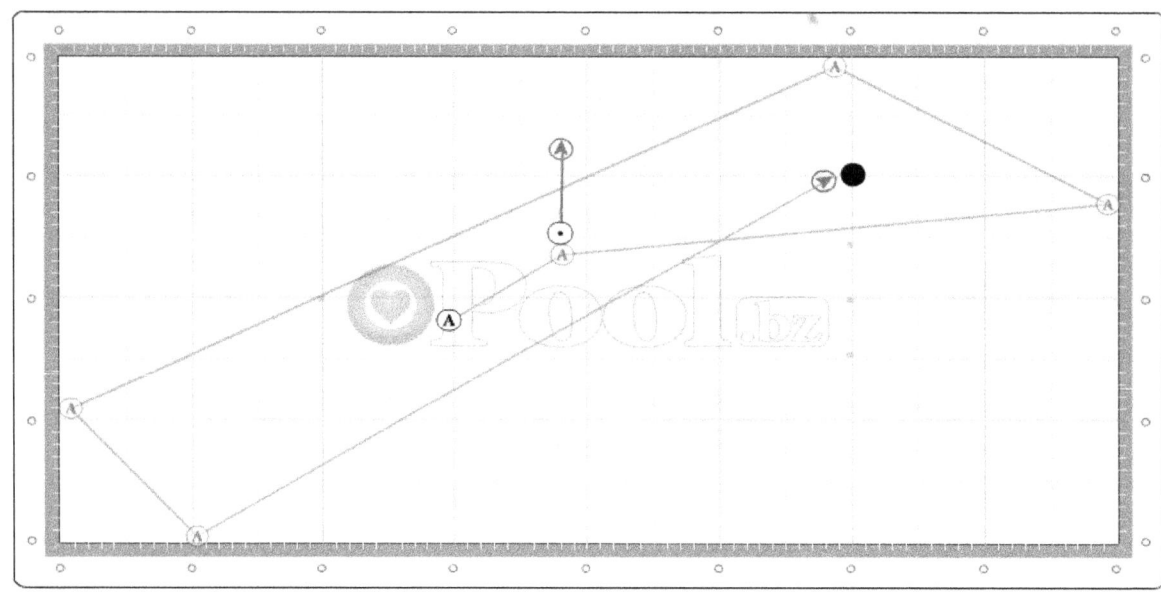

# D: Groep 3

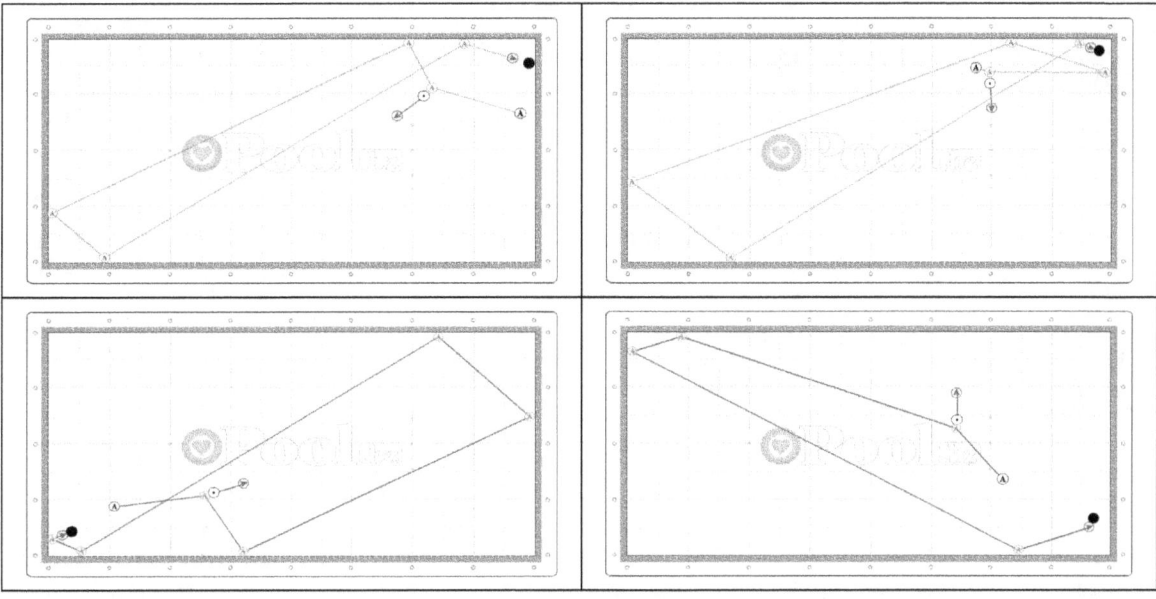

**Analyse:**

D:3a. _____

D:3b. _____

D:3c. _____

D:3d. _____

## D:3a – Opstelling

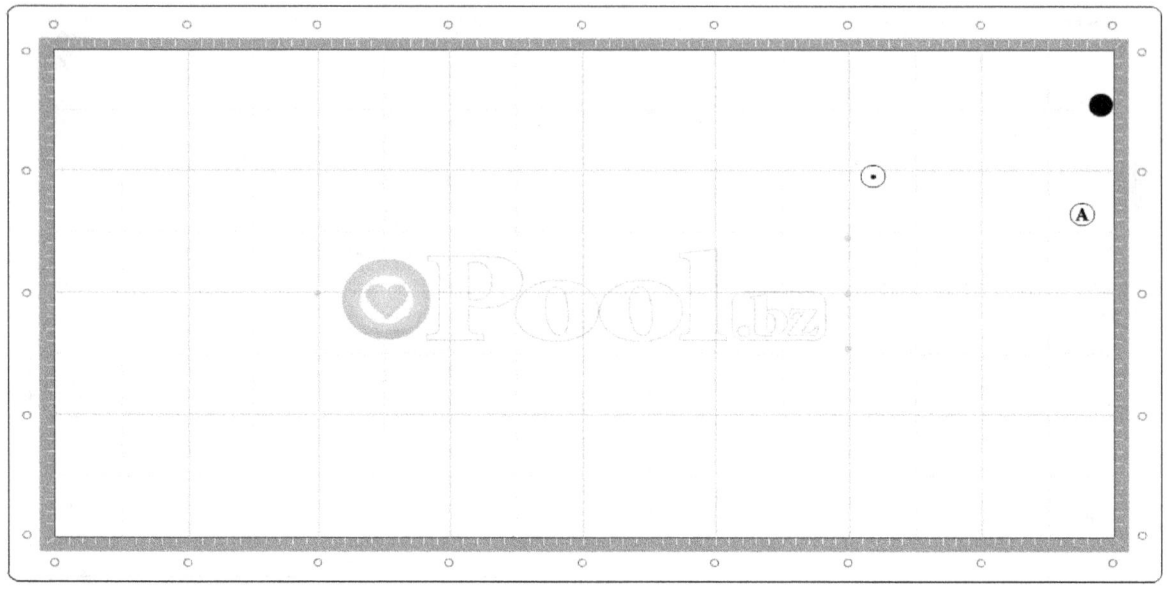

Opmerkingen en ideeën:

## Schotpatroon

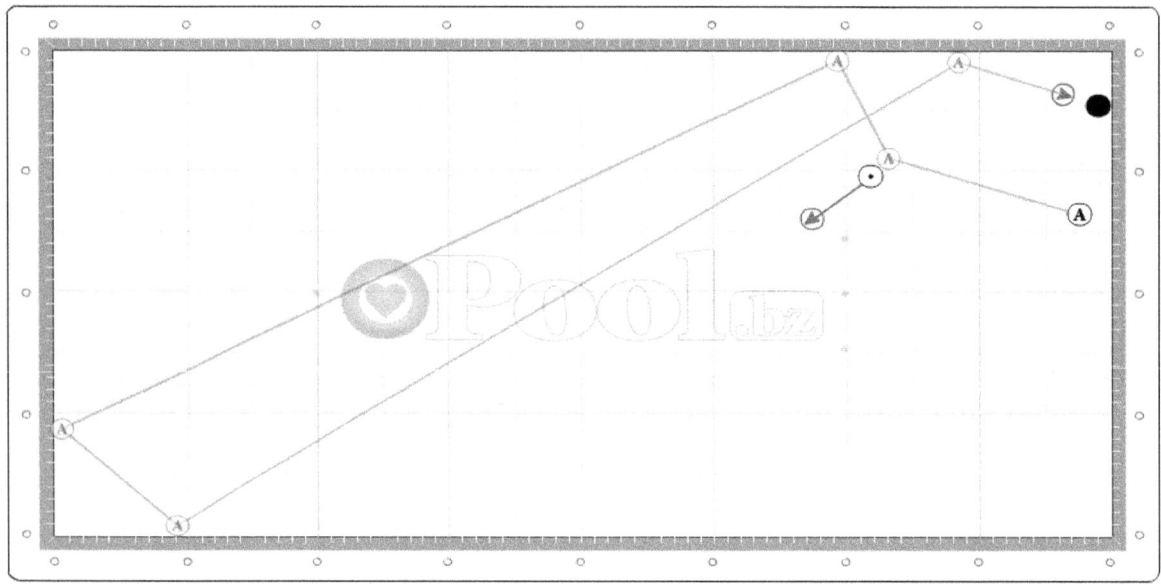

## D:3b – Opstelling

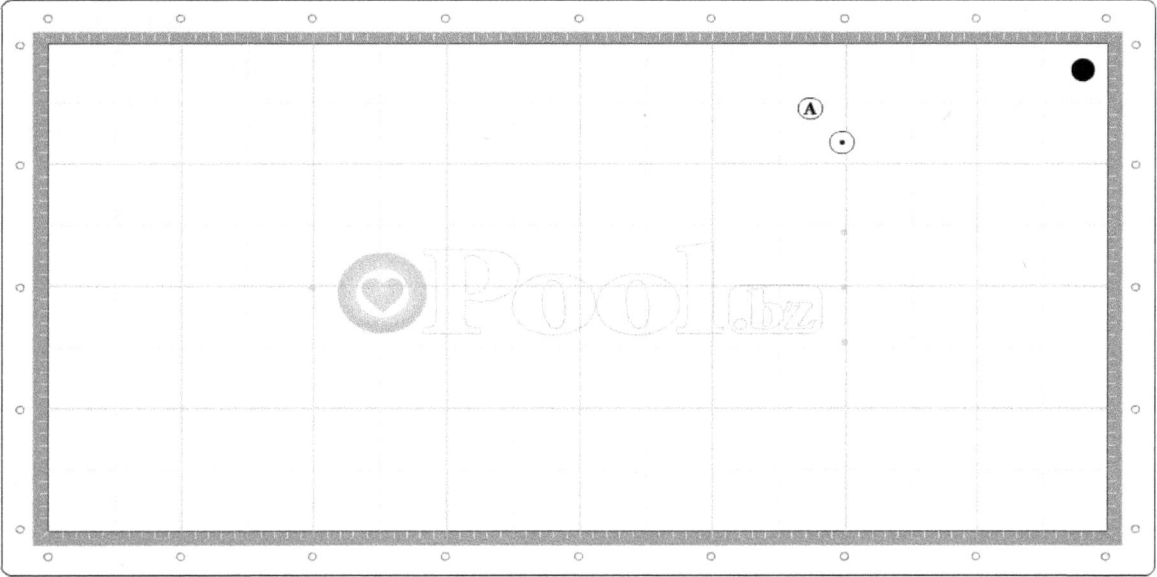

Opmerkingen en ideeën:

## Schotpatroon

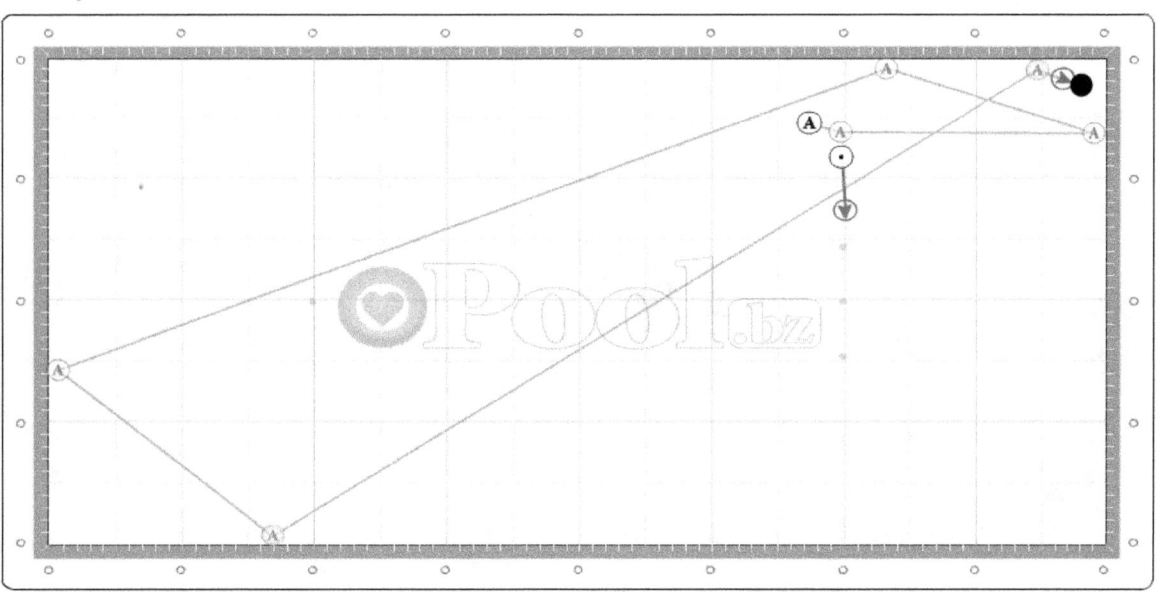

## D:3c – Opstelling

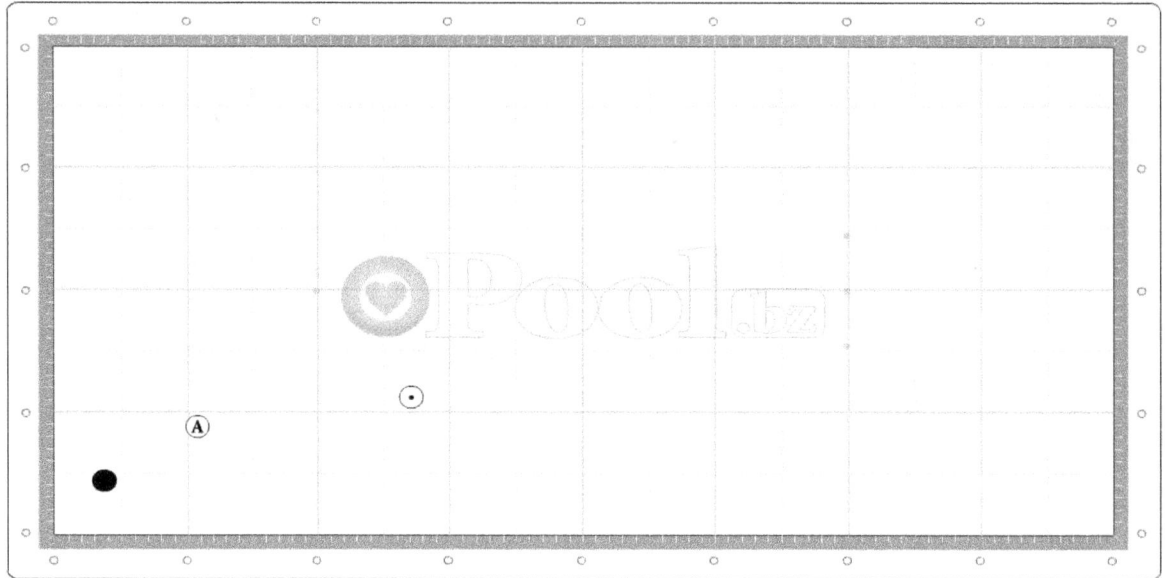

Opmerkingen en ideeën:

## Schotpatroon

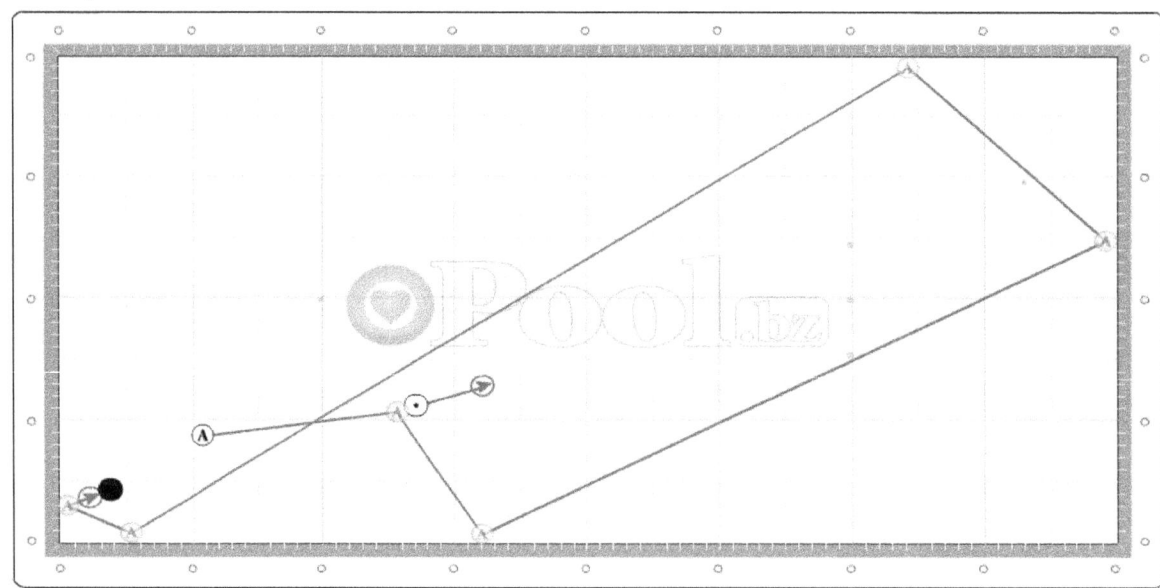

## D:3d – Opstelling

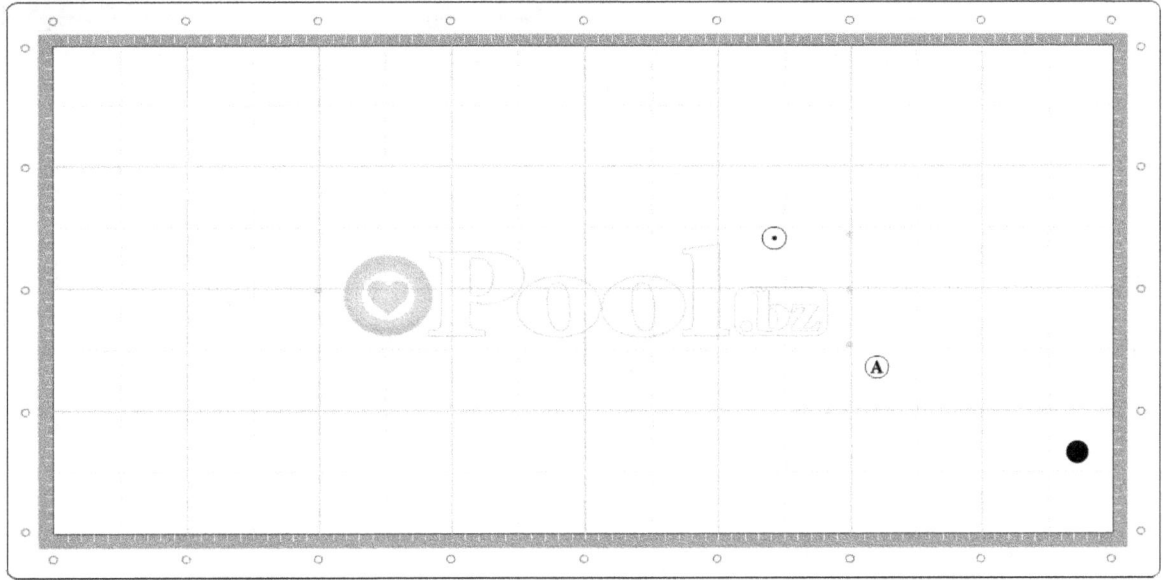

Opmerkingen en ideeën:

## Schotpatroon

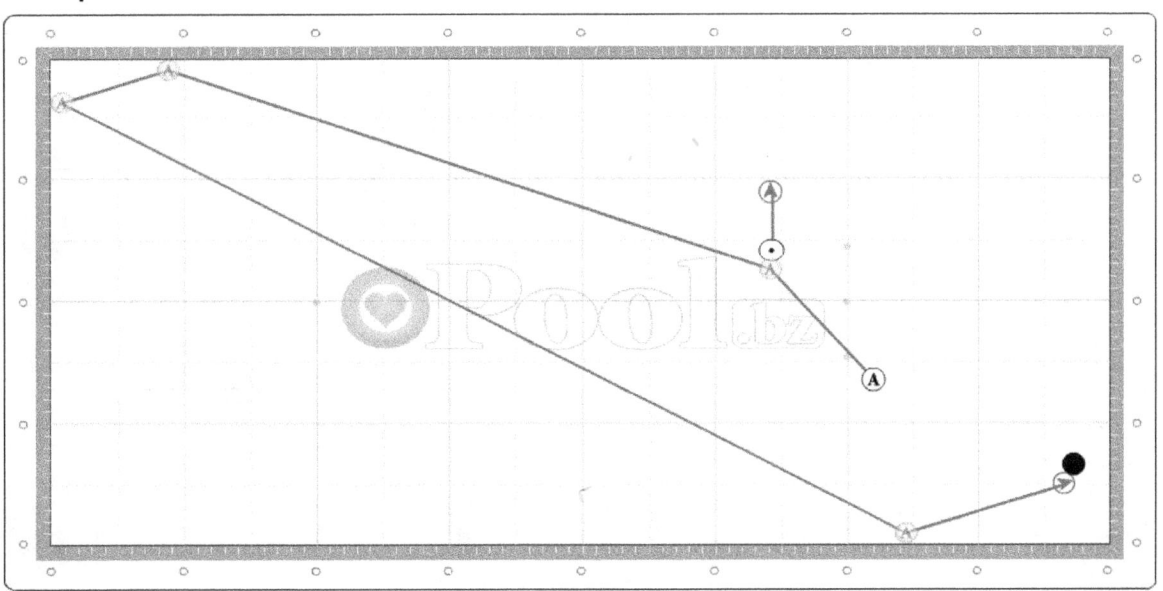

# D: Groep 4

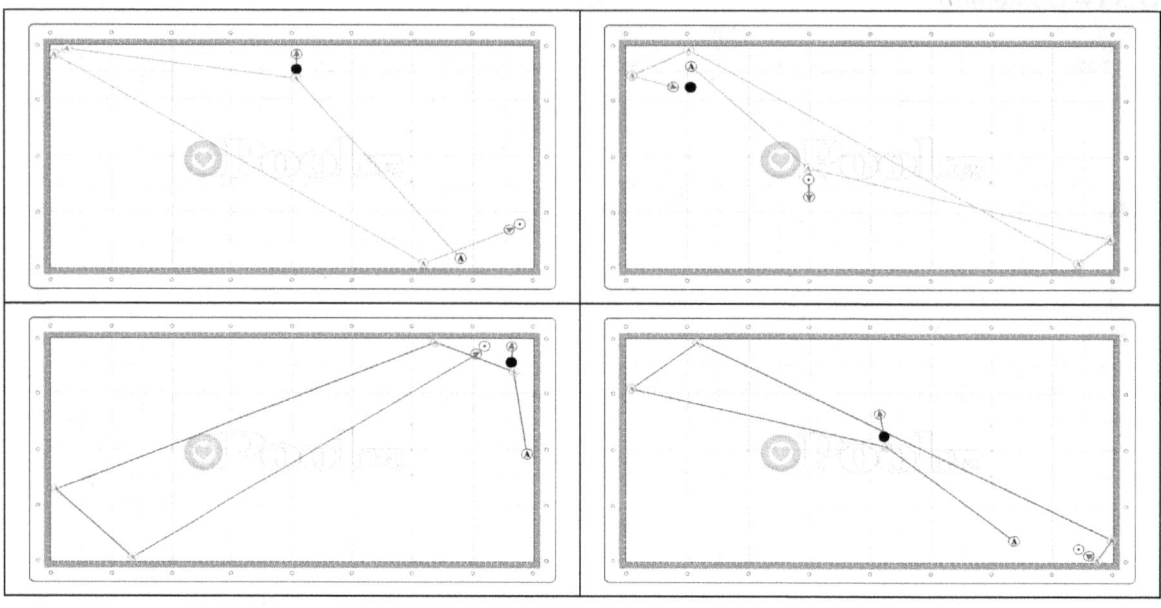

**Analyse**:

D:4a. _____

D:4b. _____

D:4c. _____

D:4d. _____

## D:4a – Opstelling

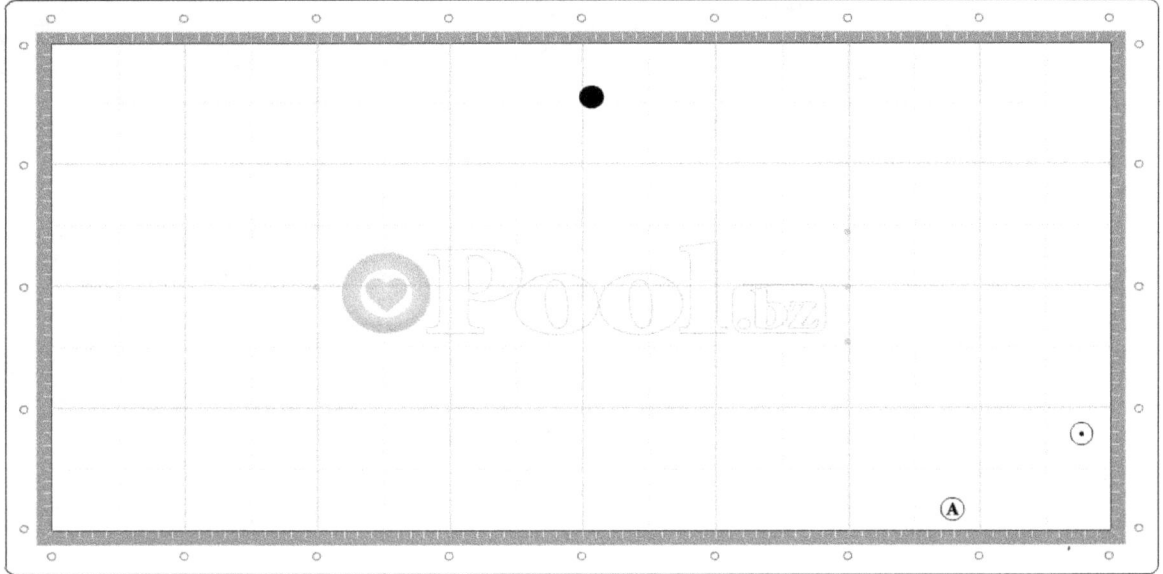

Opmerkingen en ideeën:

## Schotpatroon

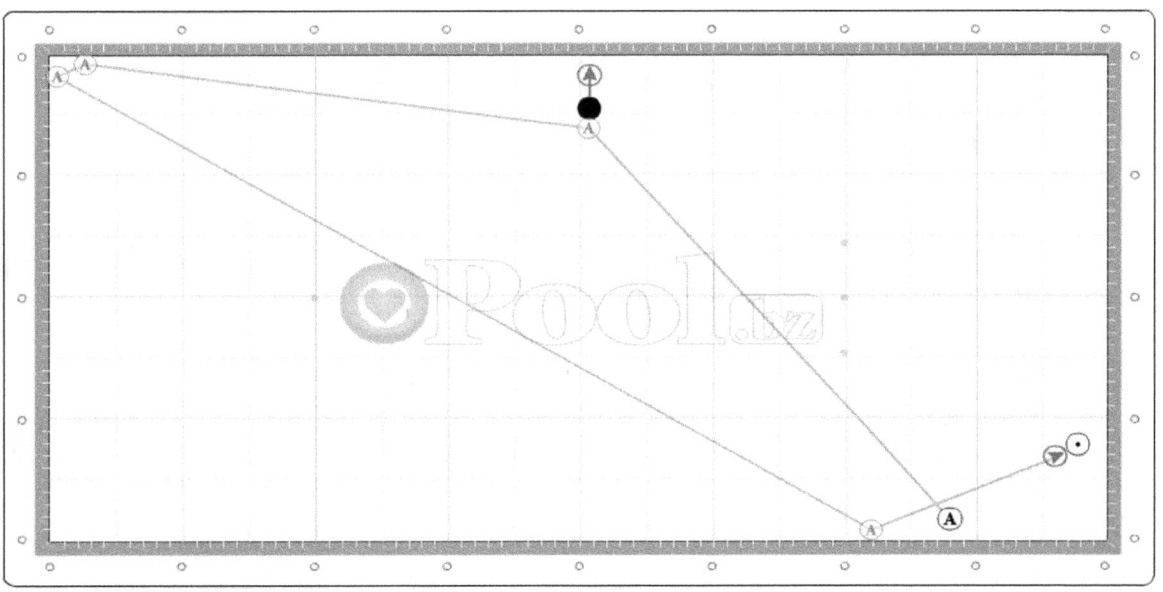

## D:4b – Opstelling

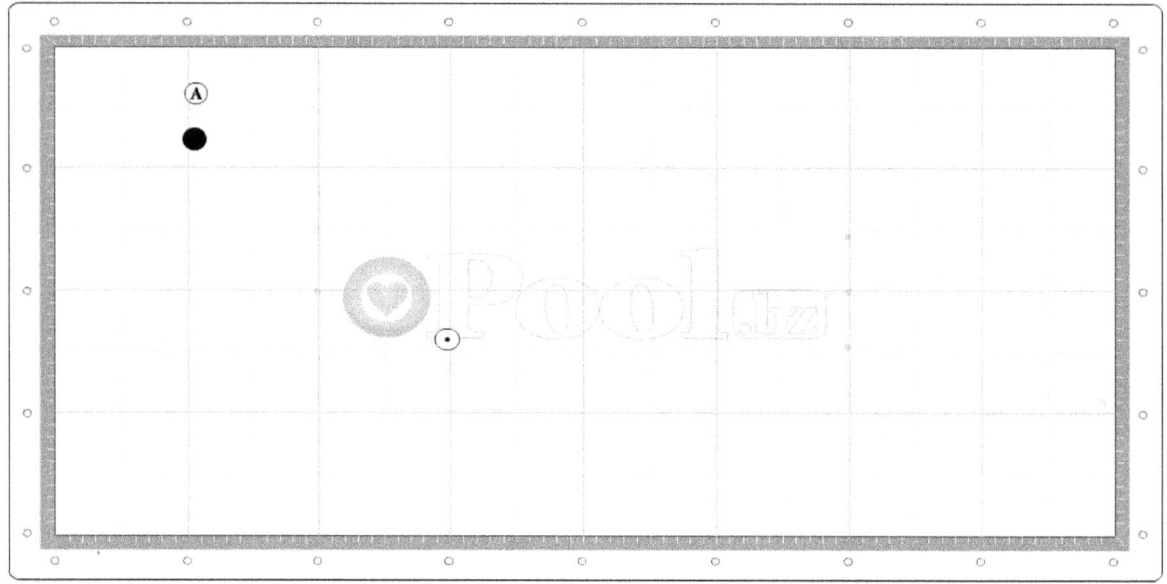

Opmerkingen en ideeën:

## Schotpatroon

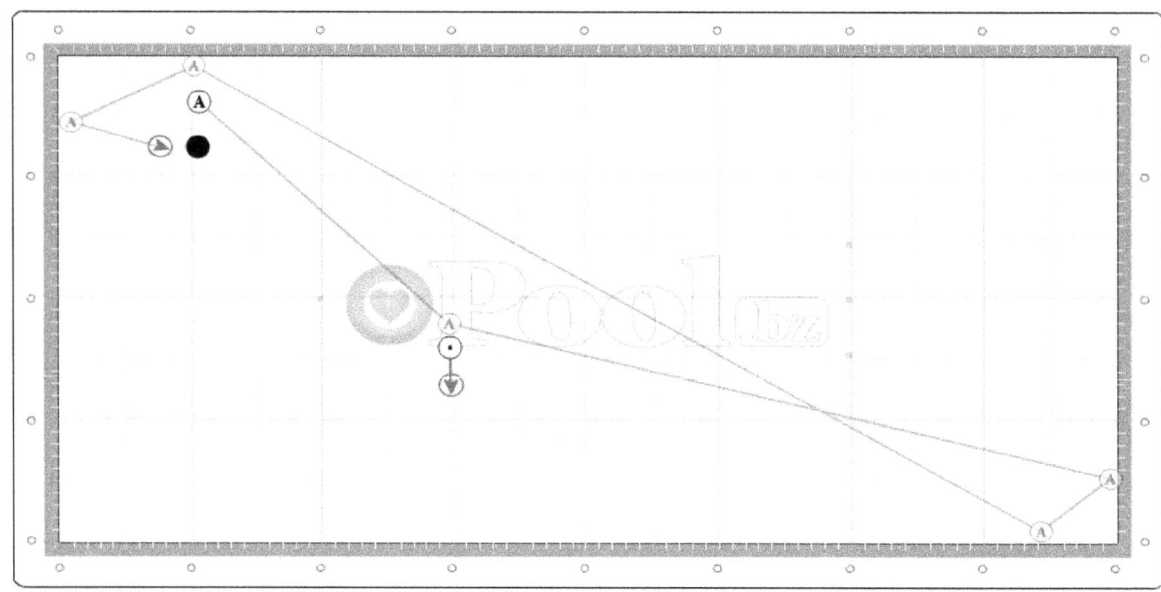

## D:4c – Opstelling

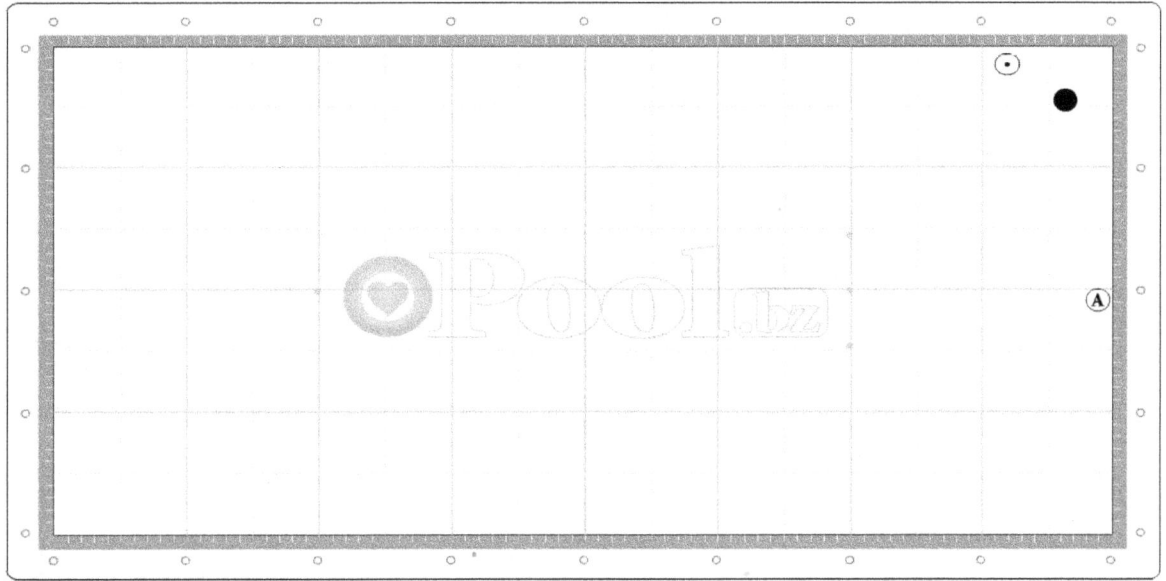

Opmerkingen en ideeën:

## Schotpatroon

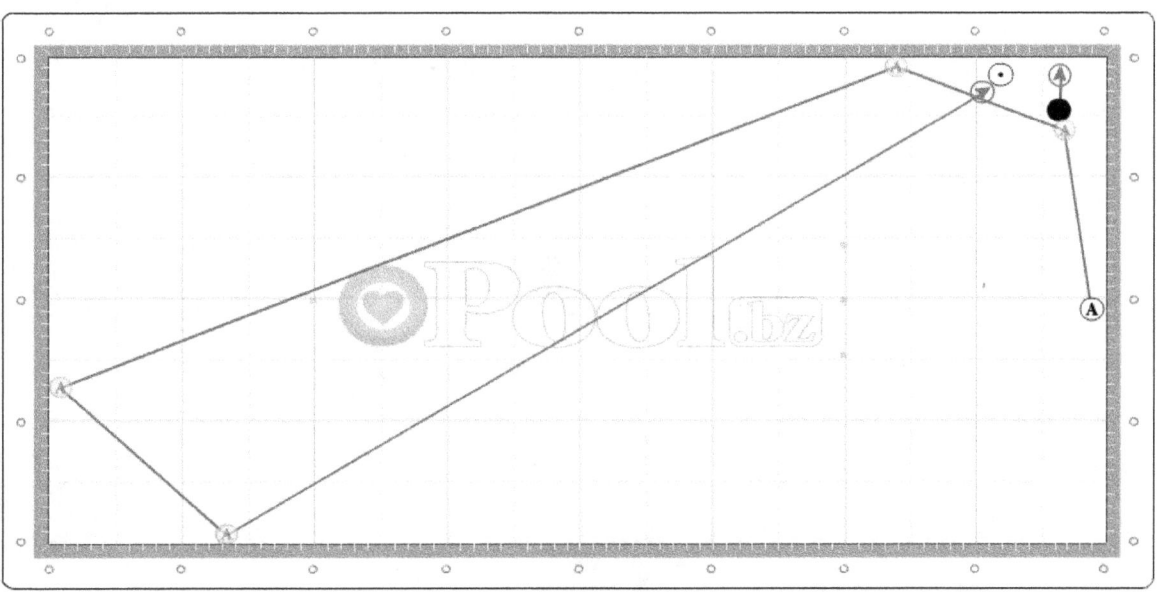

## D:4d – Opstelling

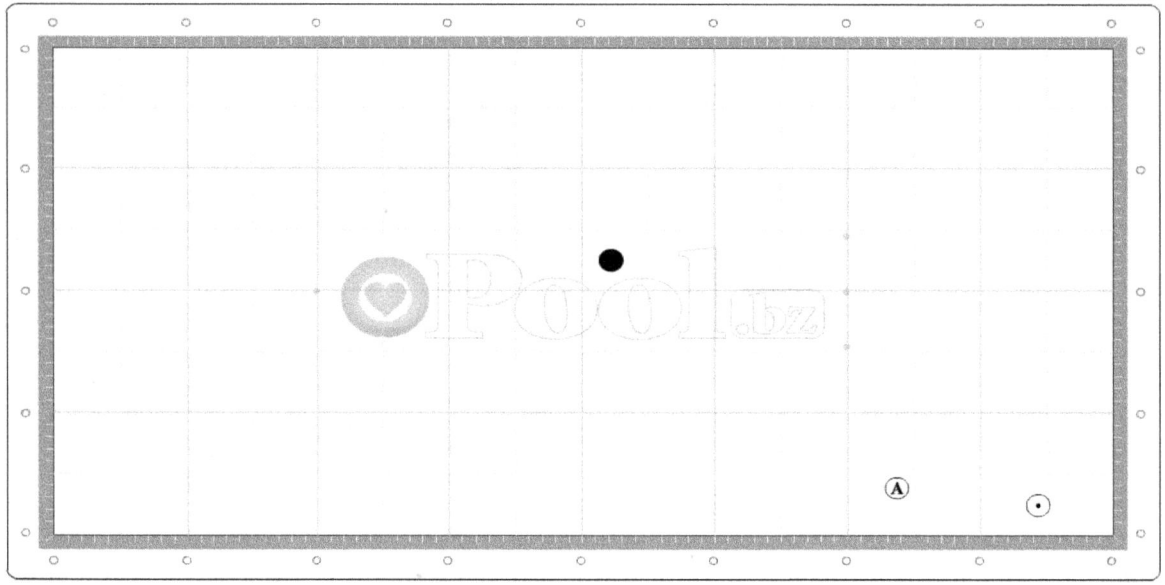

Opmerkingen en ideeën:

## Schotpatroon

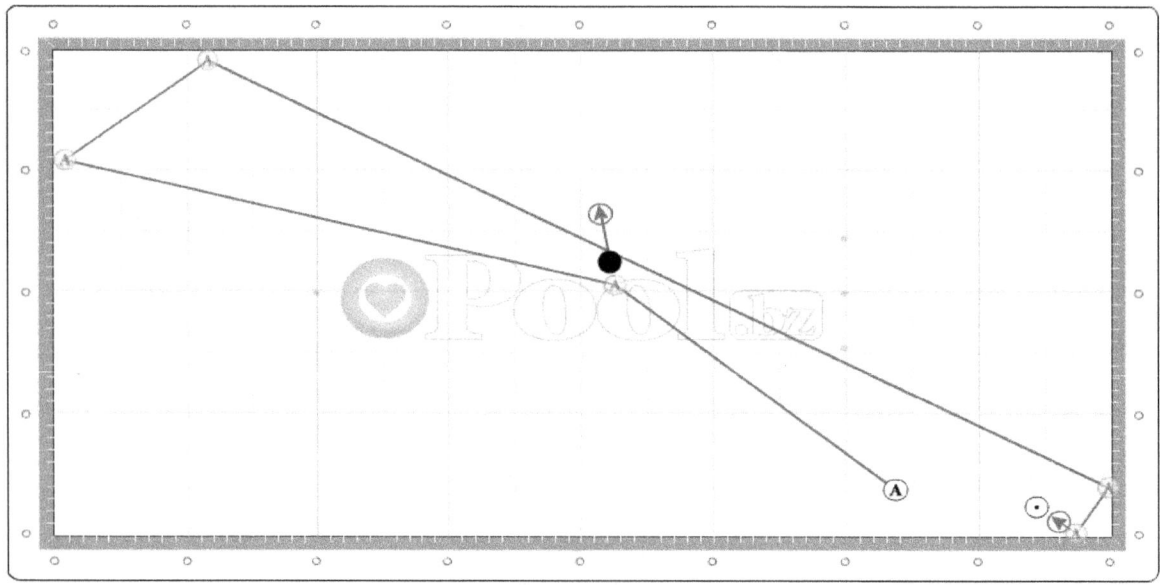

# D: Groep 5

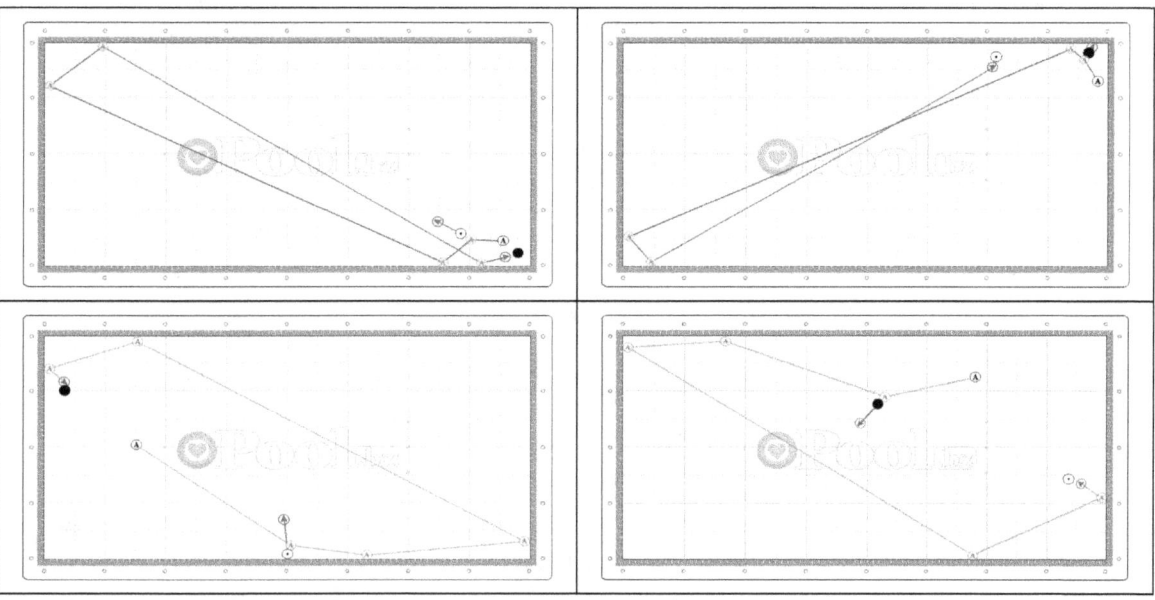

**Analyse**:

D:5a. _____

D:5b. _____

D:5c. _____

D:5d. _____

## D:5a – Opstelling

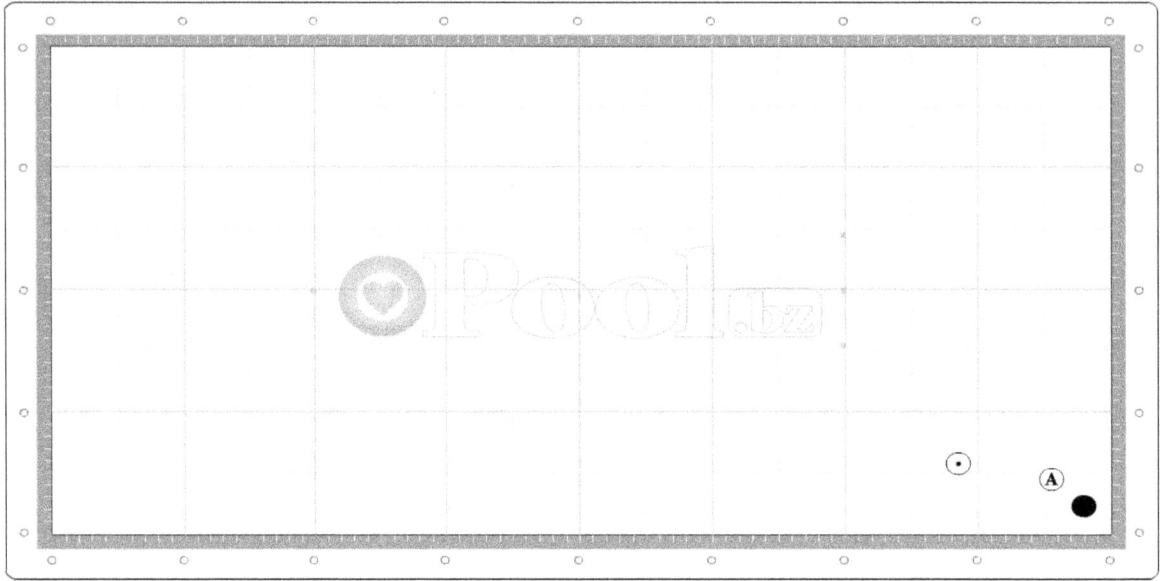

Opmerkingen en ideeën:

## Schotpatroon

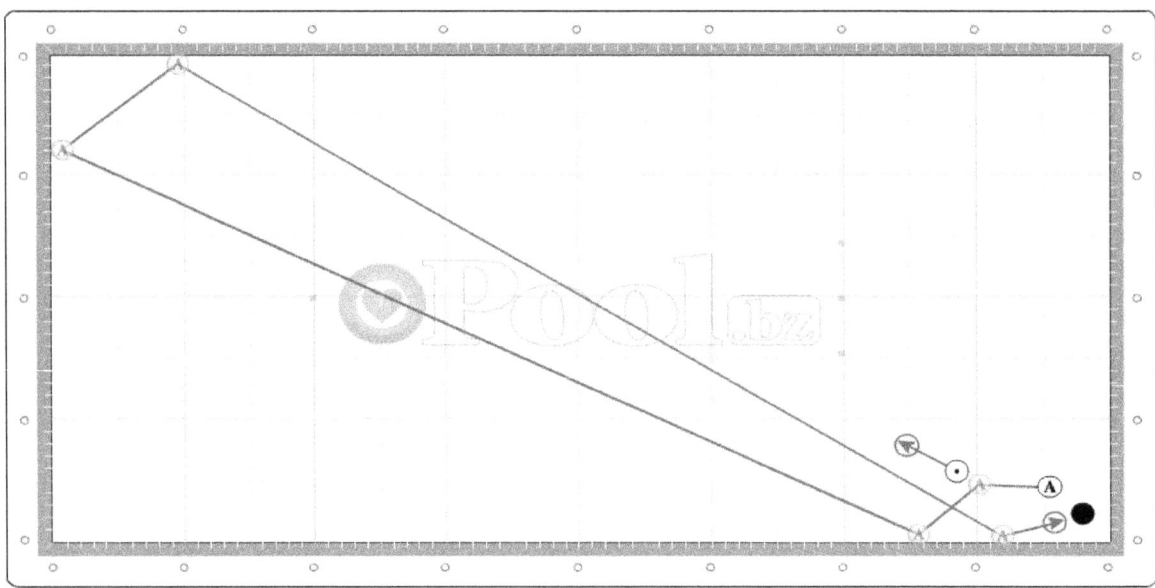

## D:5b – Opstelling

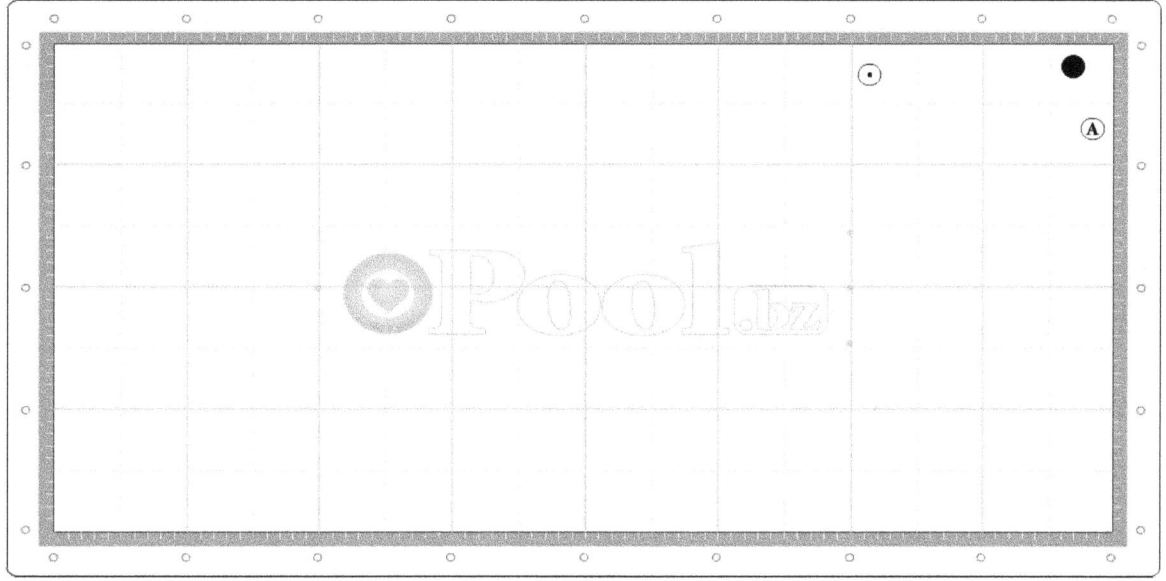

Opmerkingen en ideeën:

## Schotpatroon

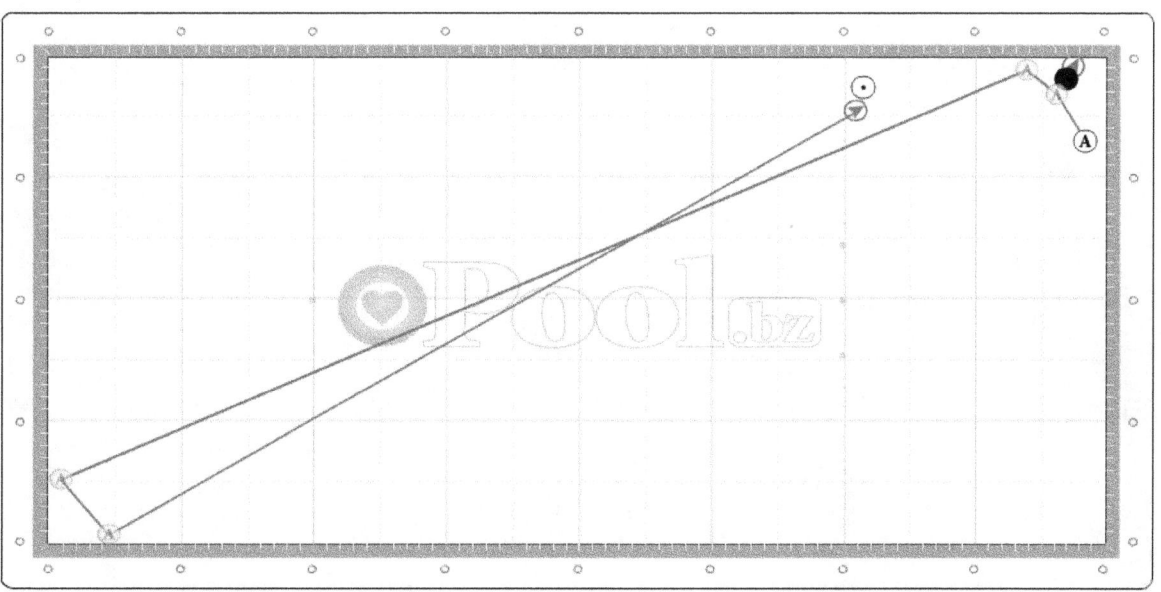

## D:5c – Opstelling

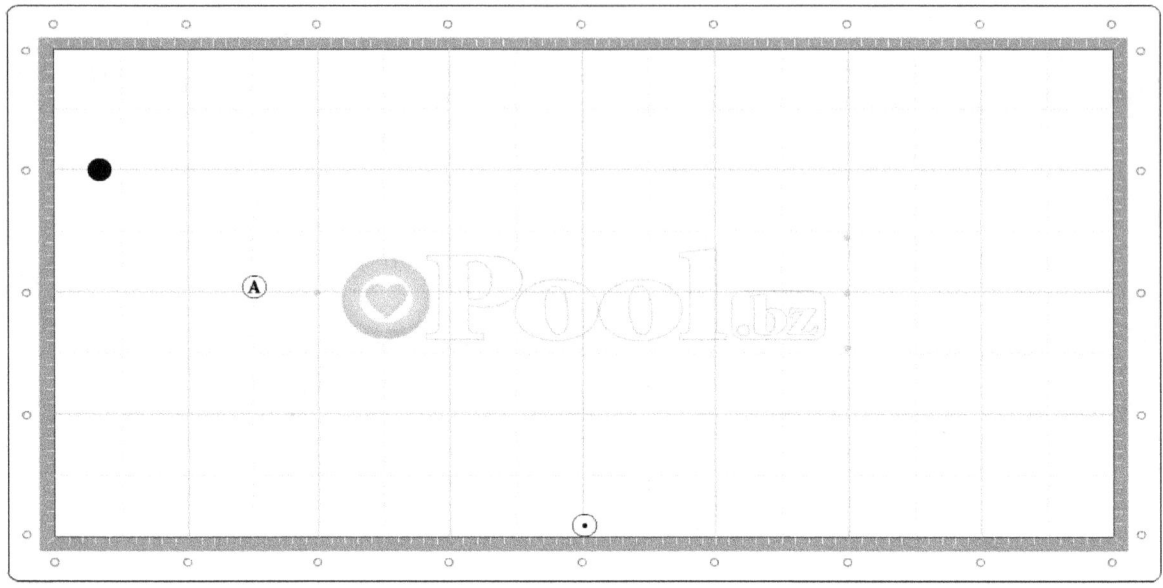

Opmerkingen en ideeën:

## Schotpatroon

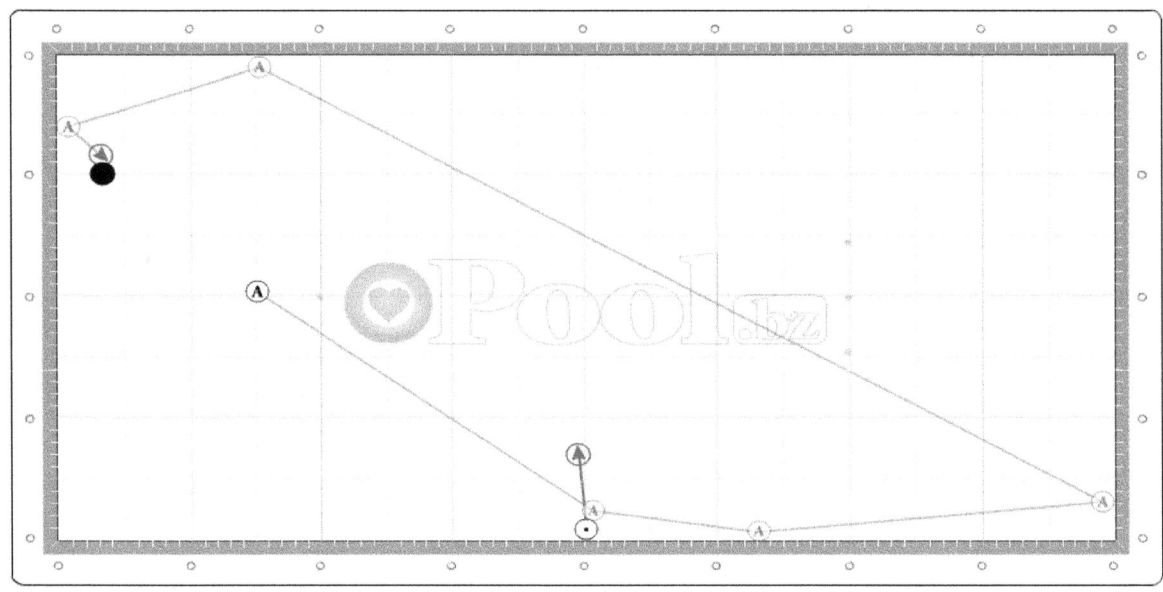

## D:5d – Opstelling

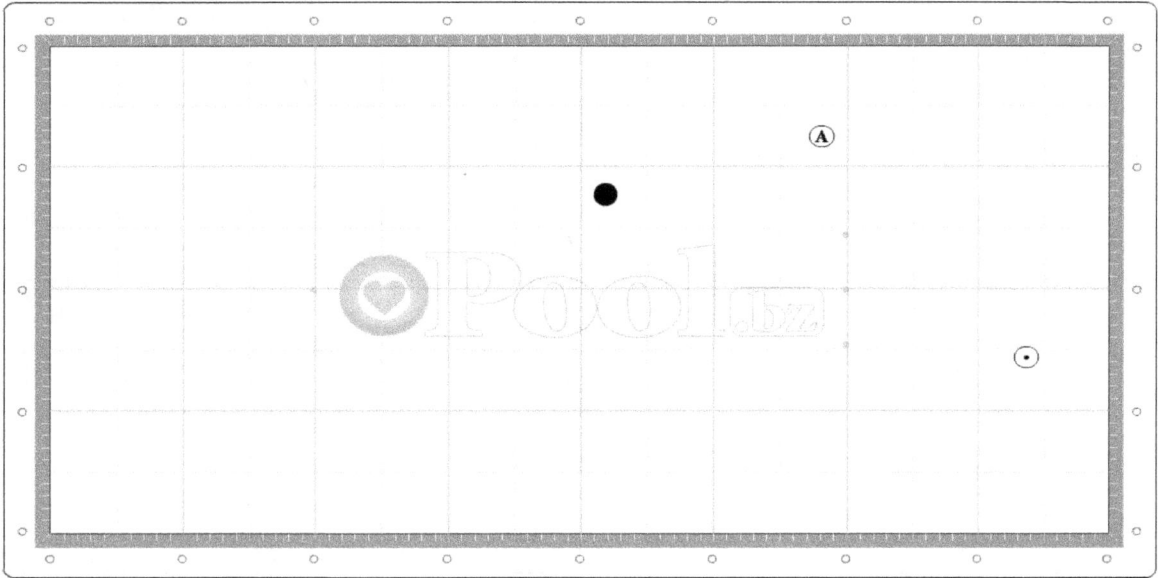

Opmerkingen en ideeën:

## Schotpatroon

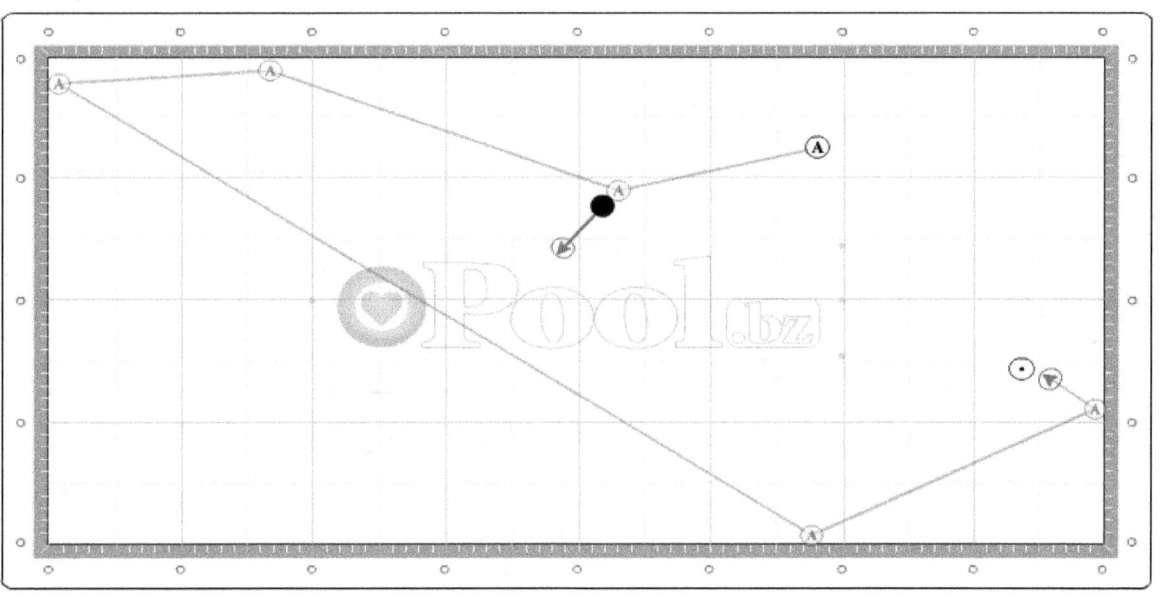

# D: Groep 6

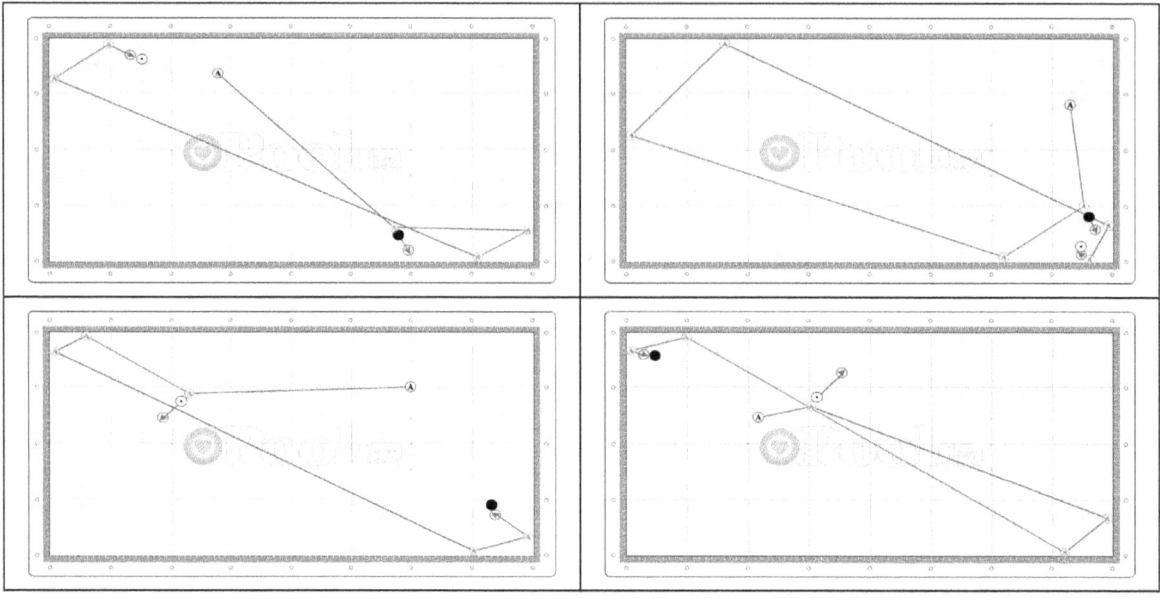

**Analyse**:

D:6a. _____

D:6b. _____

D:6c. _____

D:6d. _____

## D:6a – Opstelling

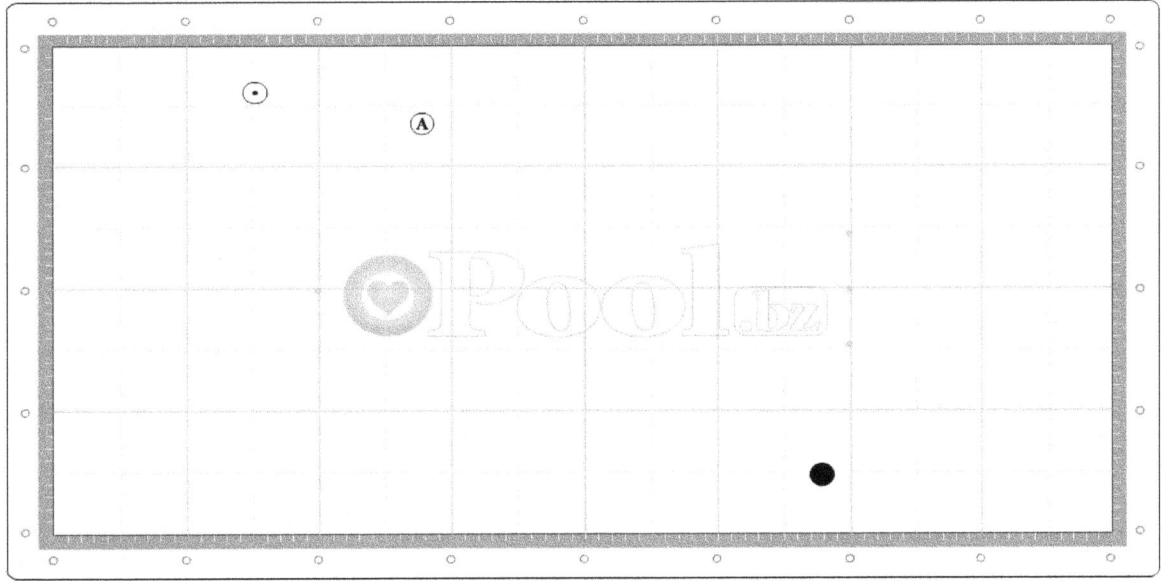

Opmerkingen en ideeën:

## Schotpatroon

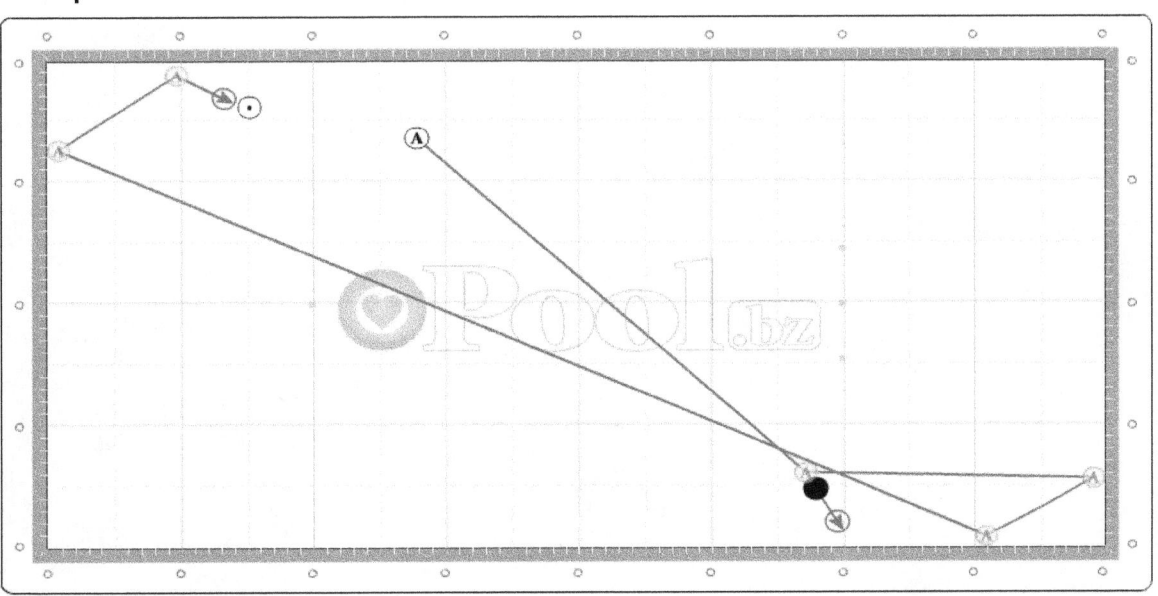

## D:6b – Opstelling

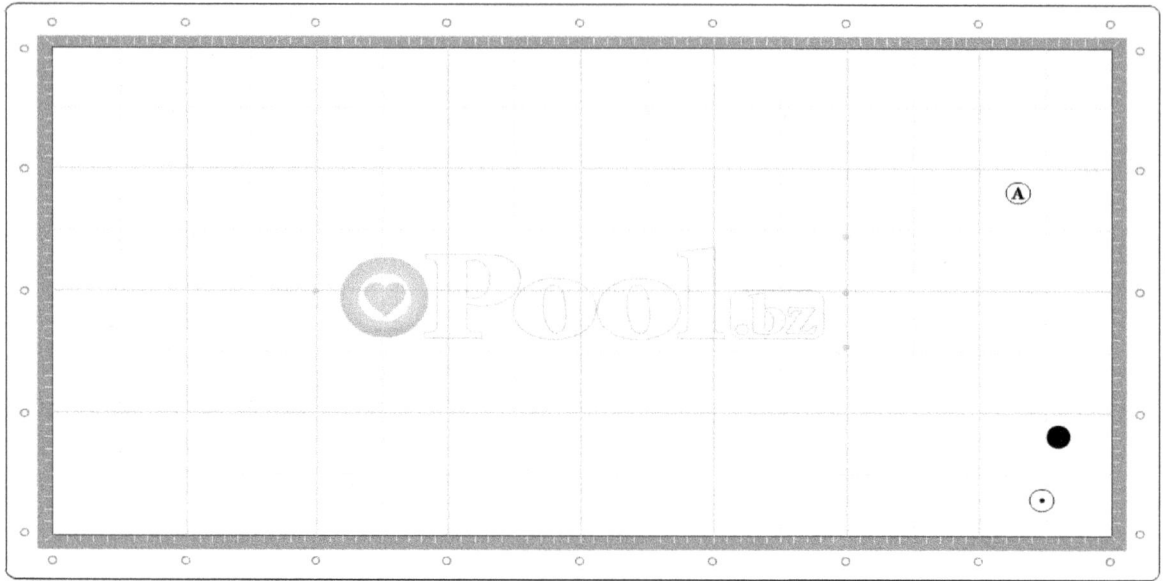

Opmerkingen en ideeën:

## Schotpatroon

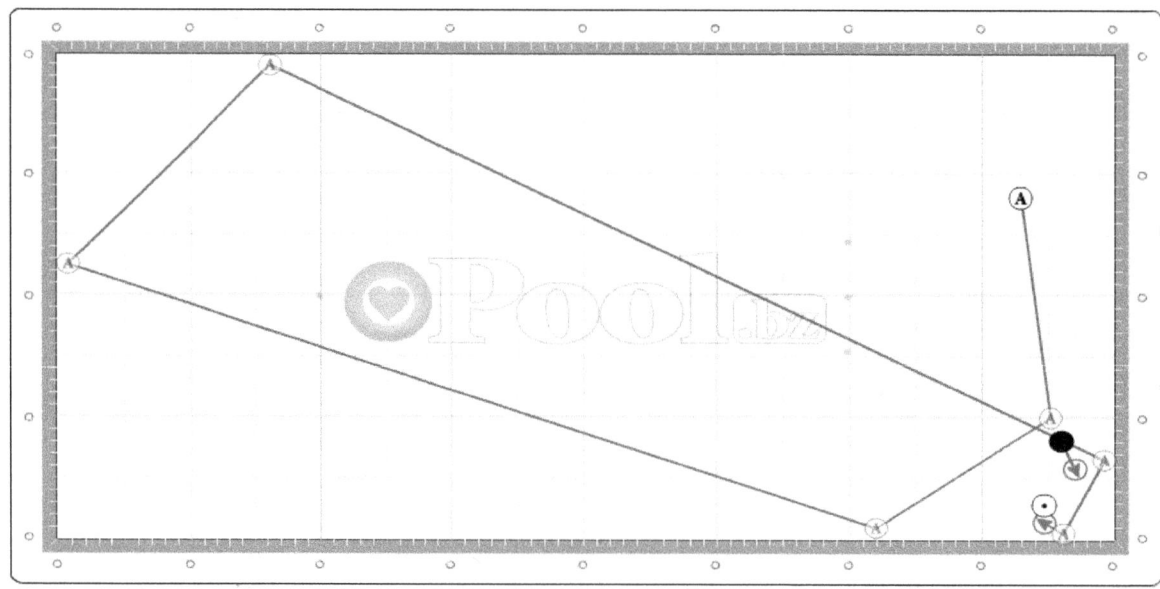

## D:6c – Opstelling

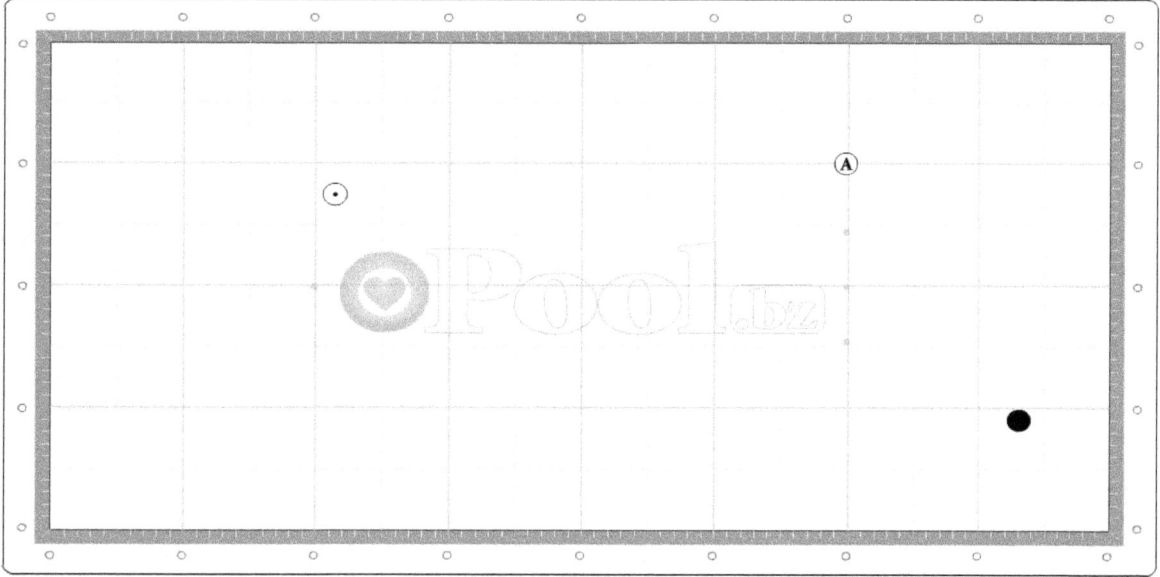

Opmerkingen en ideeën:

## Schotpatroon

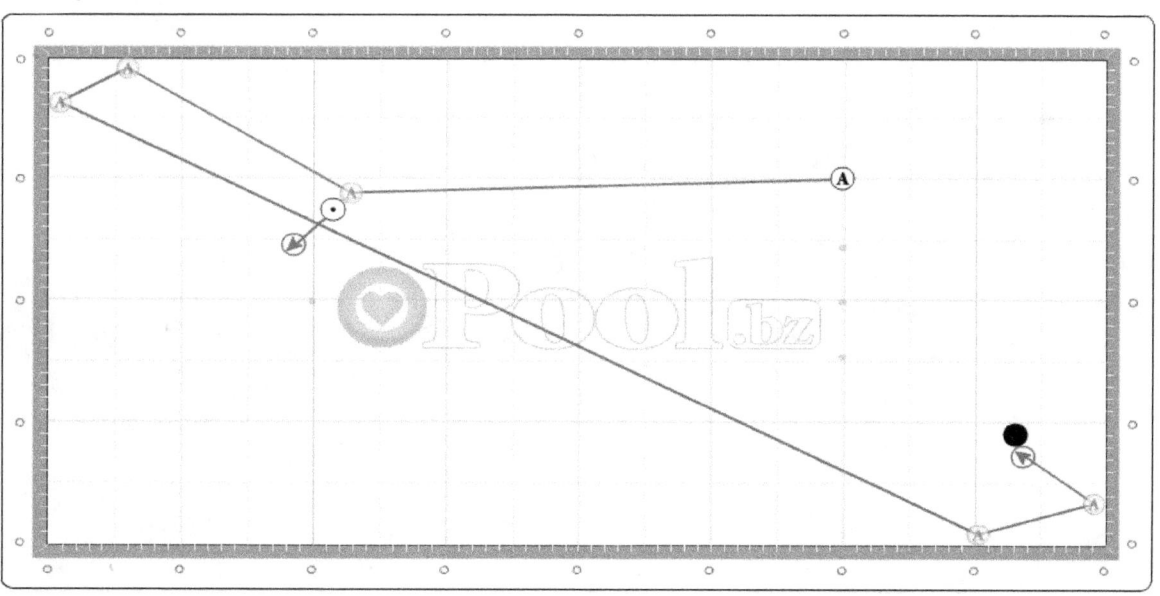

## D:6d – Opstelling

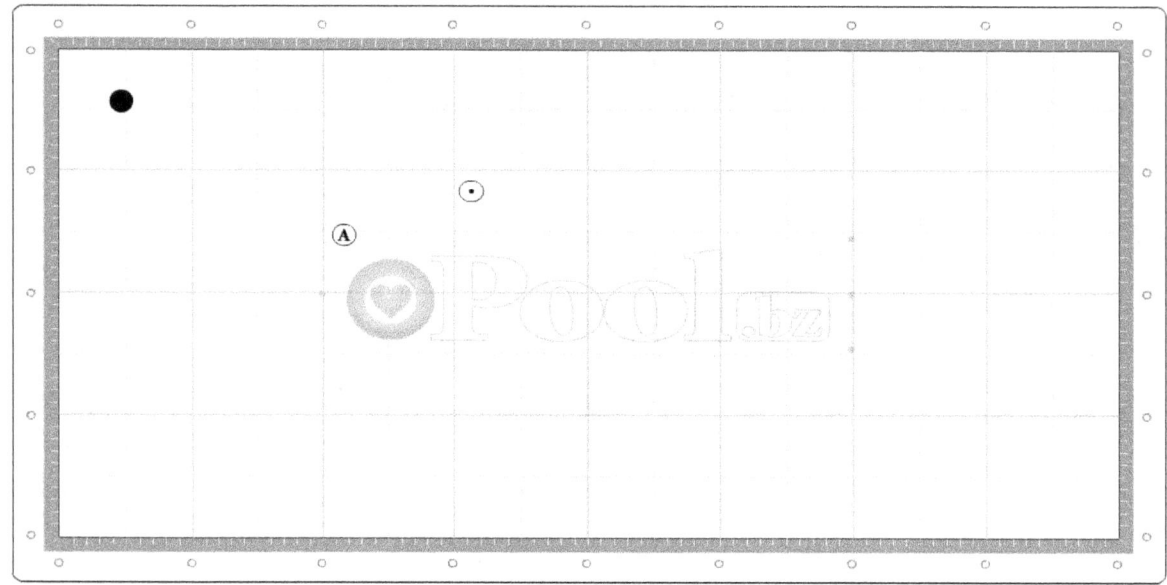

Opmerkingen en ideeën:

## Schotpatroon

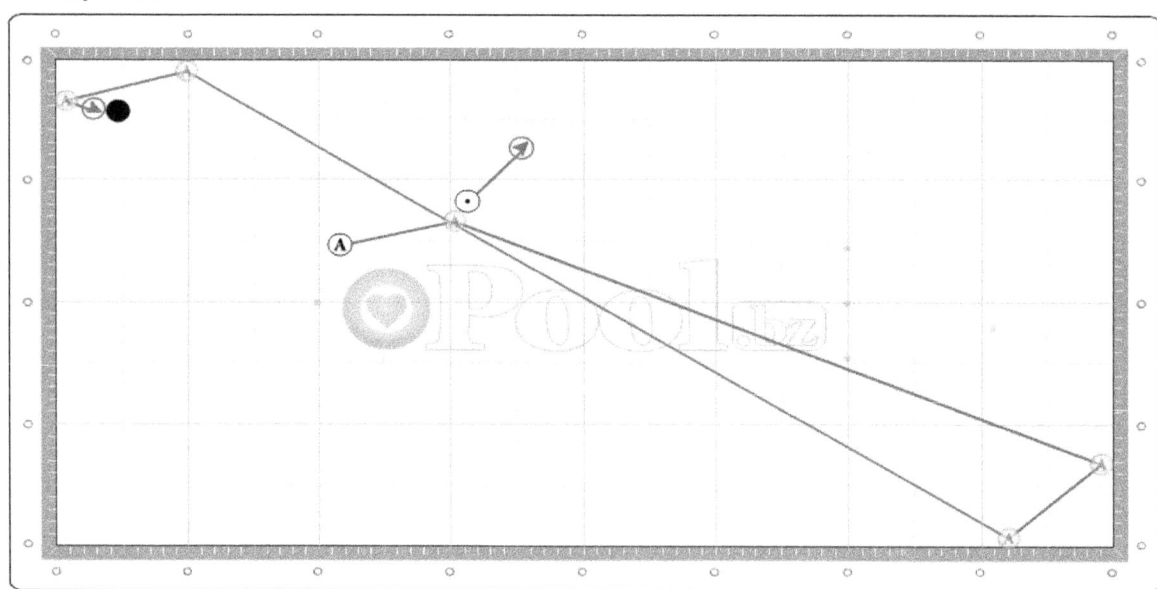

# D: Groep 7

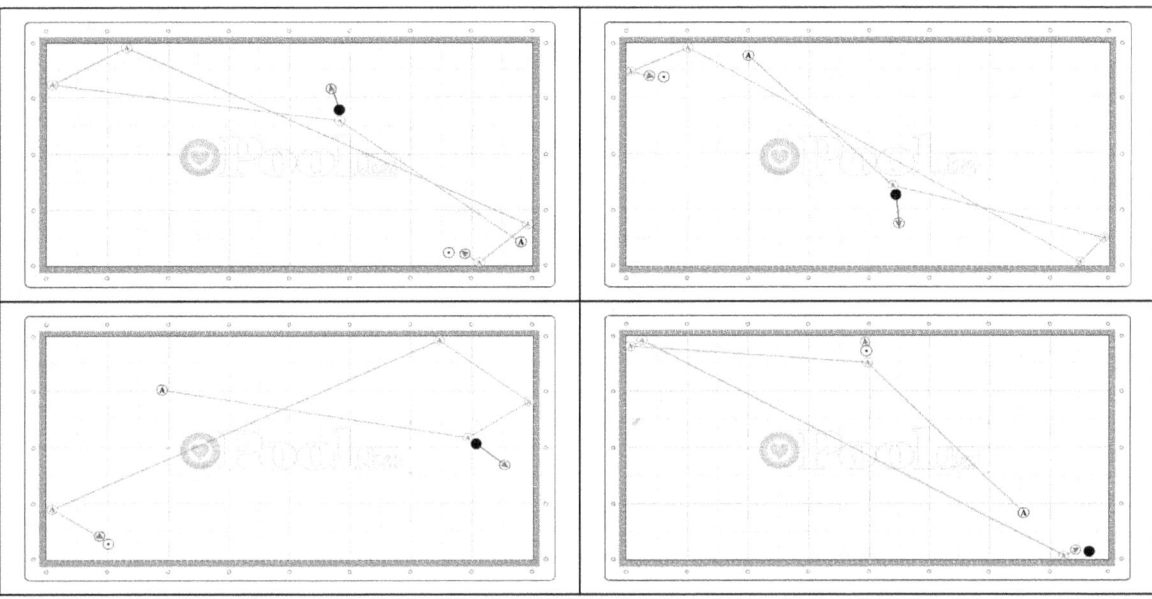

**Analyse:**

D:7a. _____

D:7b. _____

D:7c. _____

D:7d. _____

## D:7a – Opstelling

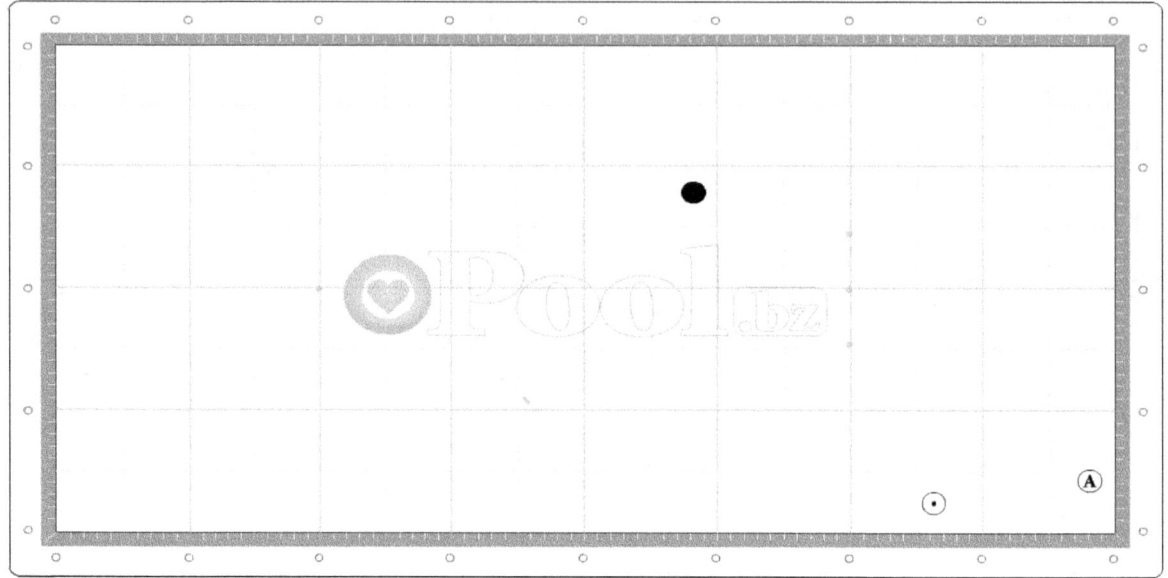

Opmerkingen en ideeën:

## Schotpatroon

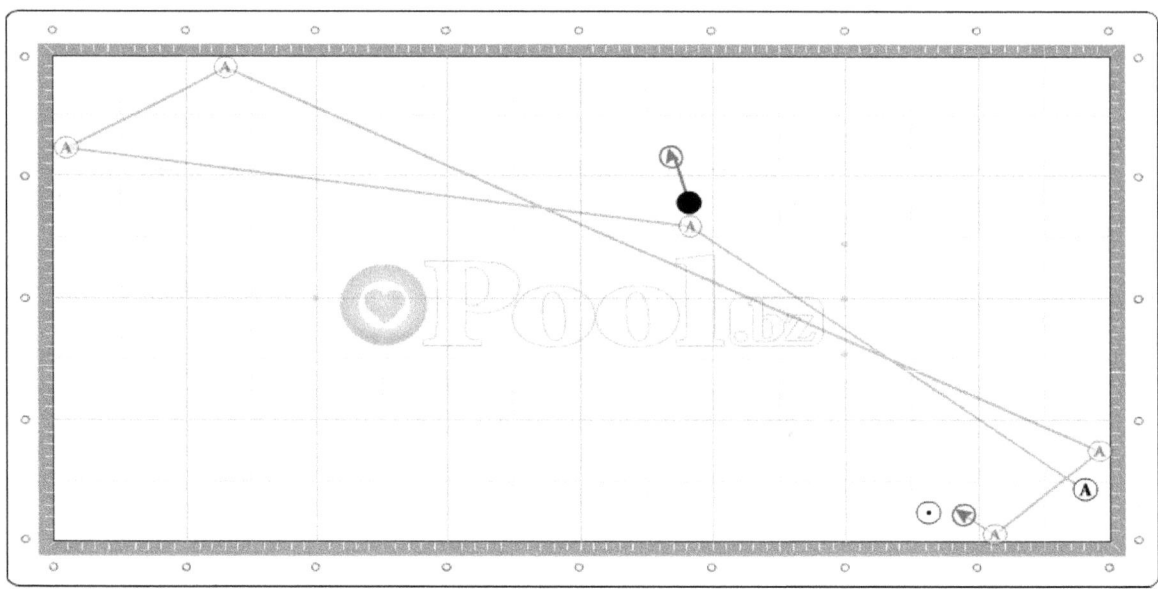

## D:7b – Opstelling

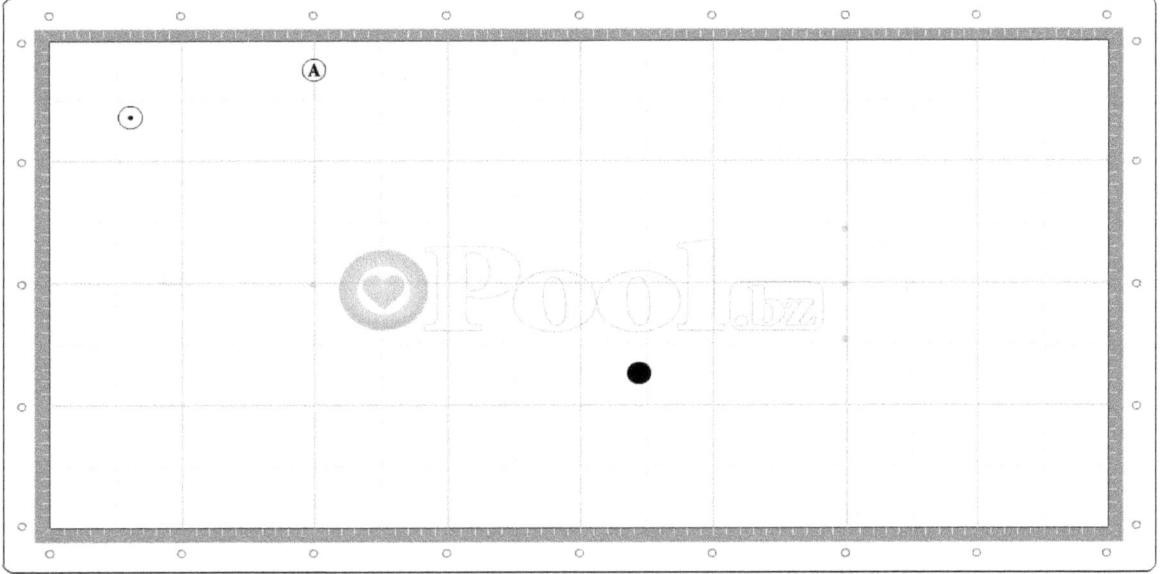

Opmerkingen en ideeën:

## Schotpatroon

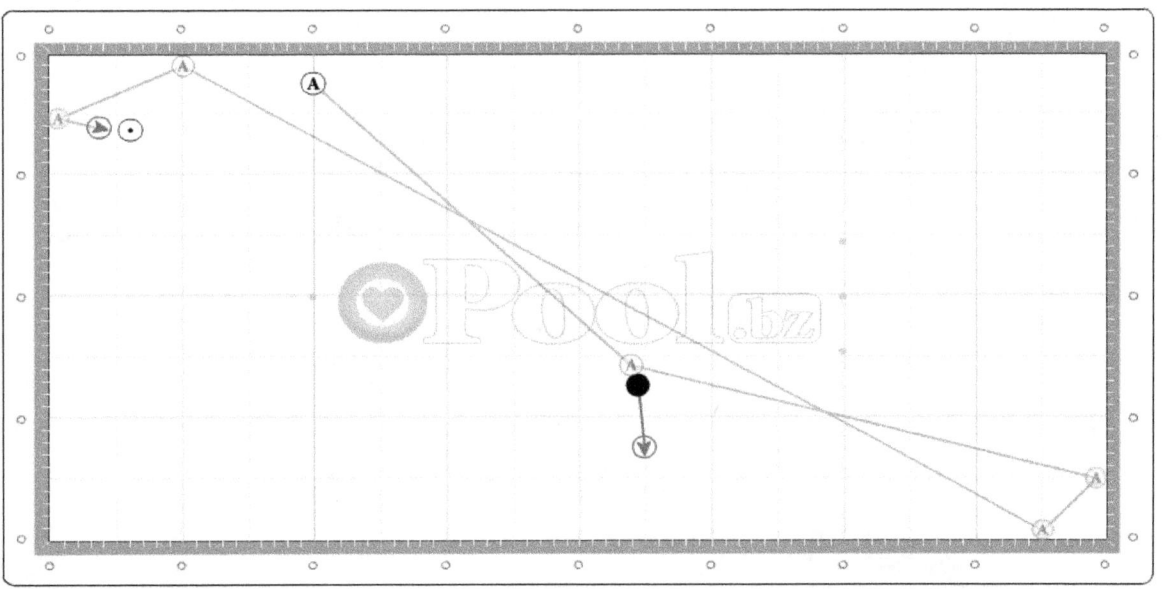

## D:7c – Opstelling

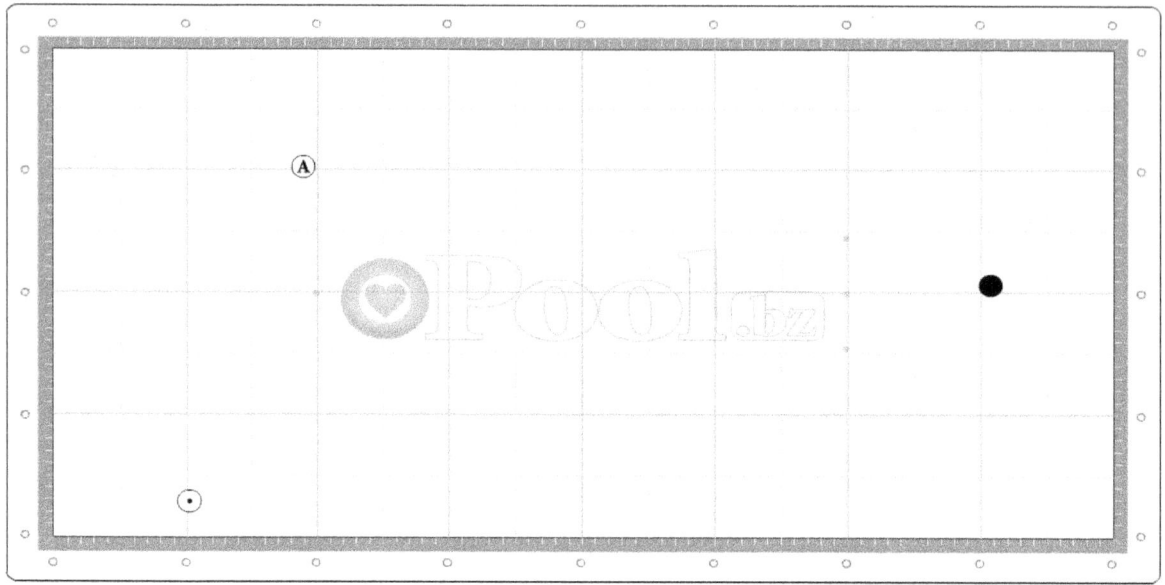

Opmerkingen en ideeën:

## Schotpatroon

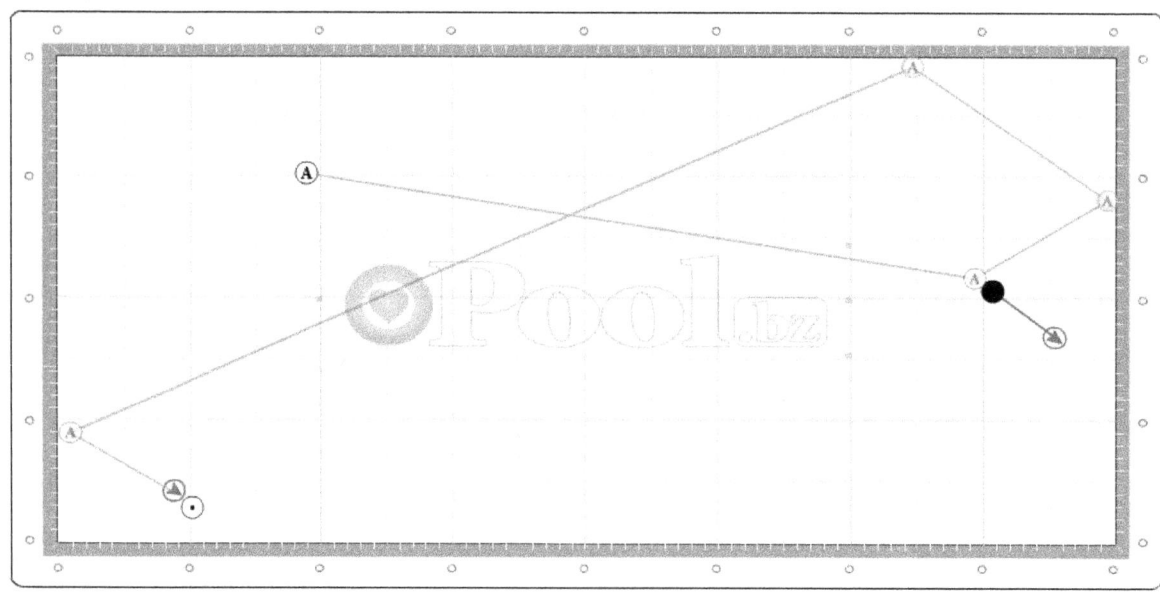

## D:7d – Opstelling

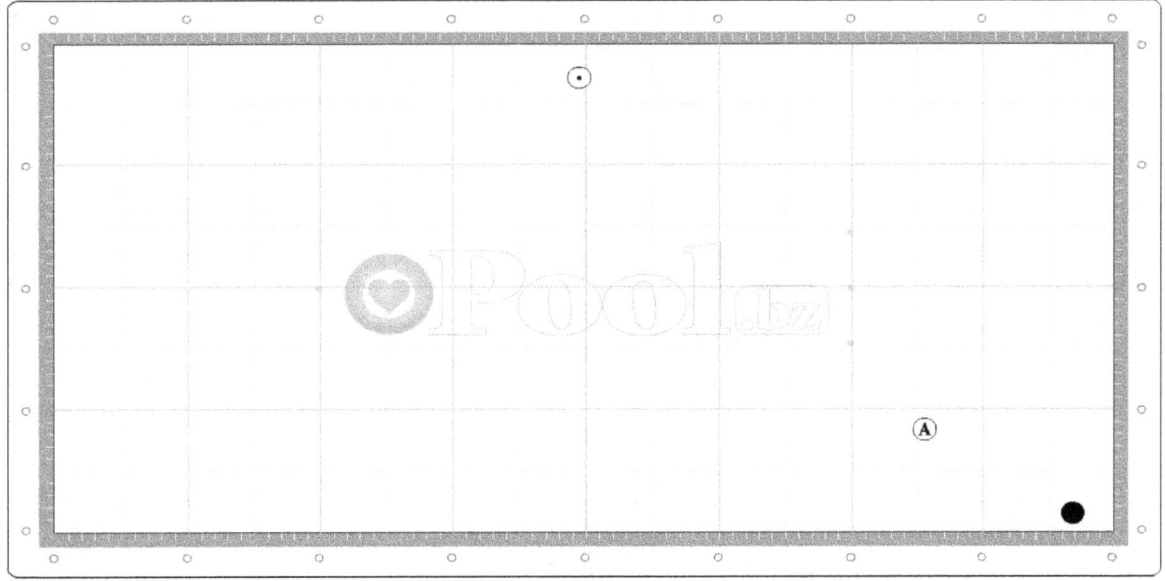

Opmerkingen en ideeën:

## Schotpatroon

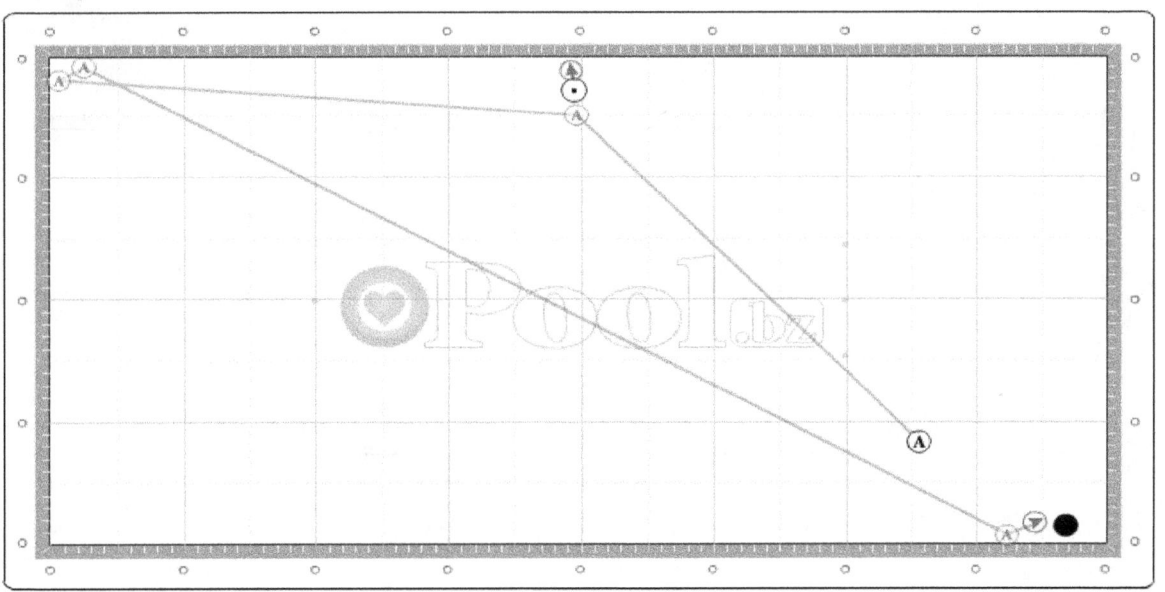

# E: Dubbele diagonaal, gewijzigd

De (CB) komt van de eerste (OB) en start het diagonale patroon. De (CB) gaat de hoek in en keert vervolgens terug op een diagonaal pad om contact te maken met de tweede (OB).

Ⓐ (CB) (uw biljartbal) – ⊙ (OB) (tegenstander biljartbal) – ● (OB) (rode biljartbal)

## E: Groep 1

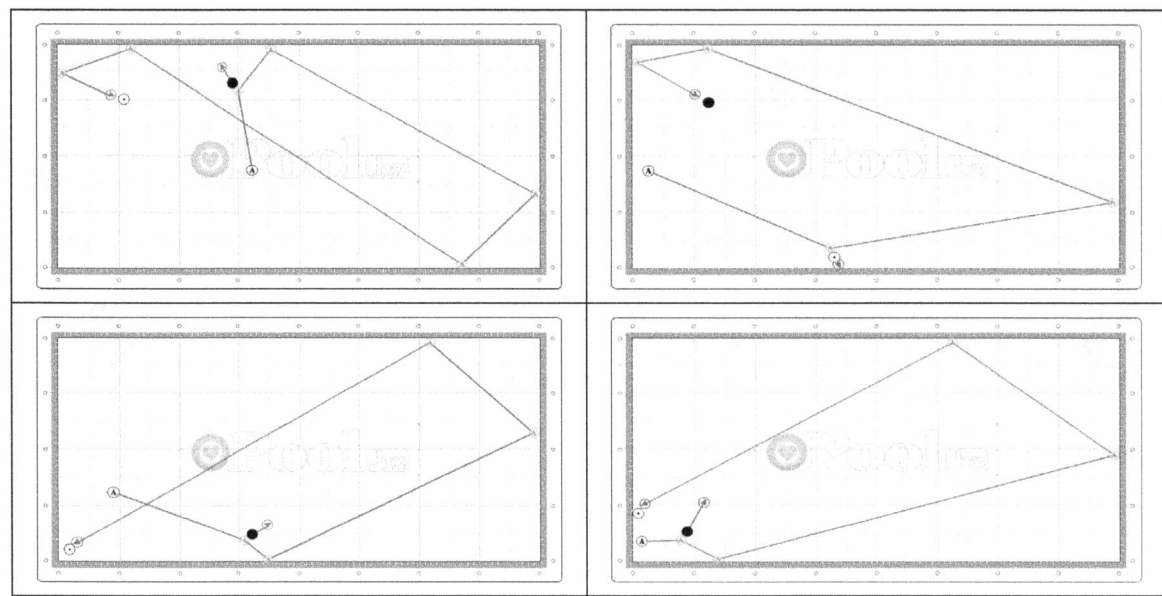

**Analyse**:

E:1a. _____

E:1b. _____

E:1c. _____

E:1d. _____

## E:1a – Opstelling

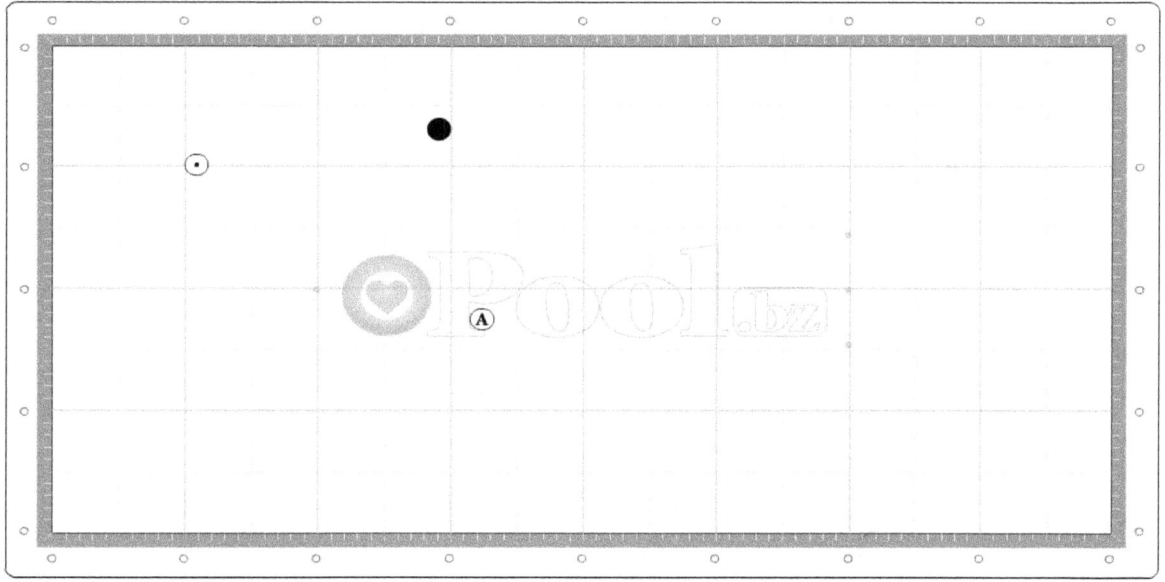

Opmerkingen en ideeën:

## Schotpatroon

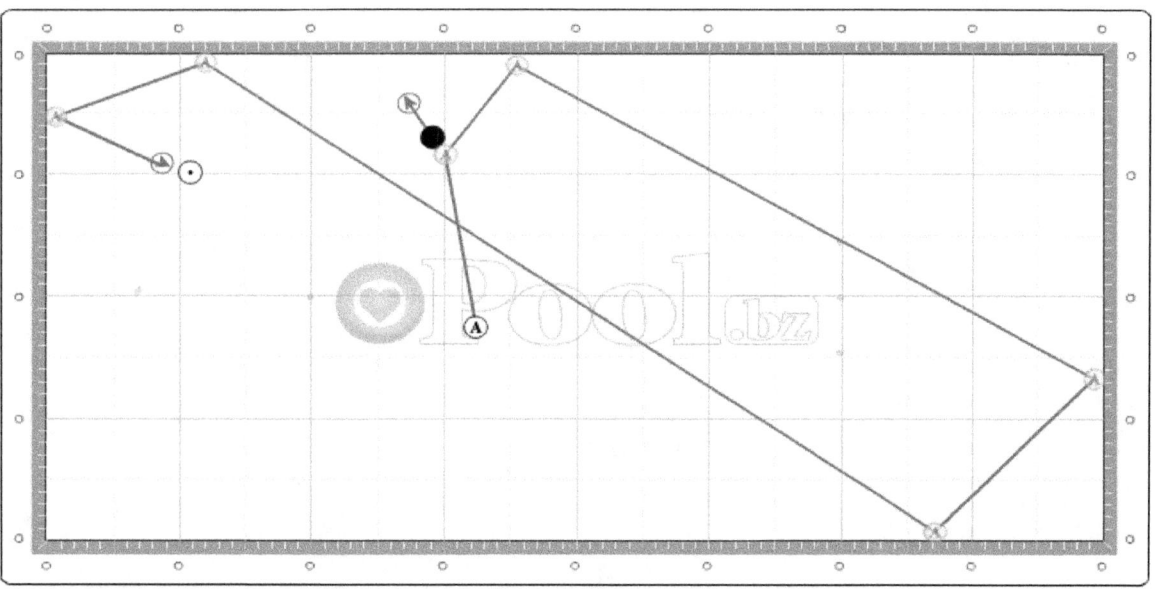

## E:1b – Opstelling

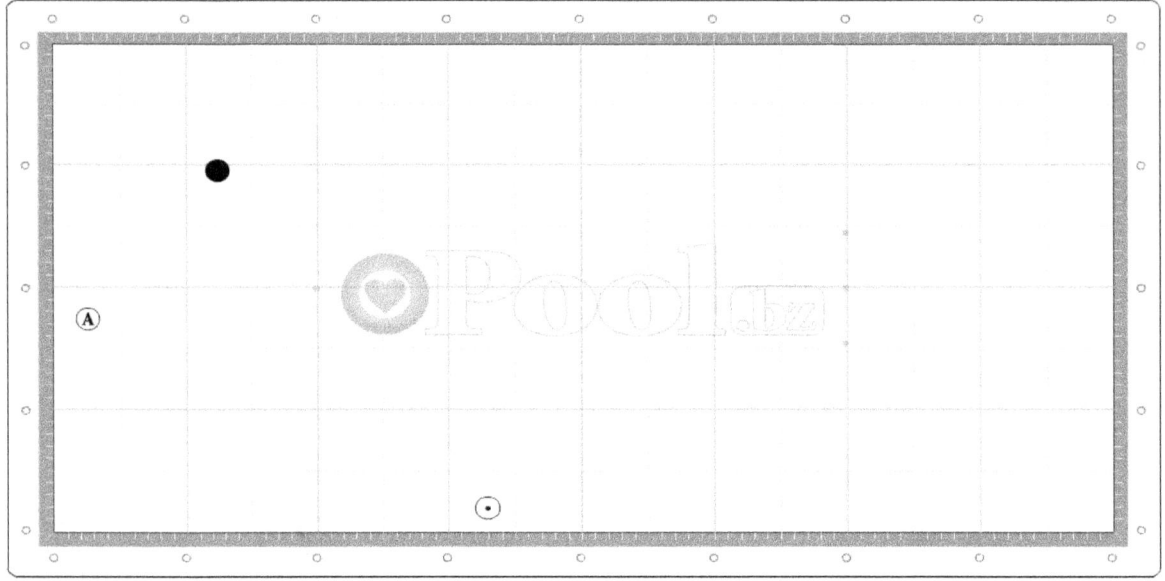

Opmerkingen en ideeën:

## Schotpatroon

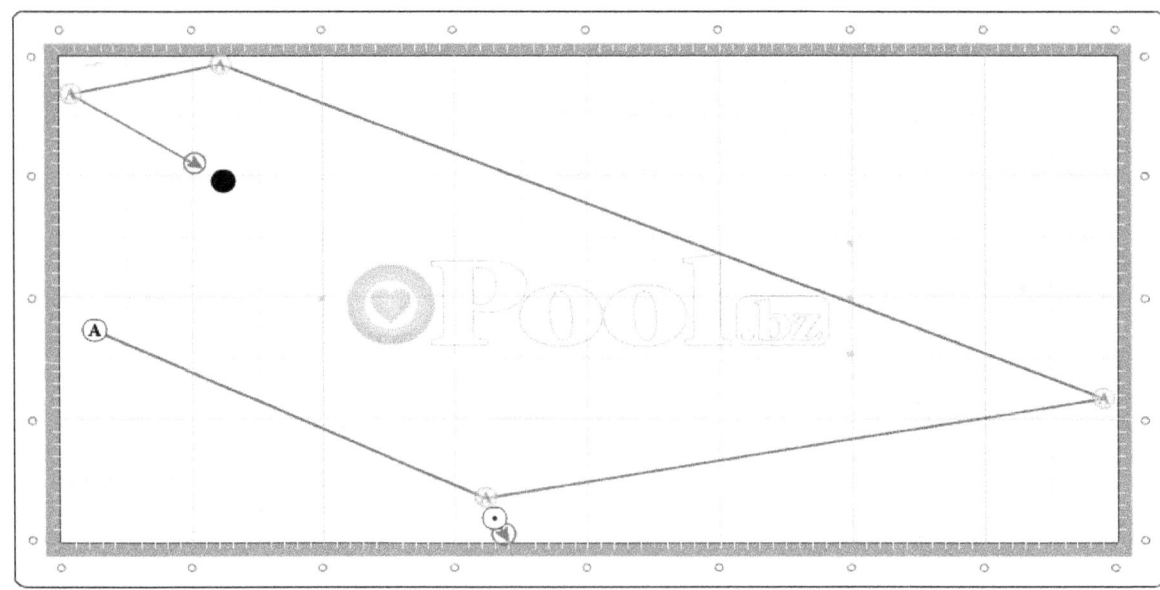

## E:1c – Opstelling

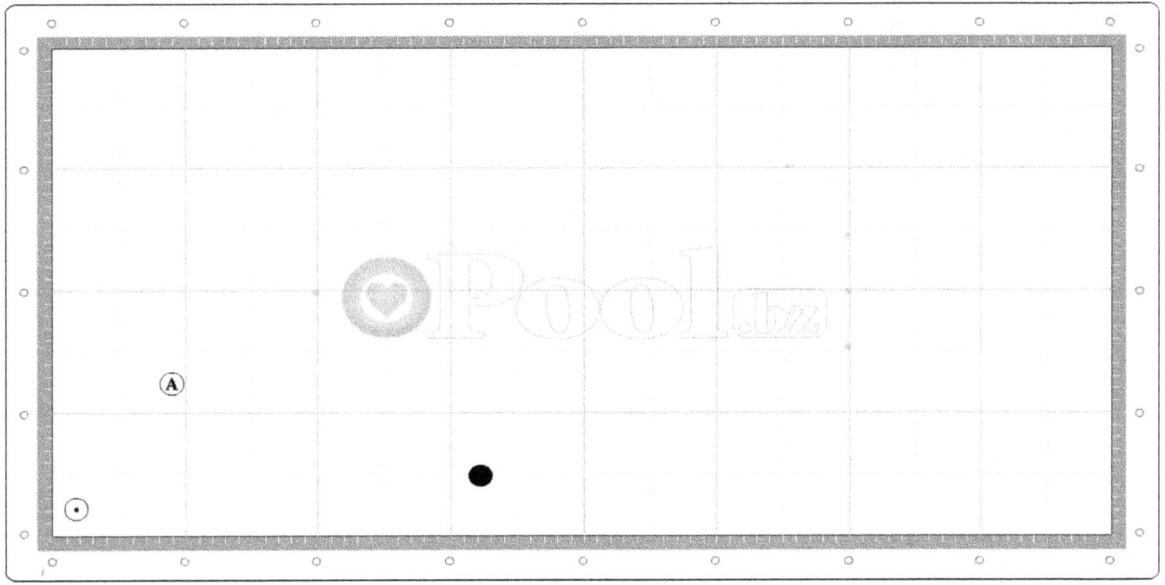

Opmerkingen en ideeën:

## Schotpatroon

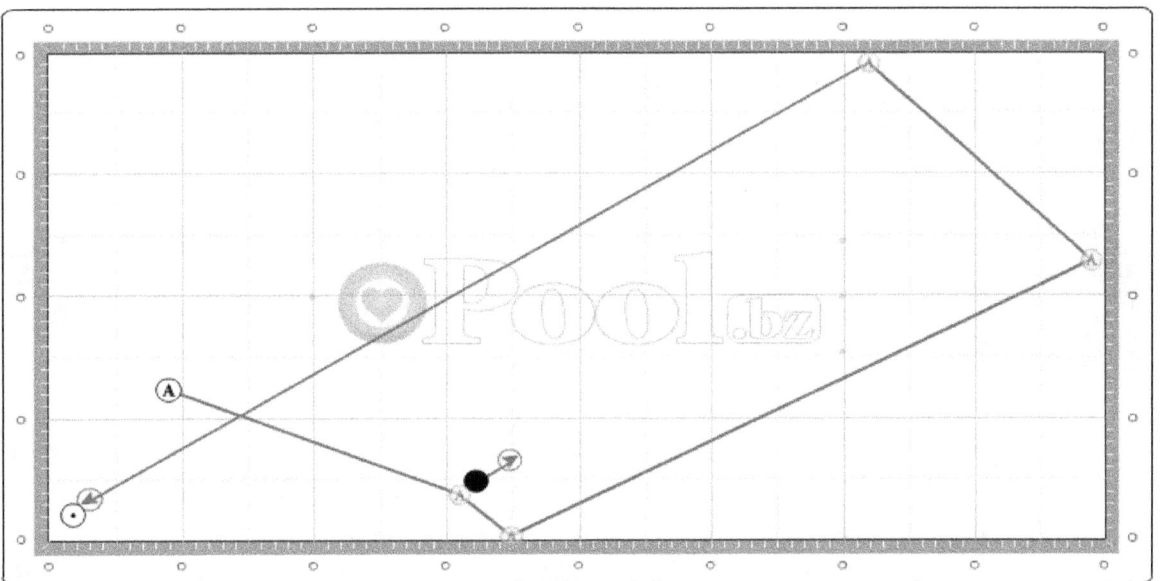

## E:1d – Opstelling

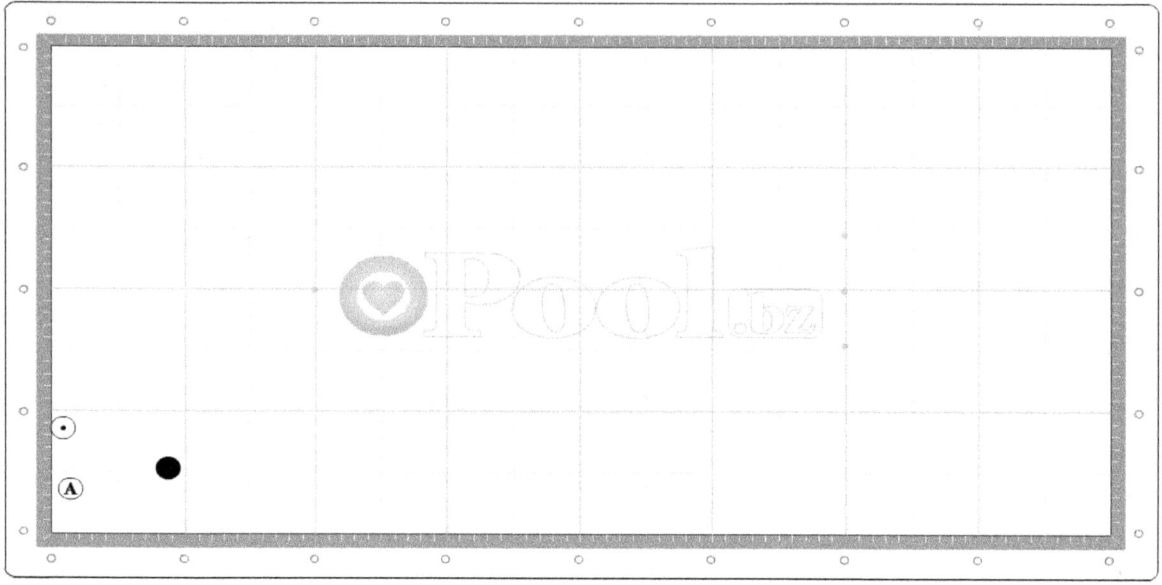

Opmerkingen en ideeën:


## Schotpatroon

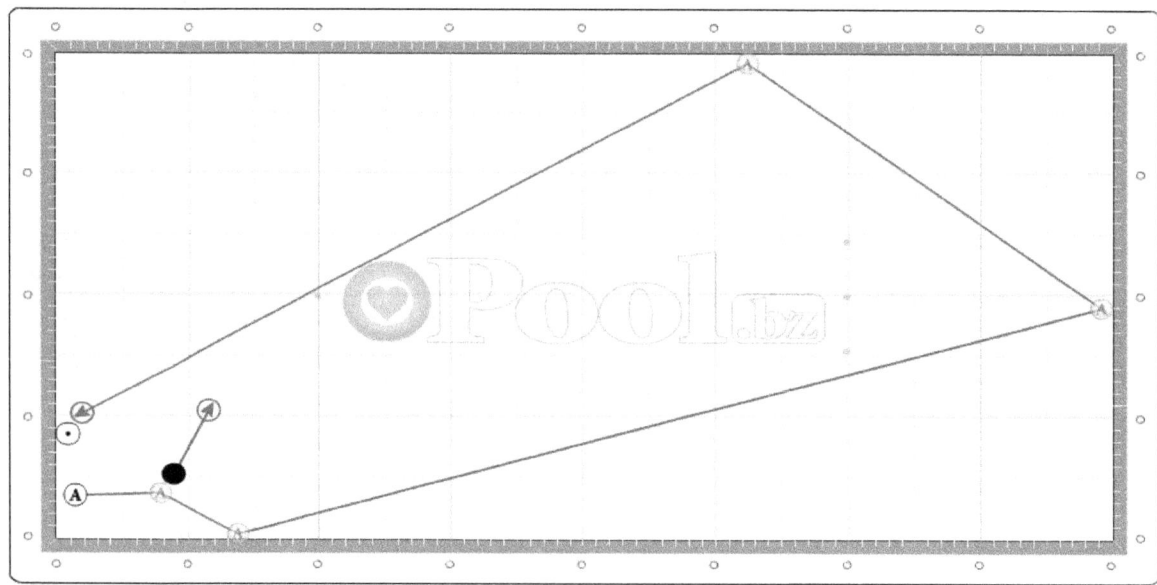

# E: Groep 2

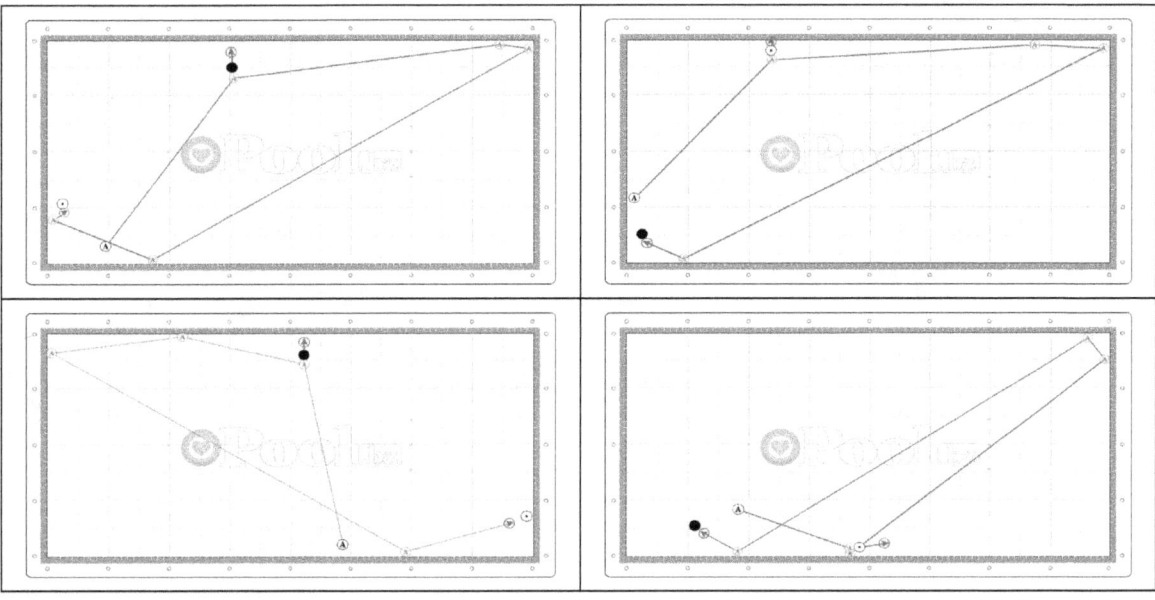

**Analyse**:

E:2a. _____

E:2b. _____

E:2c. _____

E:2d. _____

## E:2a – Opstelling

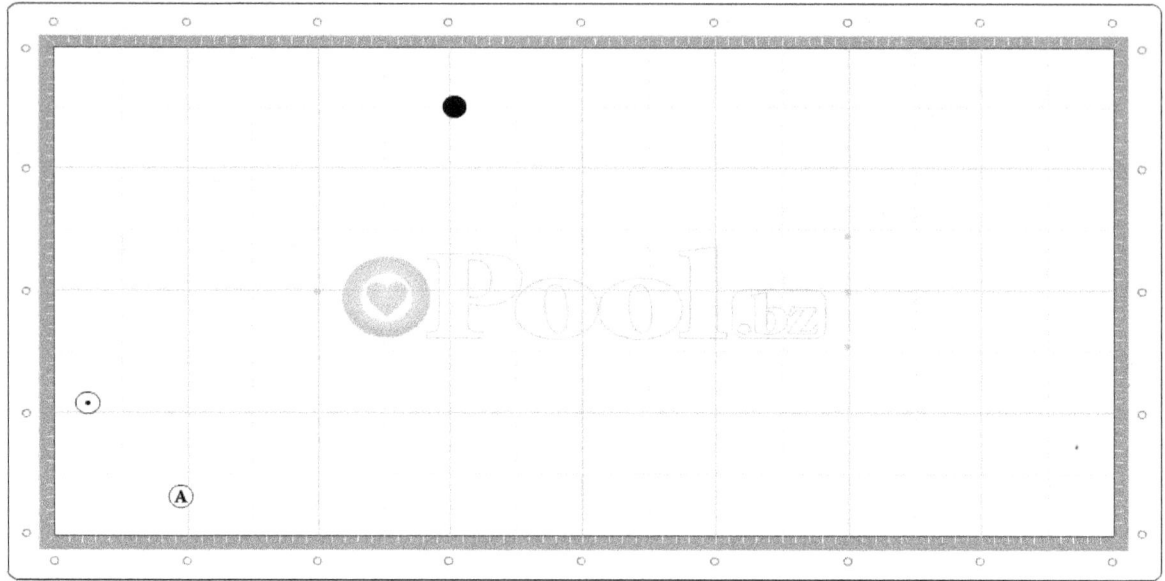

Opmerkingen en ideeën:

## Schotpatroon

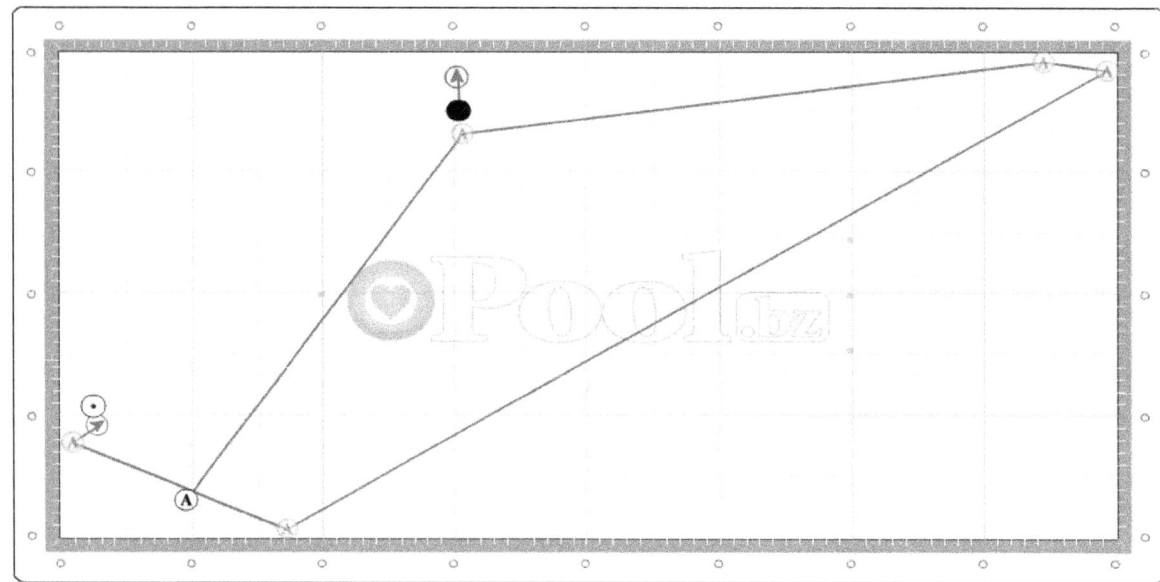

## E:2b – Opstelling

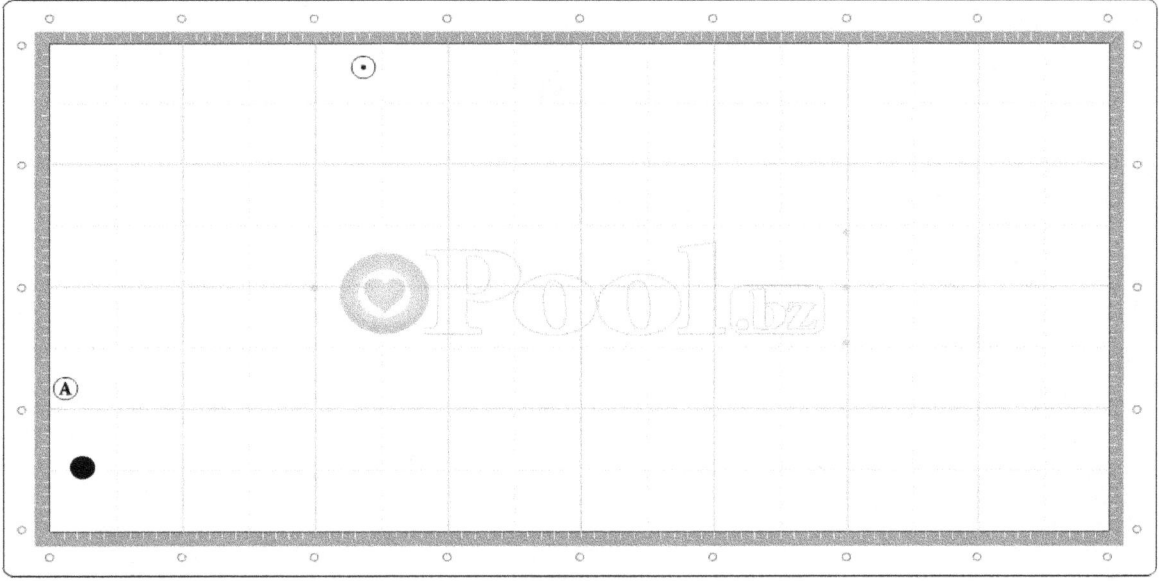

Opmerkingen en ideeën:

## Schotpatroon

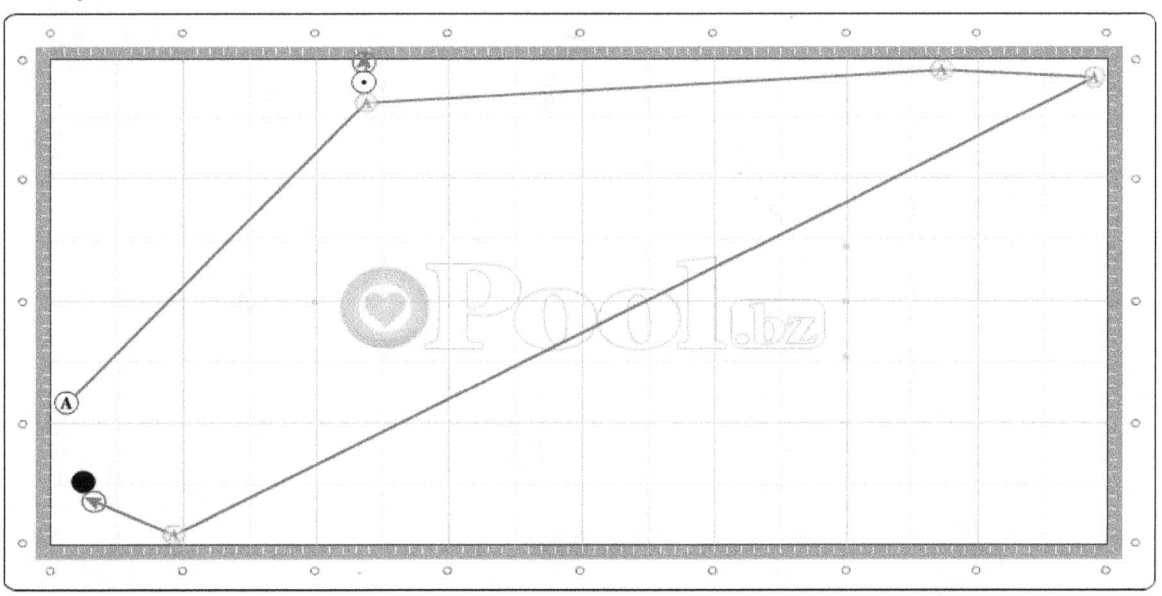

## E:2c – Opstelling

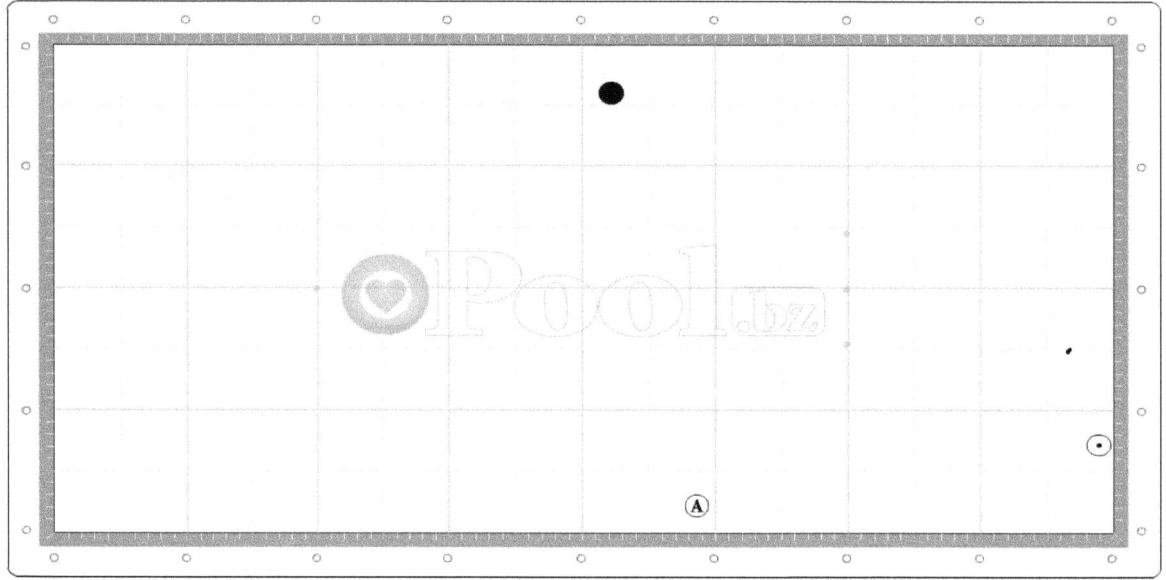

Opmerkingen en ideeën:


## Schotpatroon

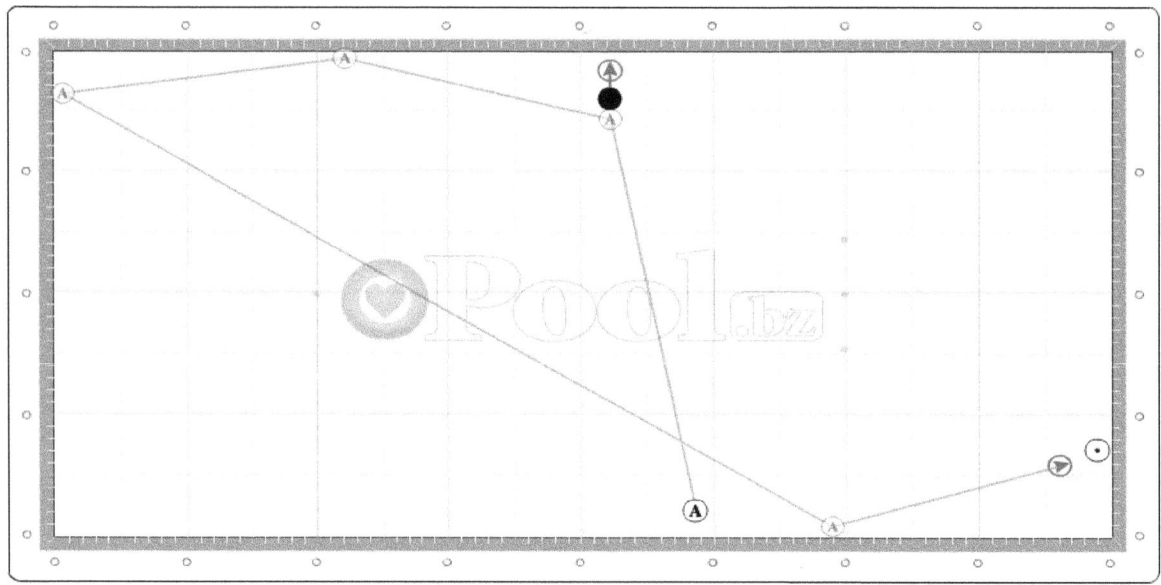

## E:2d – Opstelling

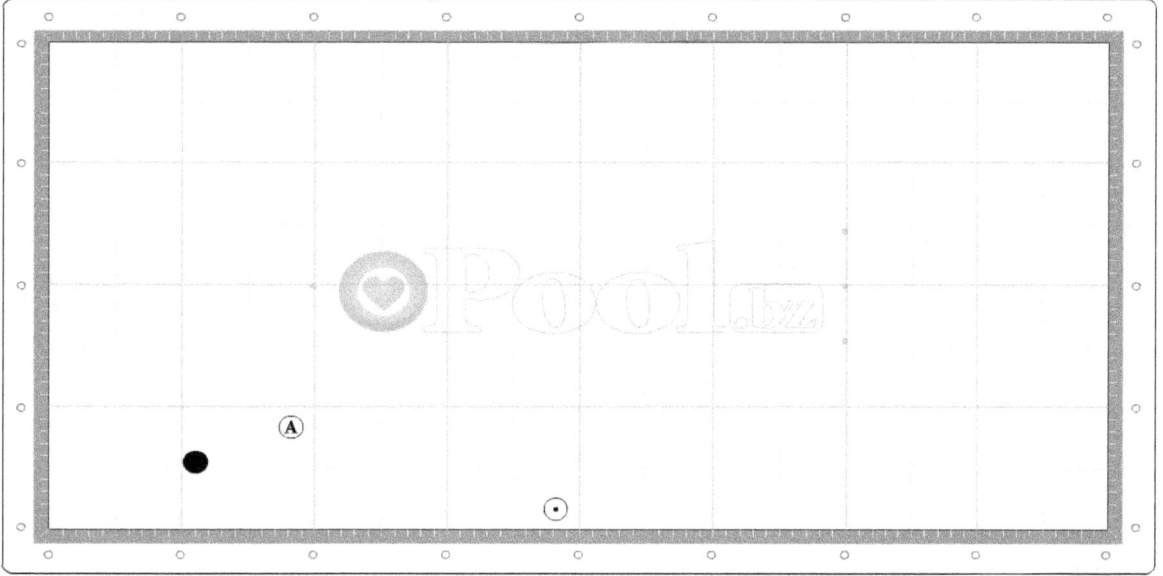

Opmerkingen en ideeën:

## Schotpatroon

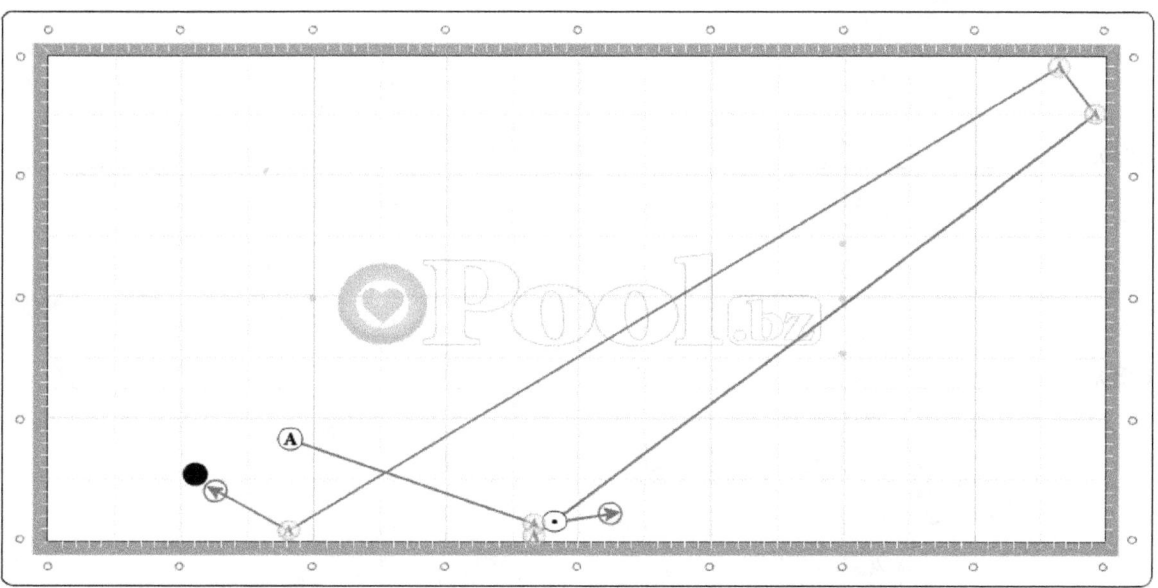

# E: Groep 3

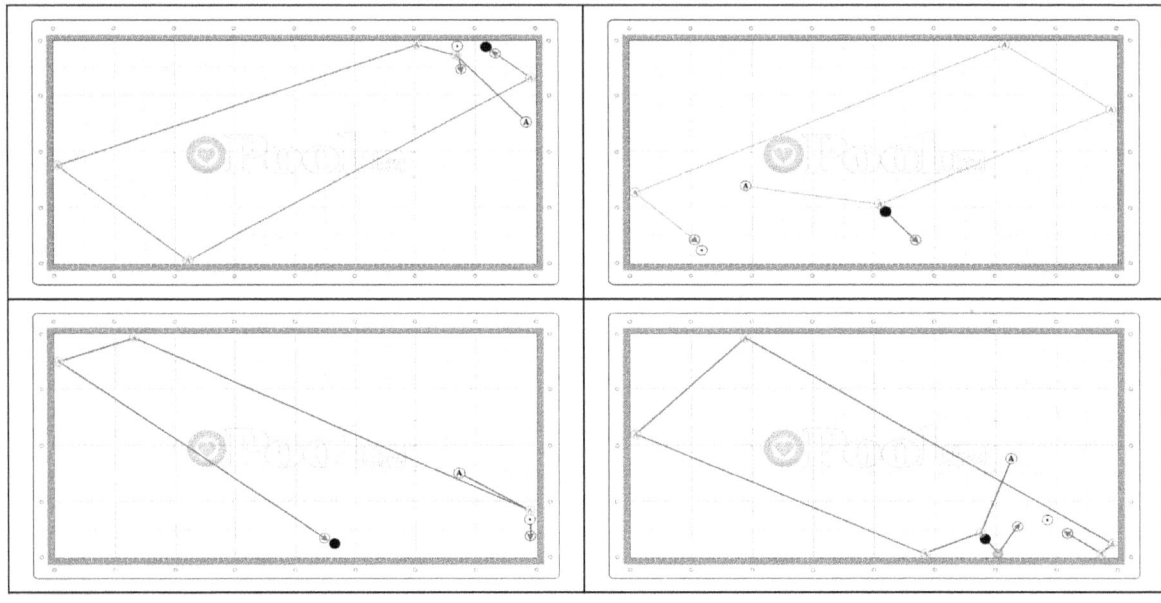

**Analyse**:

E:3a. _____

E:3b. _____

E:3c. _____

E:3d. _____

## E:3a – Opstelling

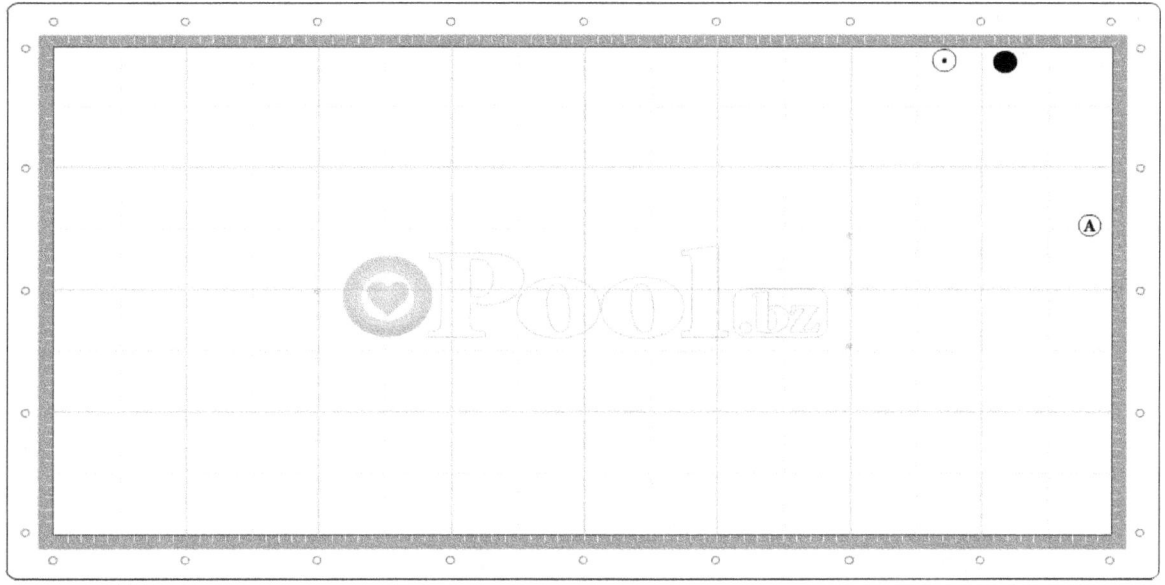

Opmerkingen en ideeën:

## Schotpatroon

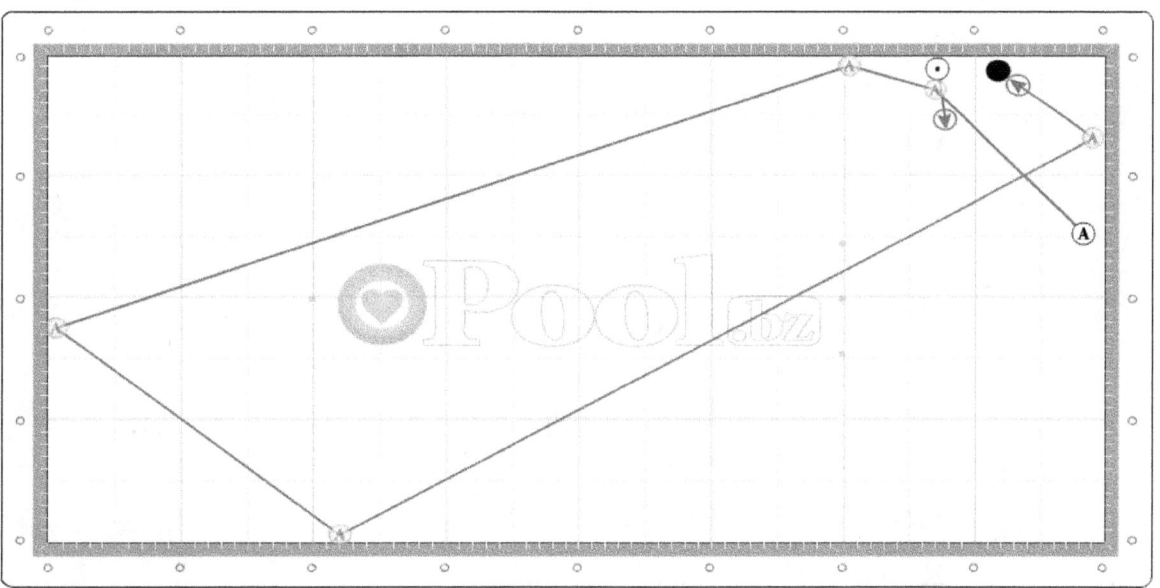

## E:3b – Opstelling

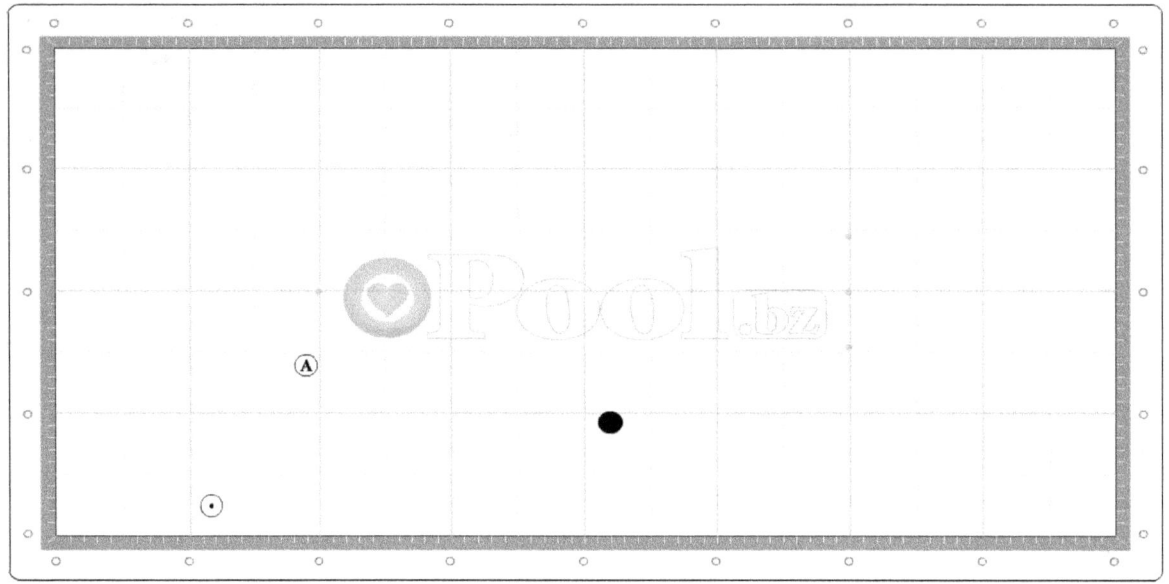

Opmerkingen en ideeën:

## Schotpatroon

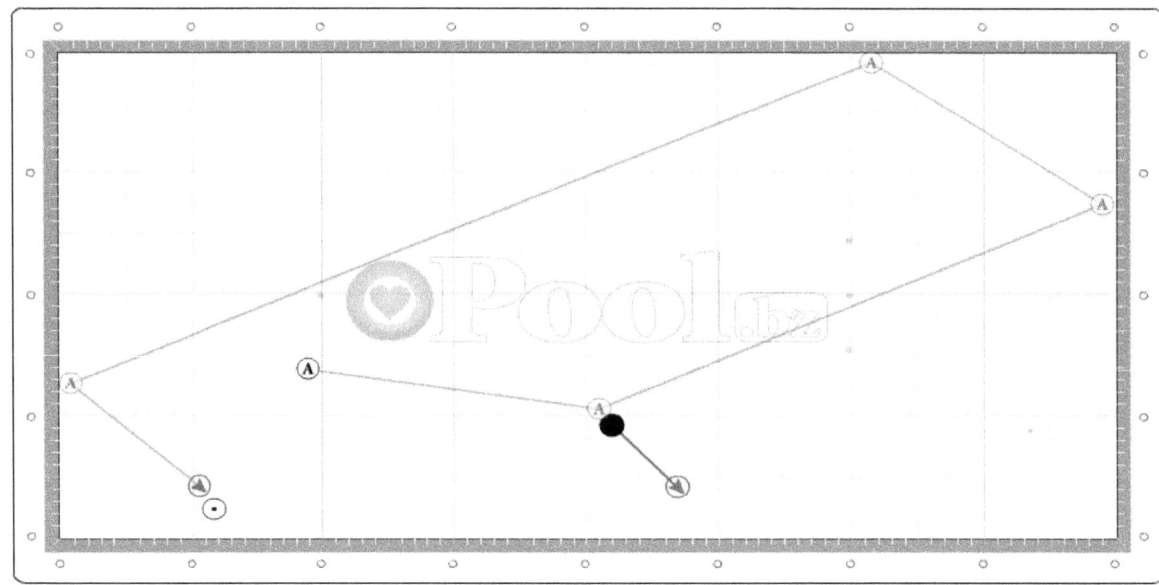

## E:3c – Opstelling

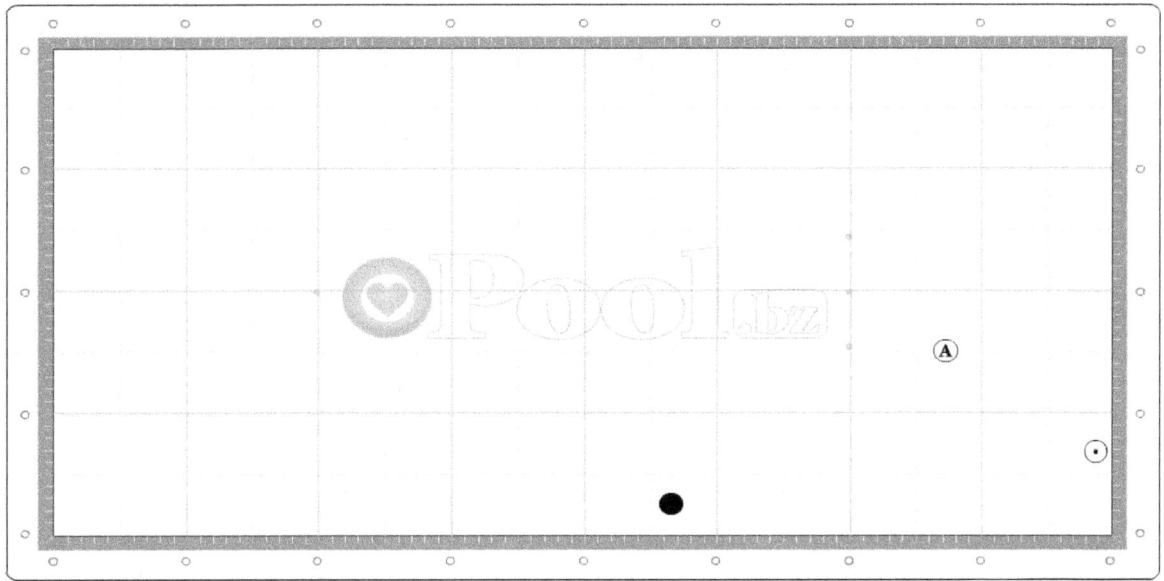

Opmerkingen en ideeën:

## Schotpatroon

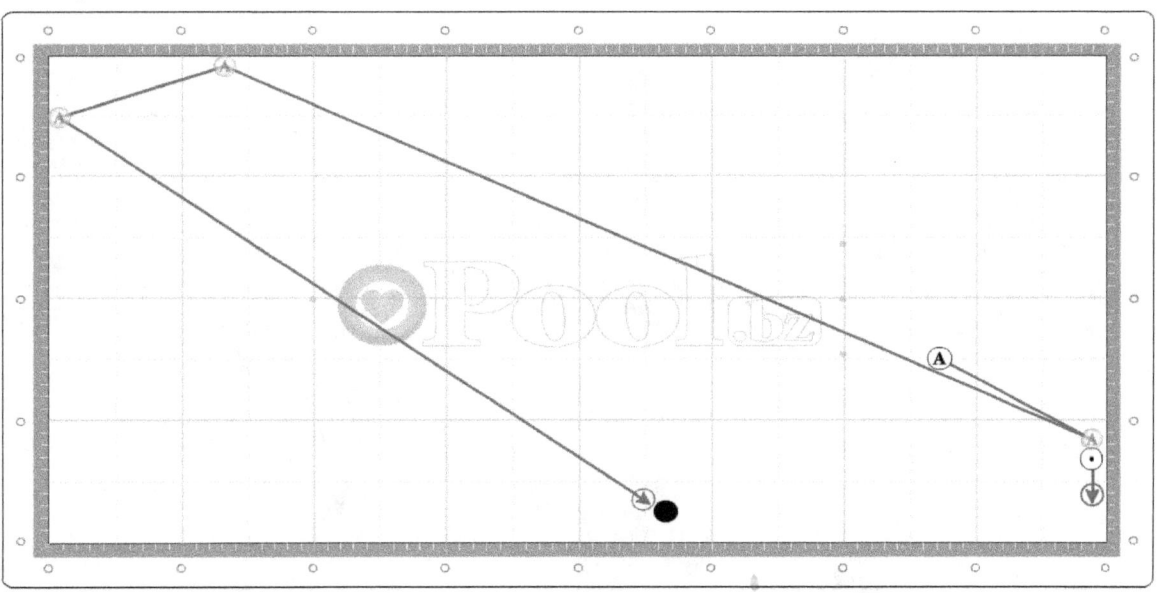

## E:3d – Opstelling

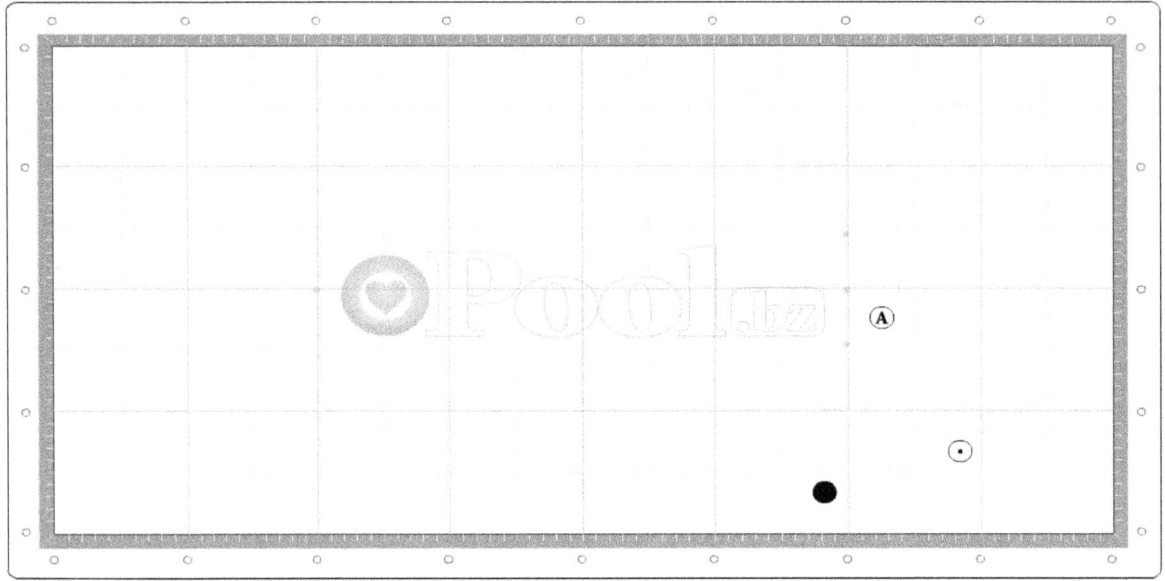

Opmerkingen en ideeën:

## Schotpatroon

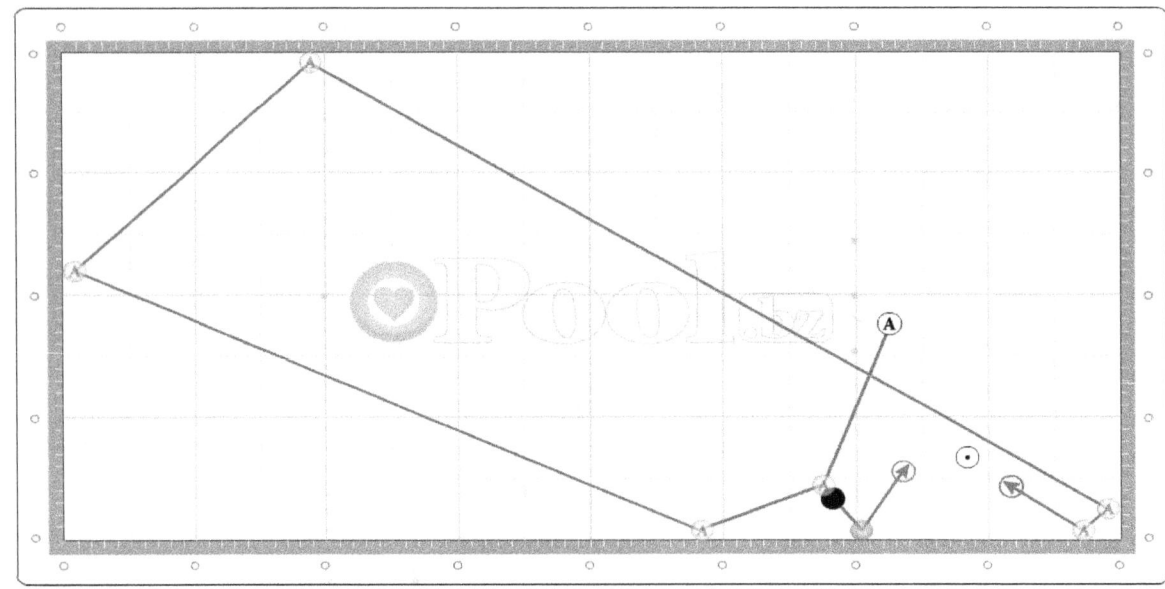

# E: Groep 4

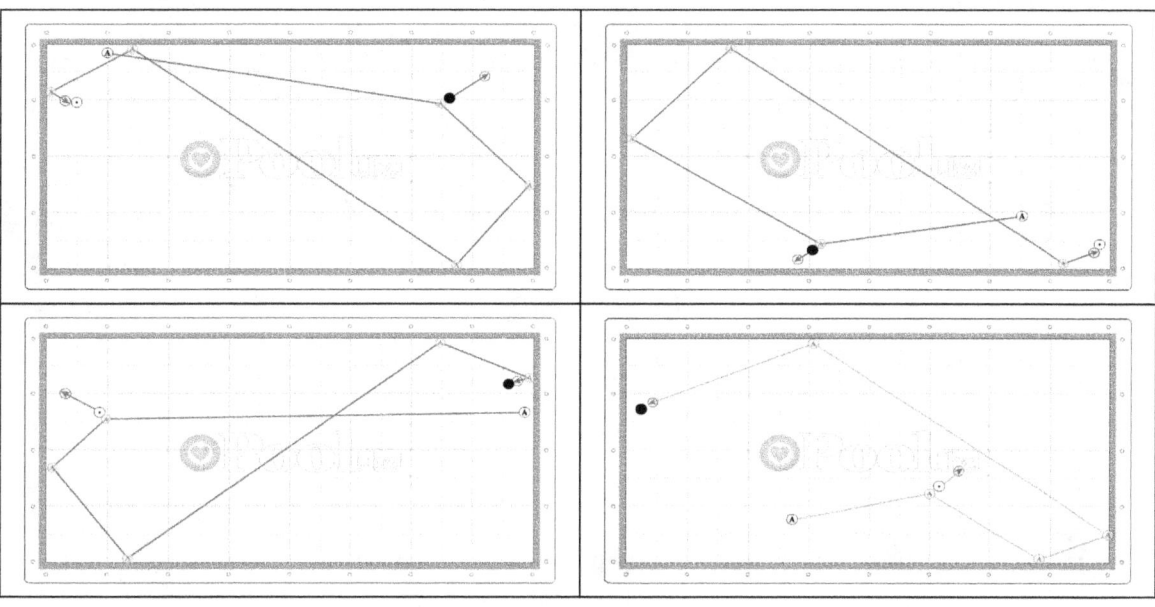

**Analyse:**

E:4a. _____

E:4b. _____

E:4c. _____

E:4d. _____

## E:4a – Opstelling

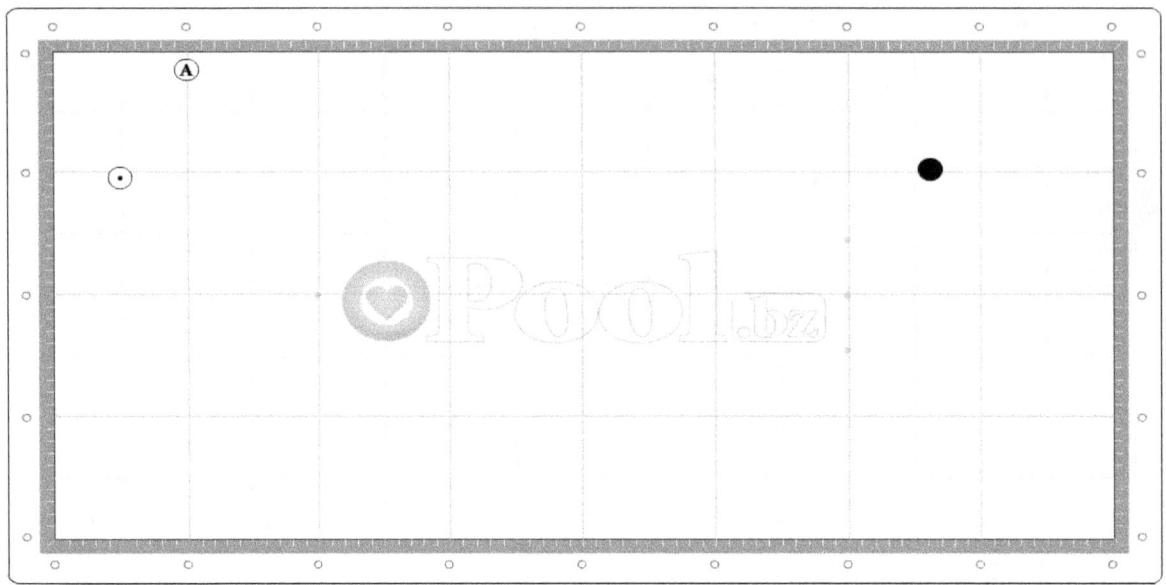

Opmerkingen en ideeën:

## Schotpatroon

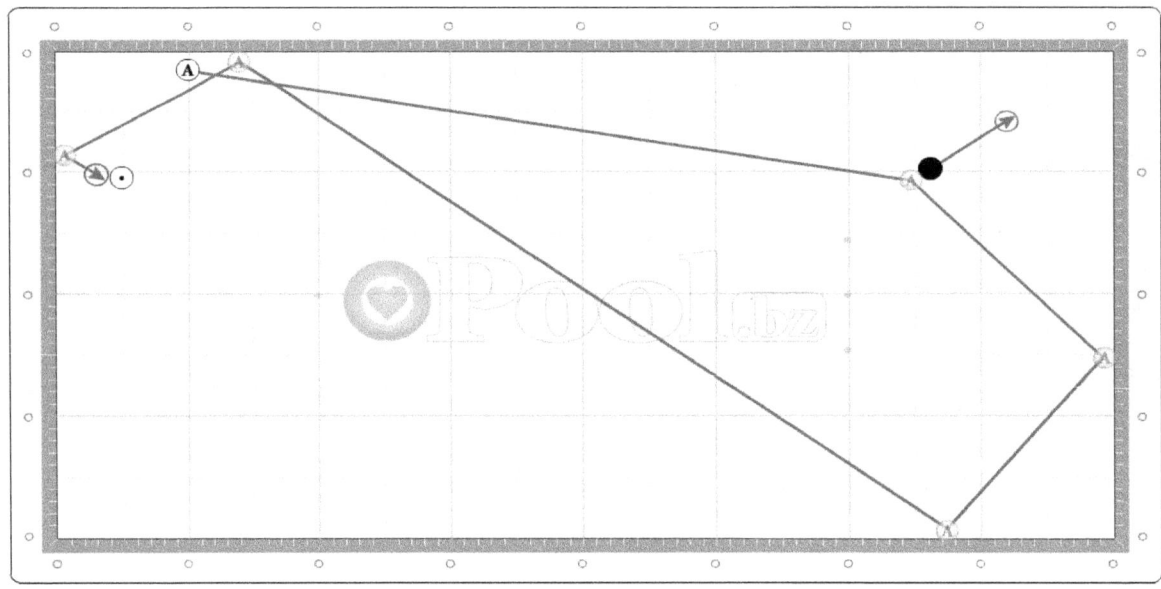

## E:4b – Opstelling

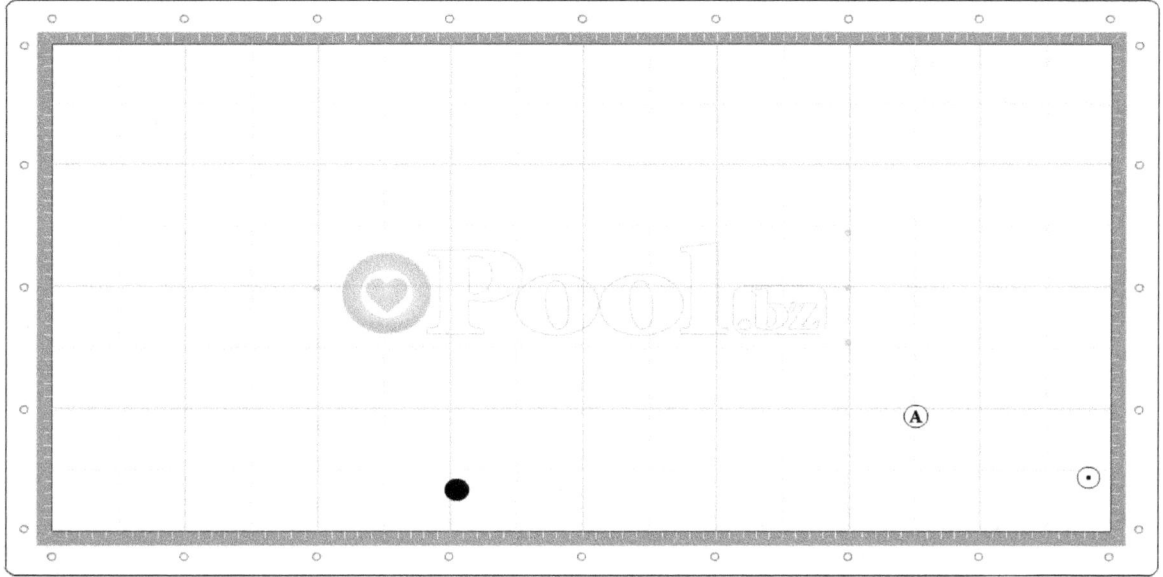

Opmerkingen en ideeën:

## Schotpatroon

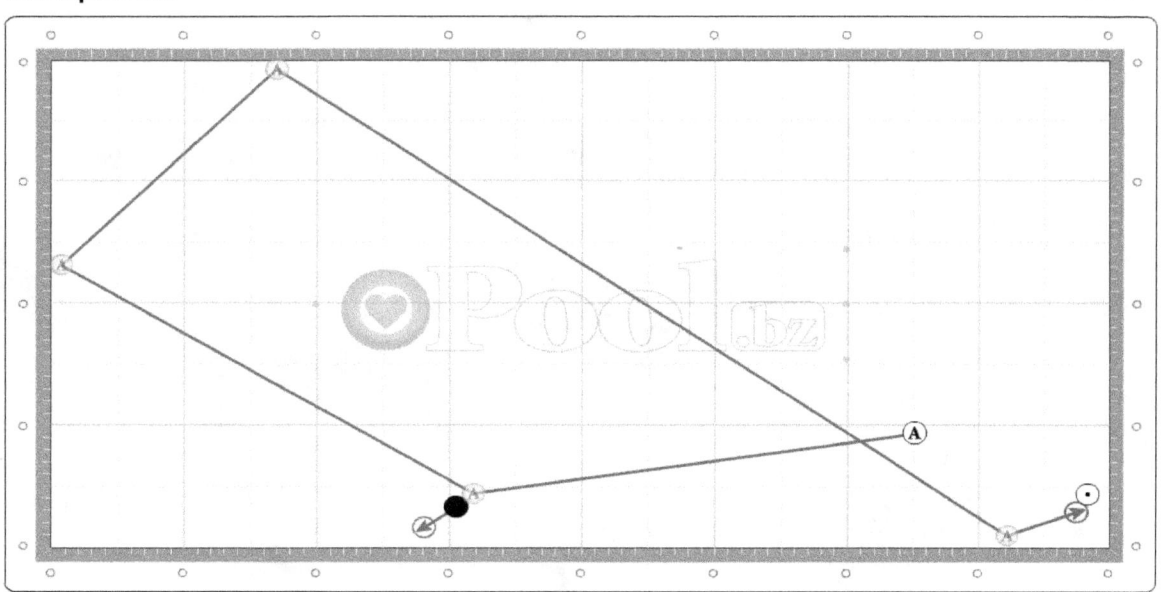

## E:4c – Opstelling

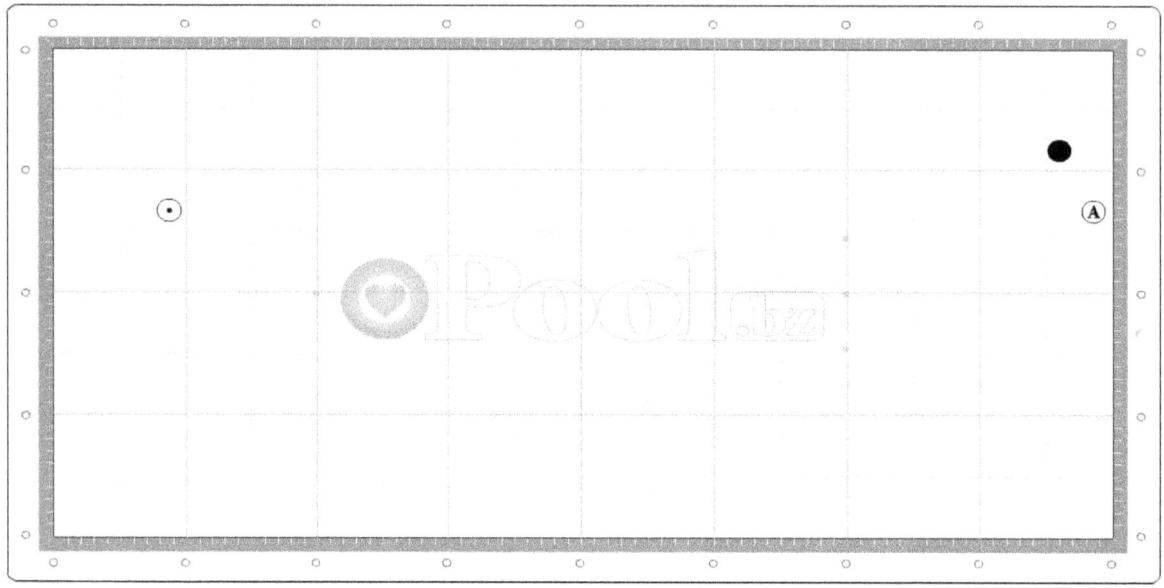

Opmerkingen en ideeën:

## Schotpatroon

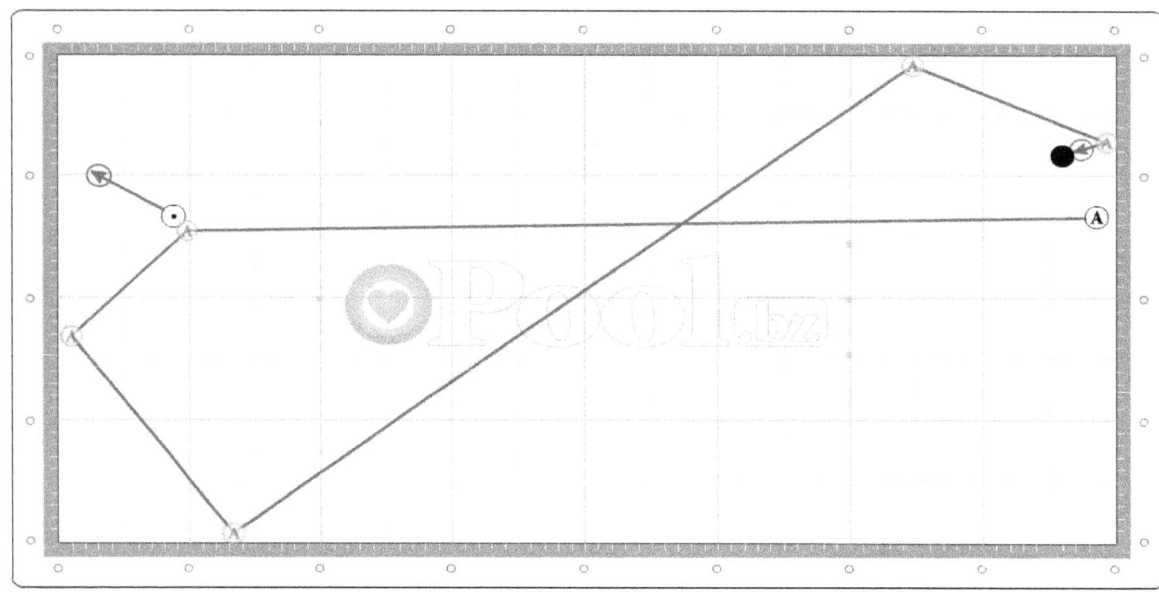

## E:4d – Opstelling

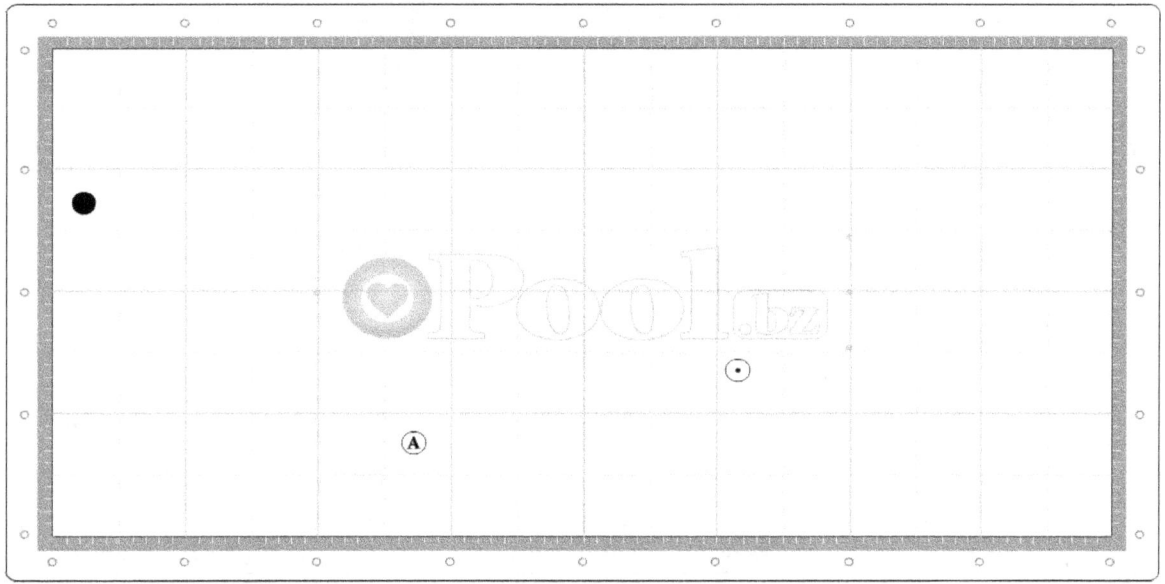

Opmerkingen en ideeën:

## Schotpatroon

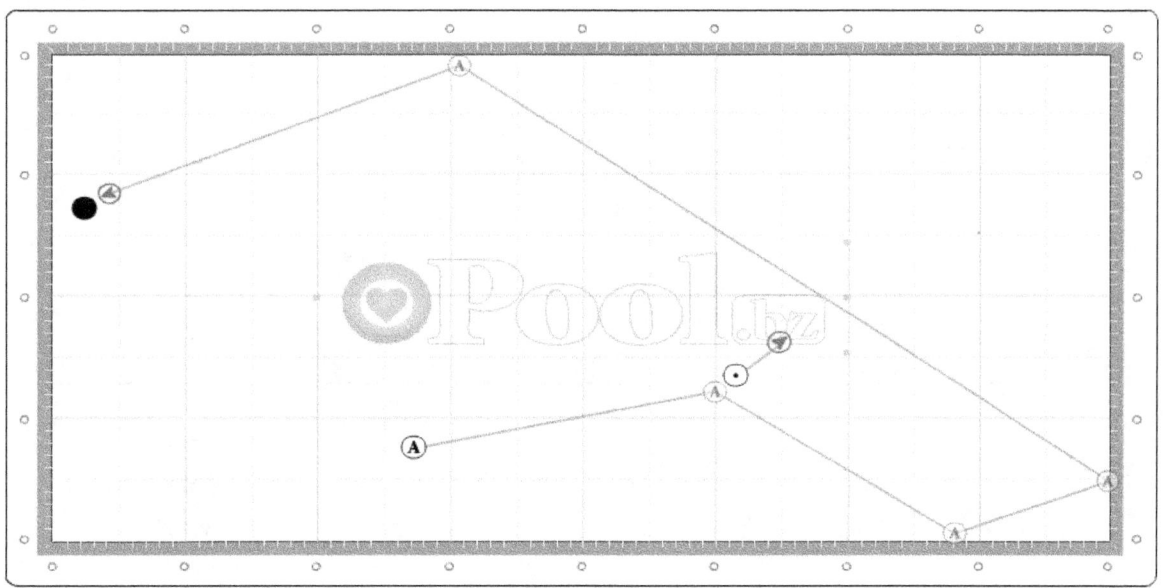

# E: Groep 5

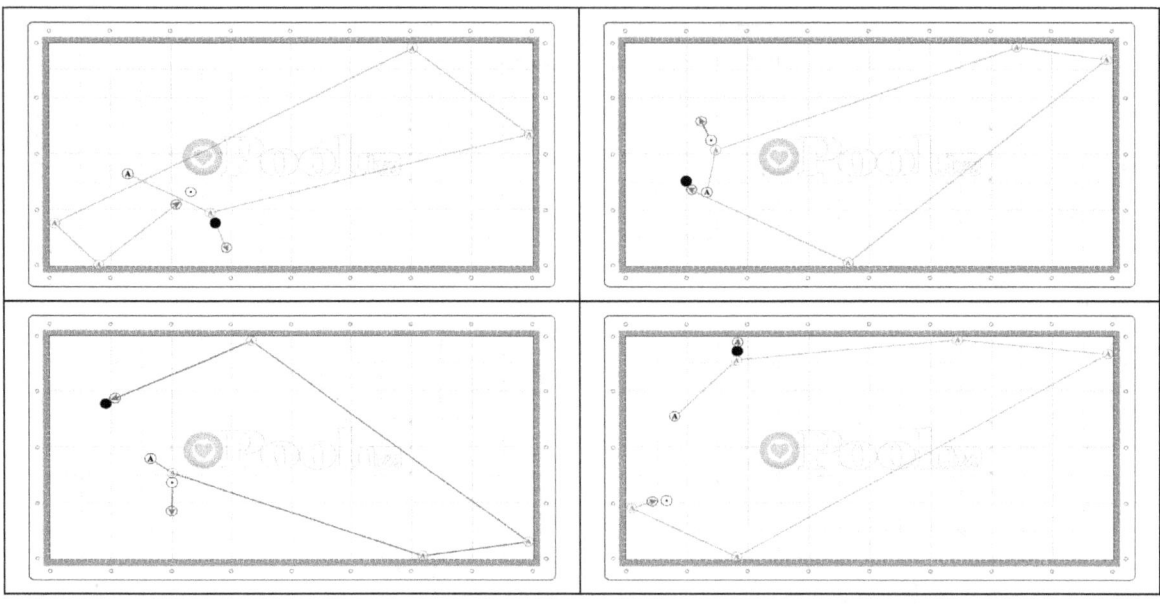

**Analyse**:

E:5a. _____

E:5b. _____

E:5c. _____

E:5d. _____

## E:5a – Opstelling

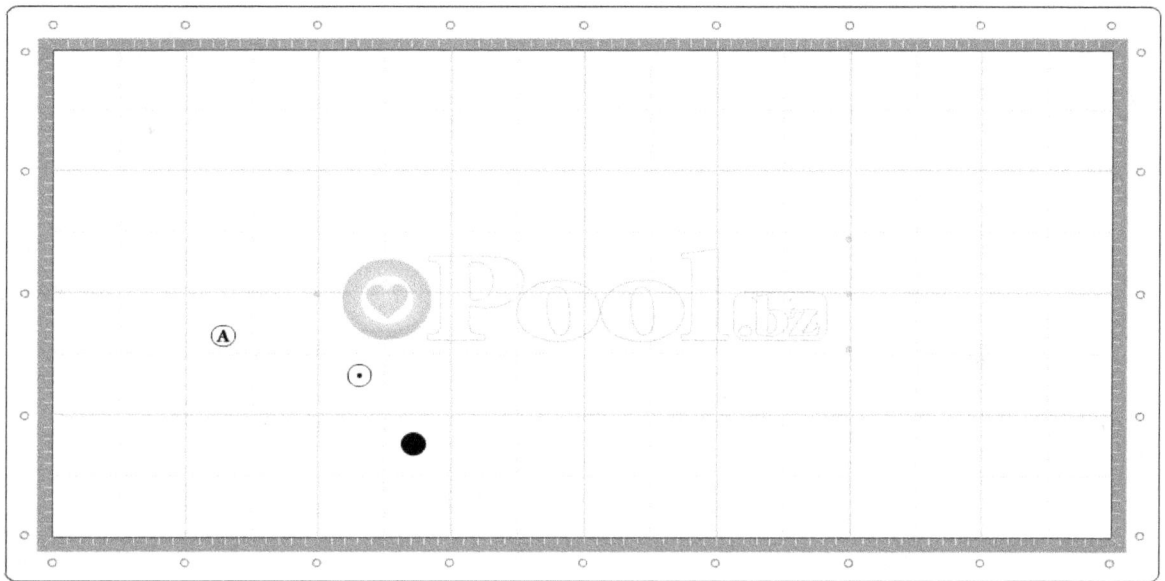

Opmerkingen en ideeën:

## Schotpatroon

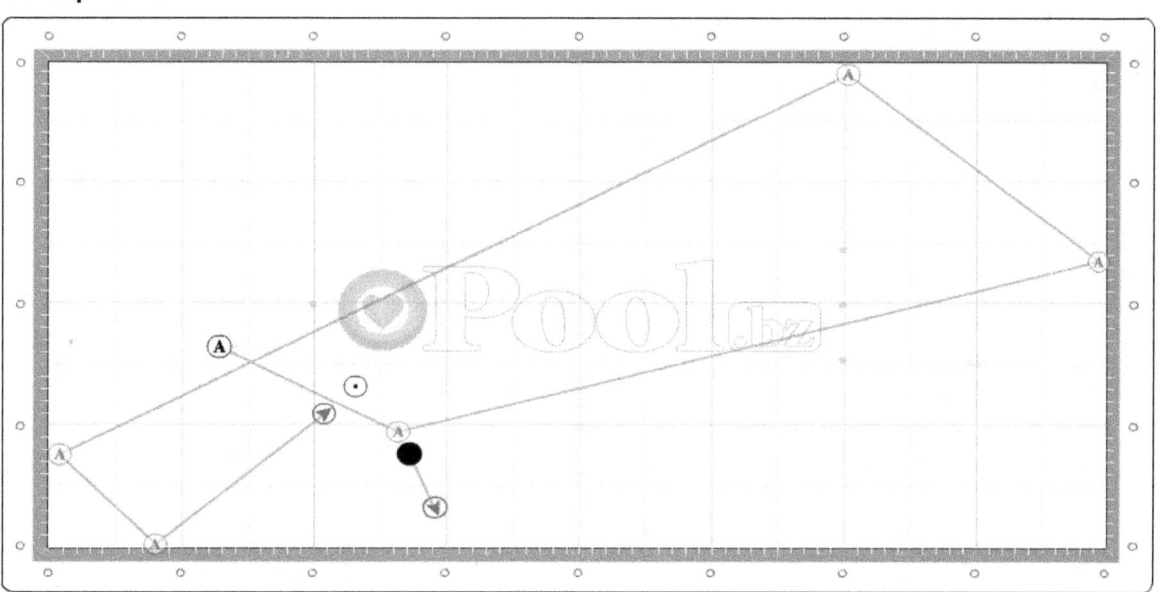

## E:5b – Opstelling

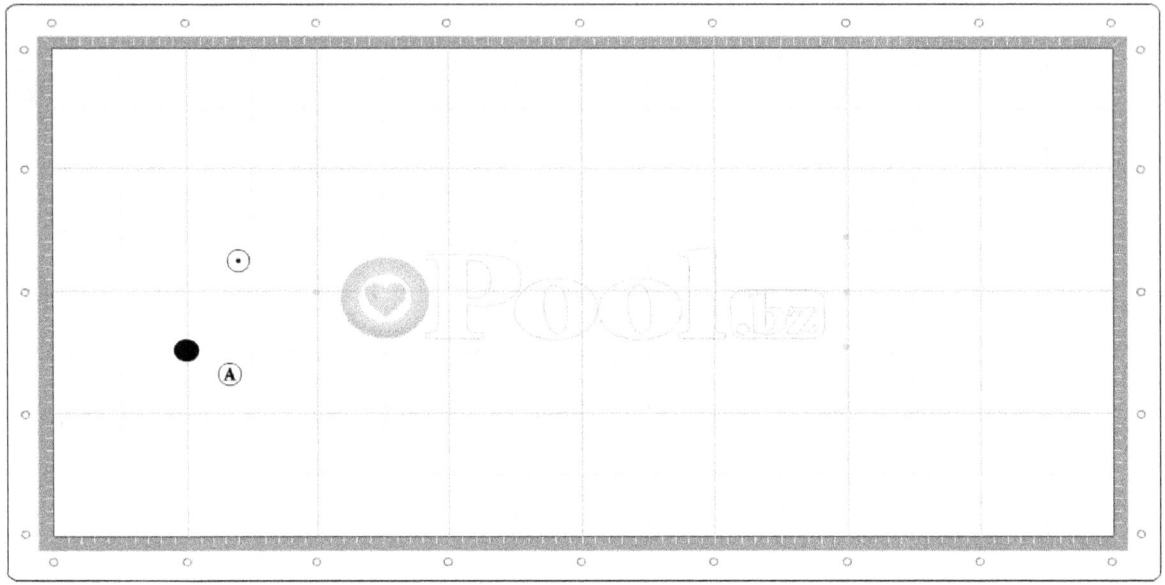

Opmerkingen en ideeën:

## Schotpatroon

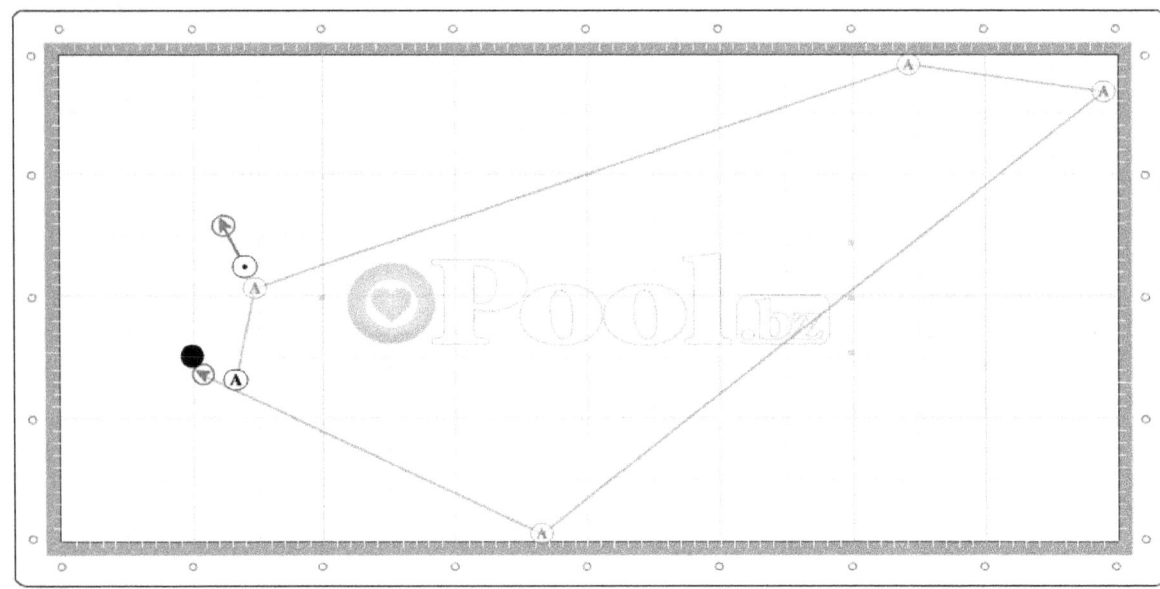

## E:5c – Opstelling

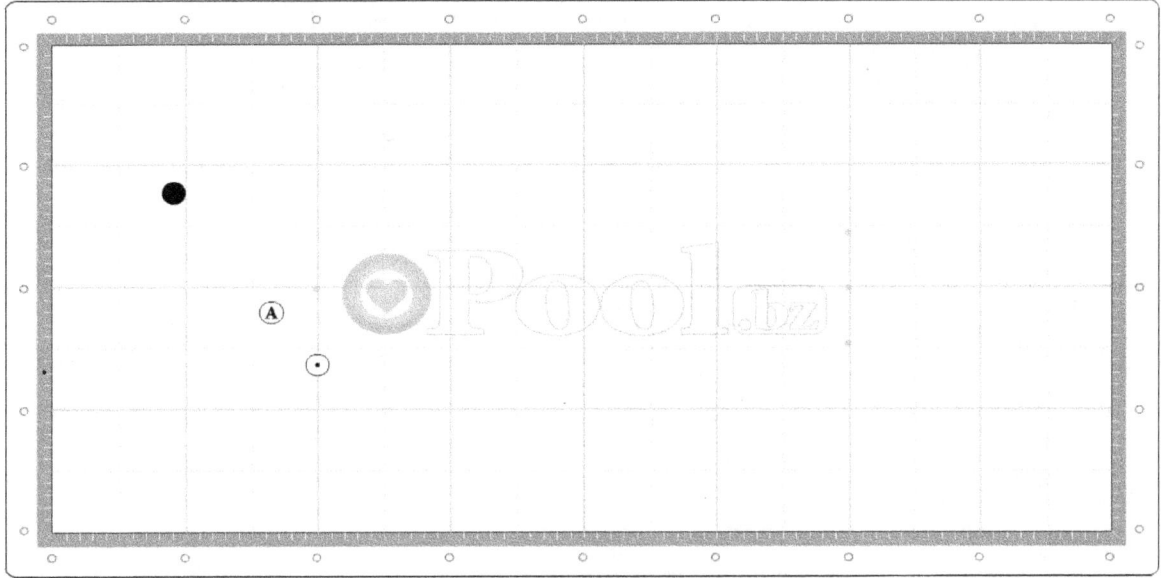

Opmerkingen en ideeën:

## Schotpatroon

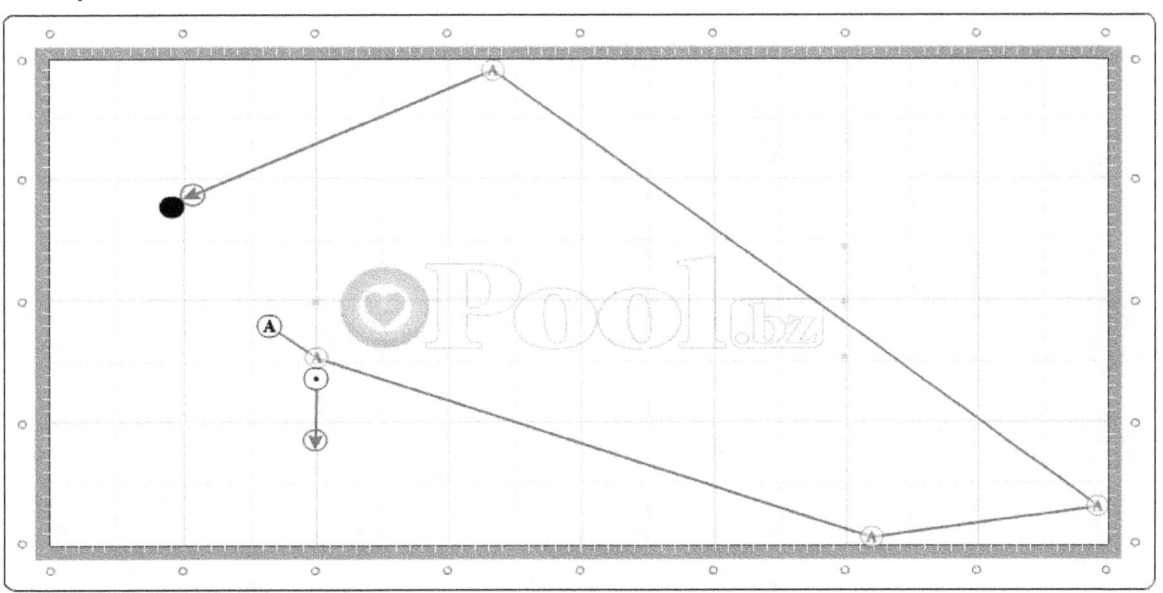

## E:5d – Opstelling

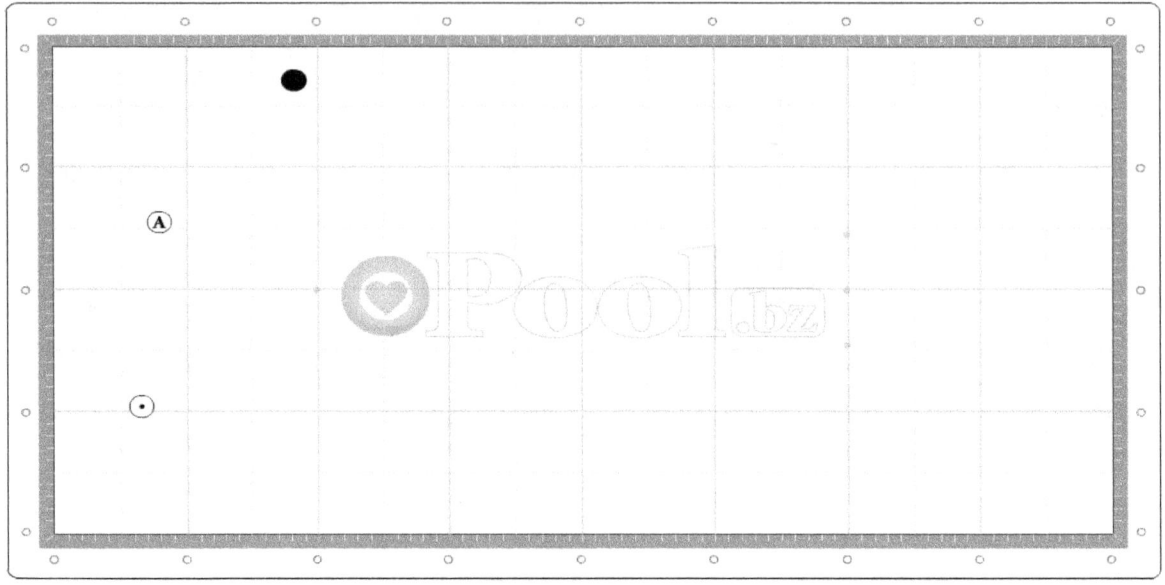

Opmerkingen en ideeën:

## Schotpatroon

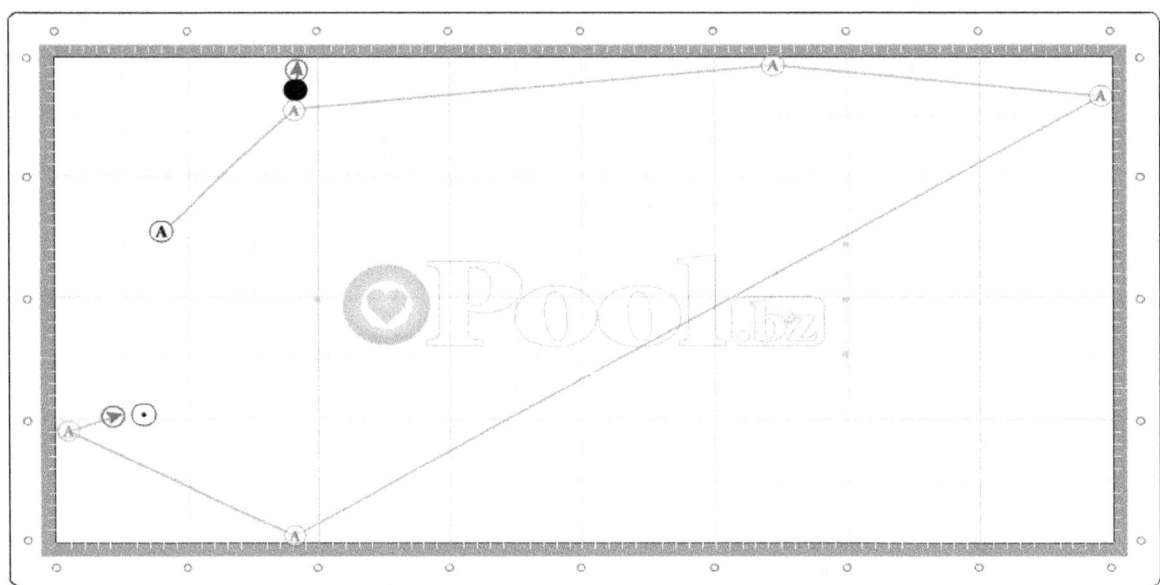

# E: Groep 6

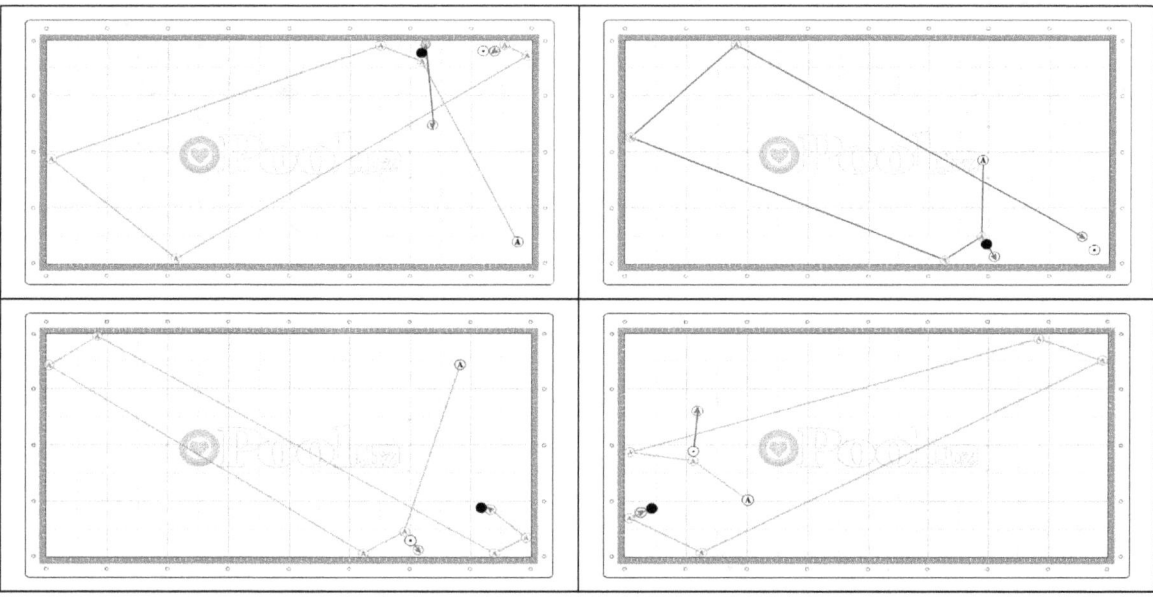

**Analyse**:

E:6a. _____

E:6b. _____

E:6c. _____

E:6d. _____

## E:6a – Opstelling

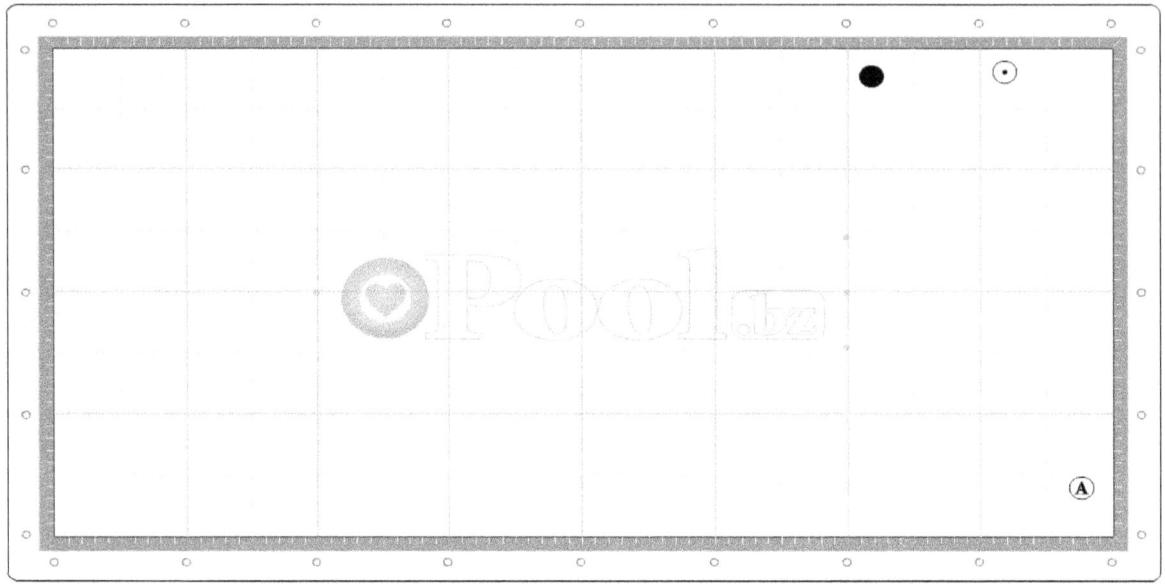

Opmerkingen en ideeën:

## Schotpatroon

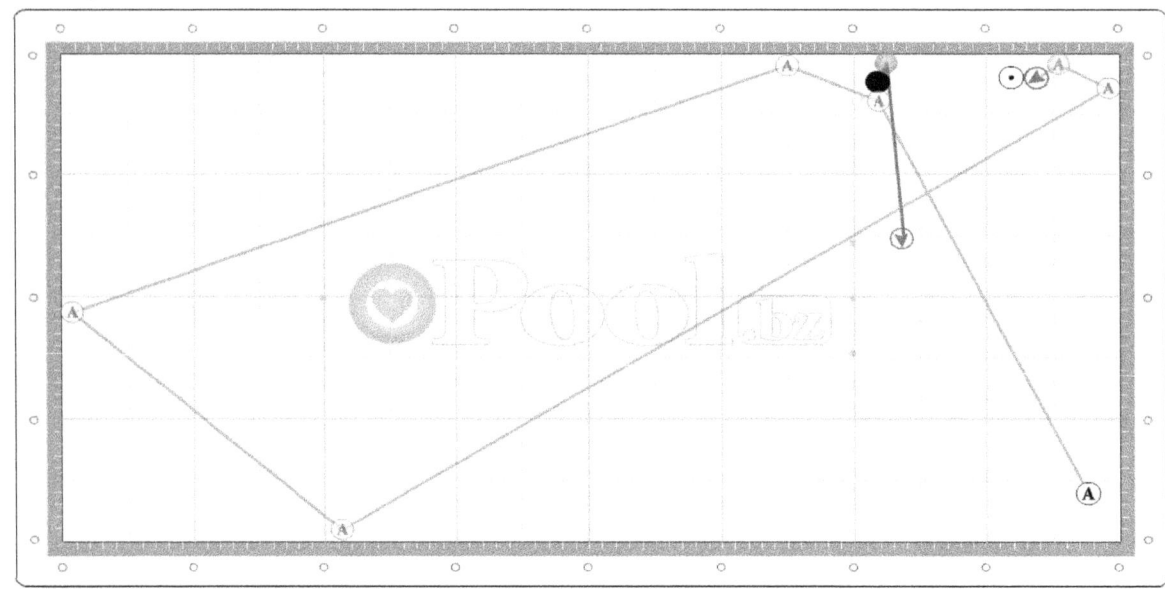

## E:6b – Opstelling

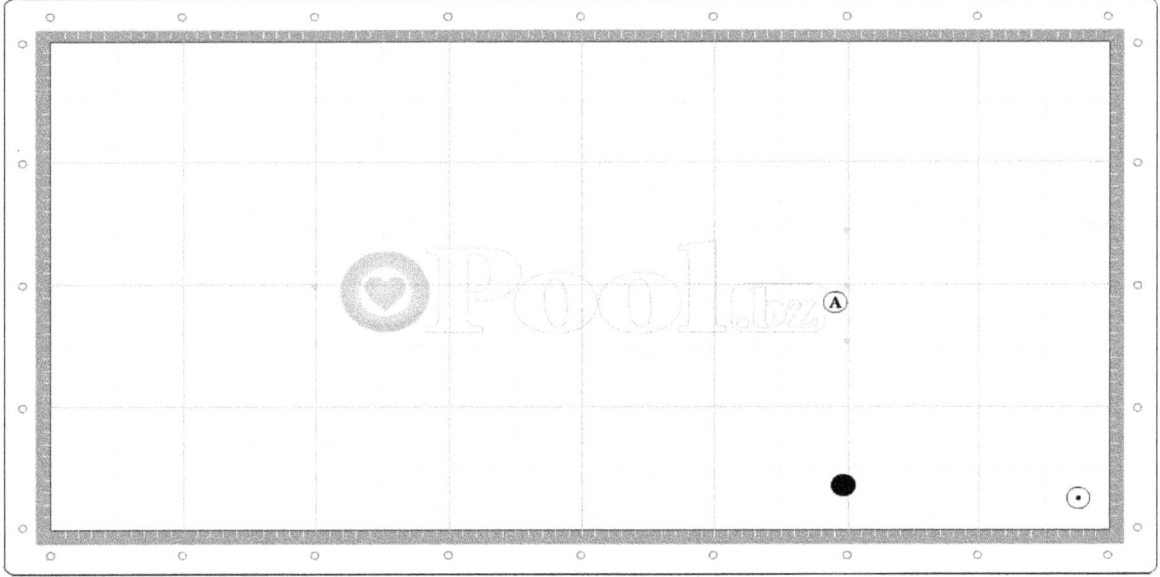

Opmerkingen en ideeën:

## Schotpatroon

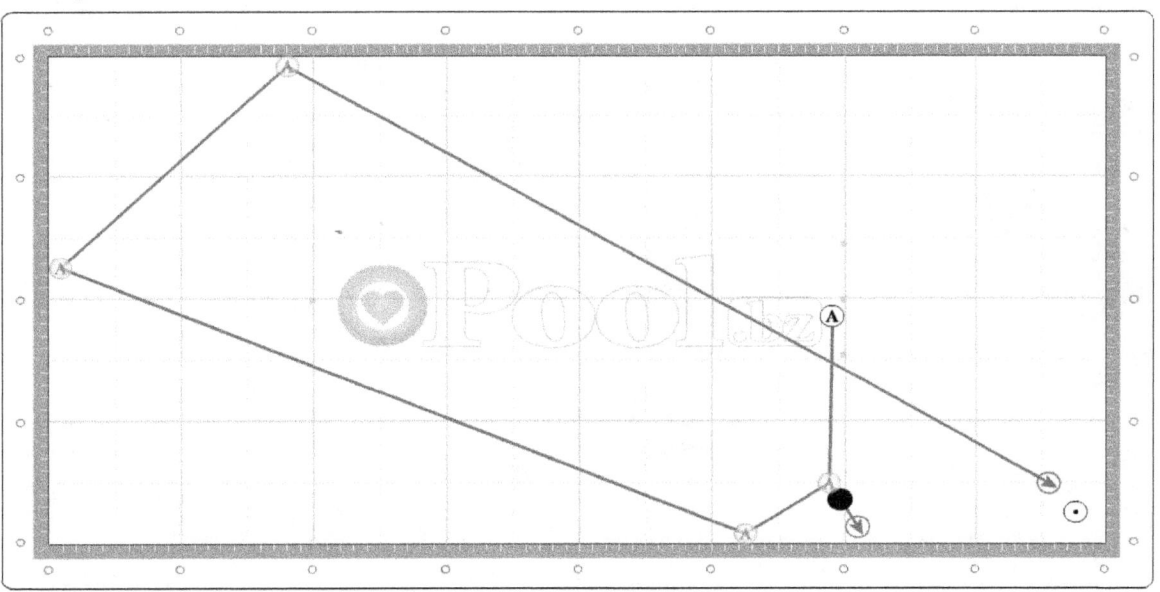

## E:6c – Opstelling

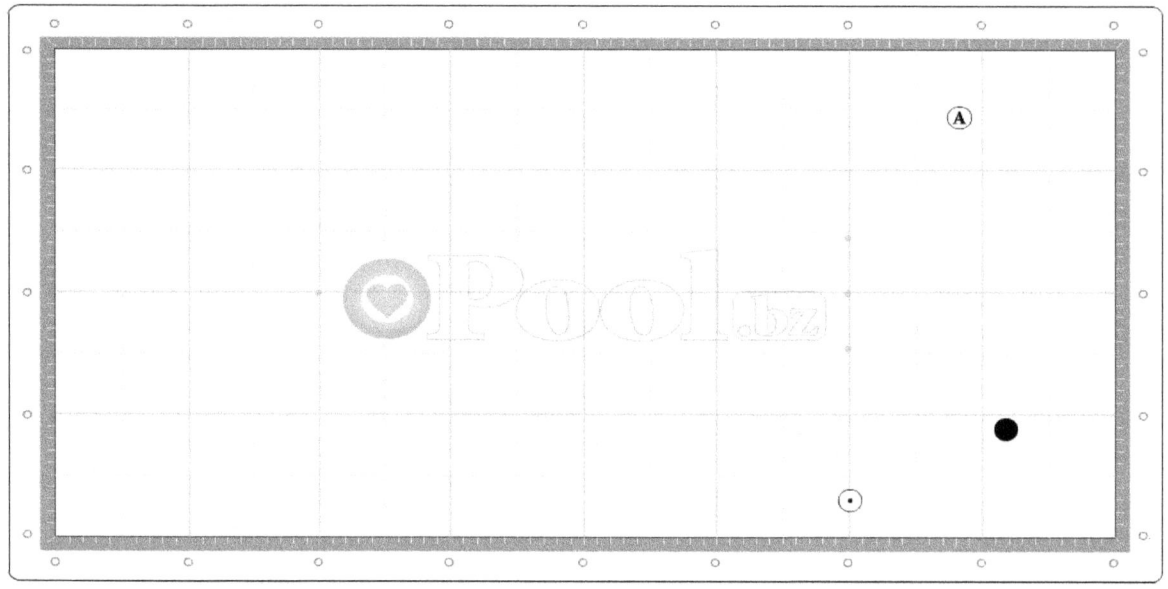

Opmerkingen en ideeën:

## Schotpatroon

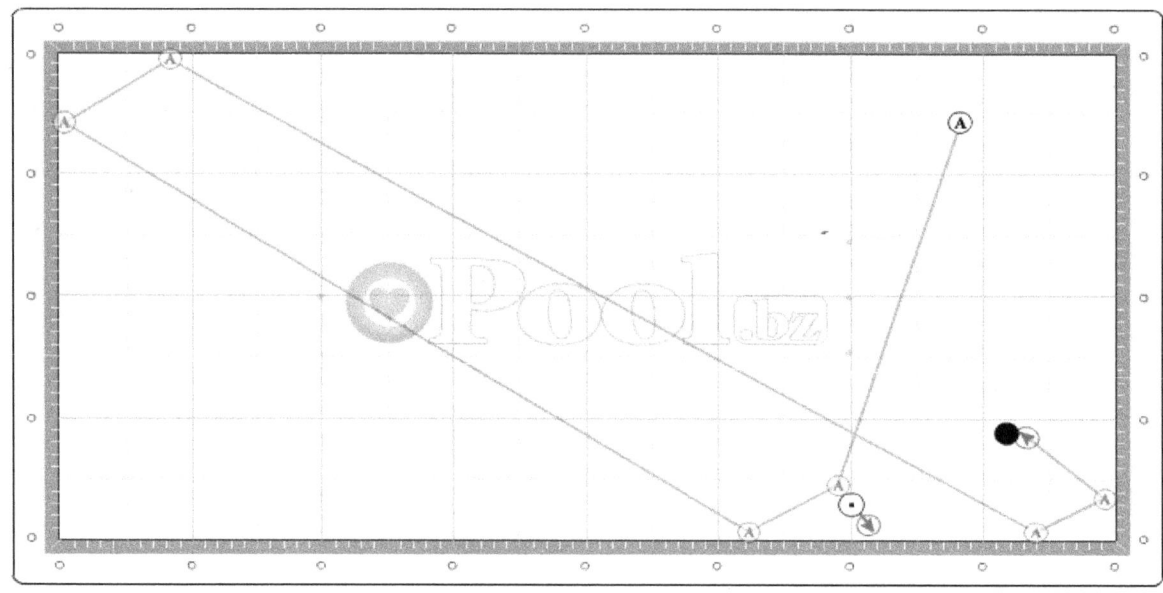

## E:6d – Opstelling

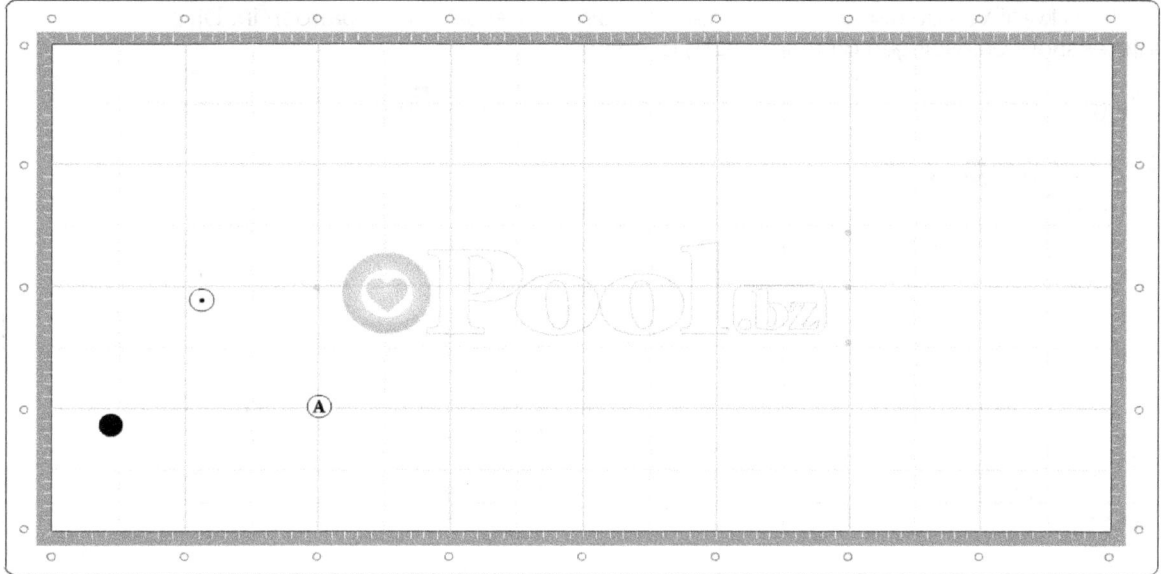

Opmerkingen en ideeën:

## Schotpatroon

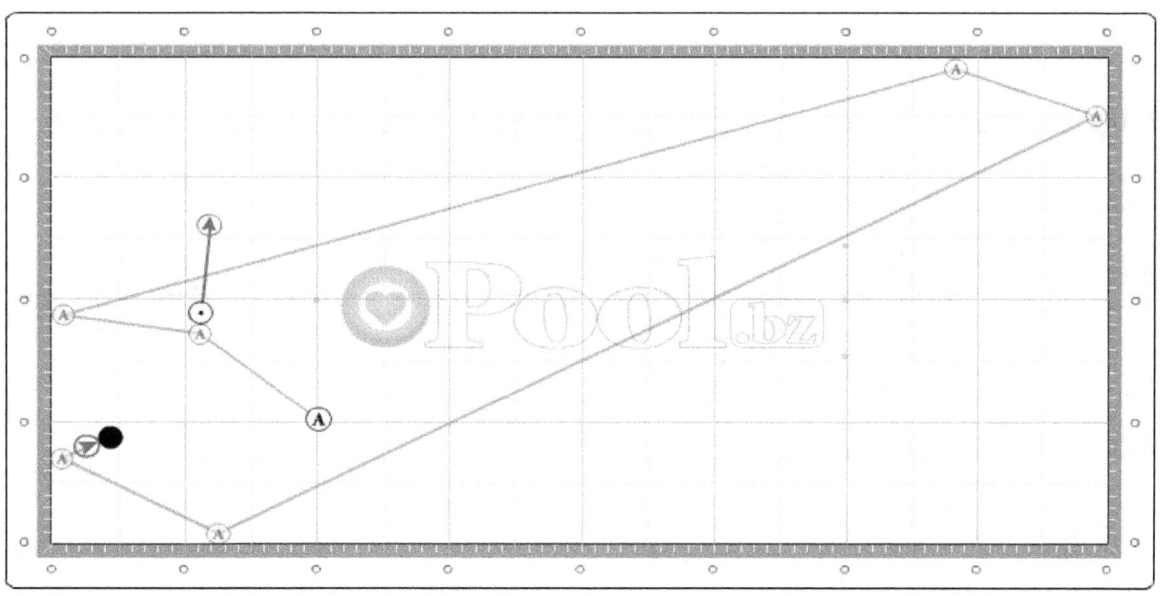

# F: Driedubbele diagonaal

De (CB) komt van de eerste (OB) en gaat vervolgens het diagonale patroon in. Dit zijn interessante oplossingen omdat de (CB) drie keer op en neer gaat.

Ⓐ (CB) (uw biljartbal) – ⊙ (OB) (tegenstander biljartbal) – ● (OB) (rode biljartbal)

## F: Groep 1

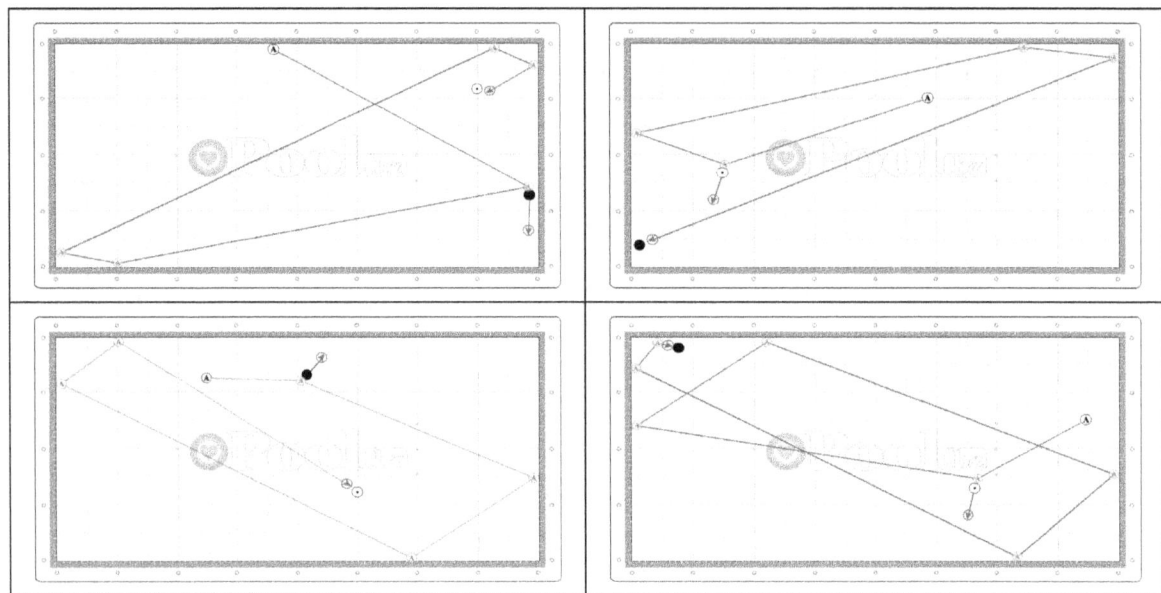

**Analyse**:


F:1a. _____


F:1b. _____


F:1c. _____


F:1d. _____

## F:1a – Opstelling

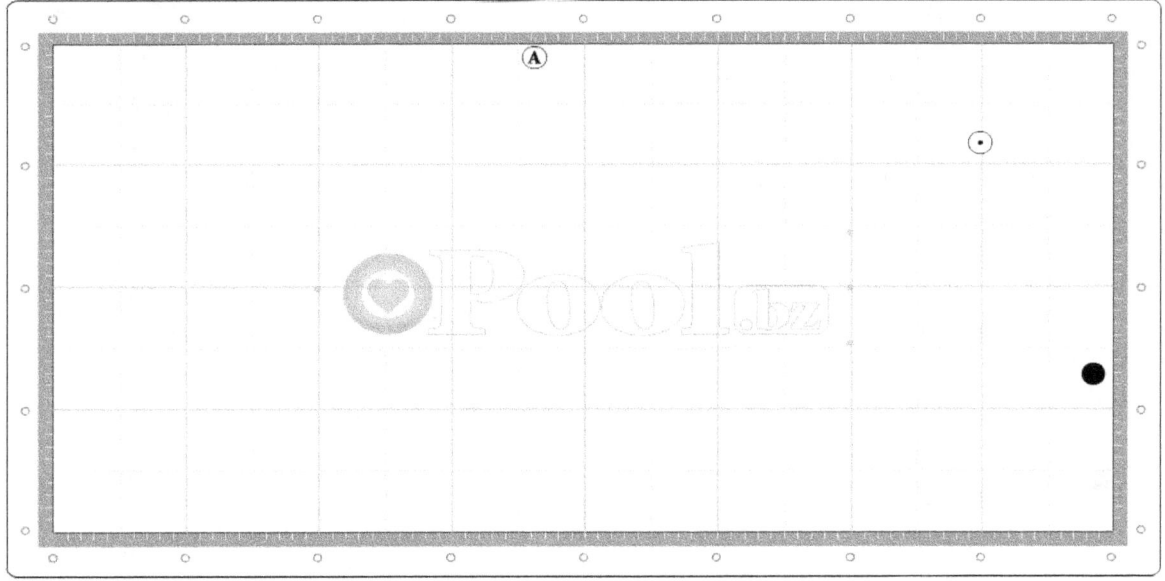

Opmerkingen en ideeën:

## Schotpatroon

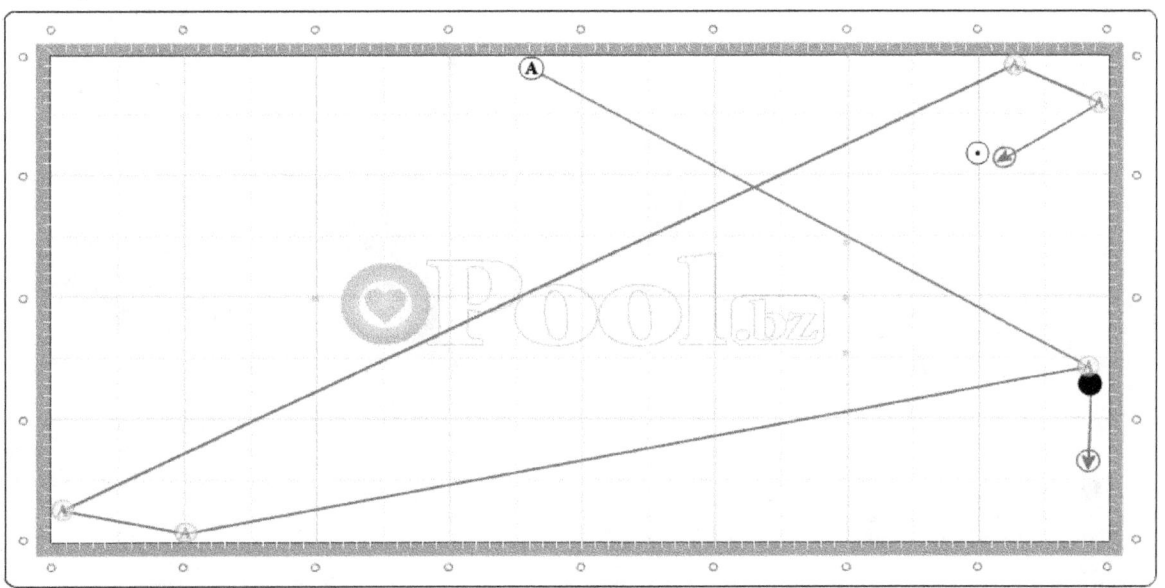

## F:1b – Opstelling

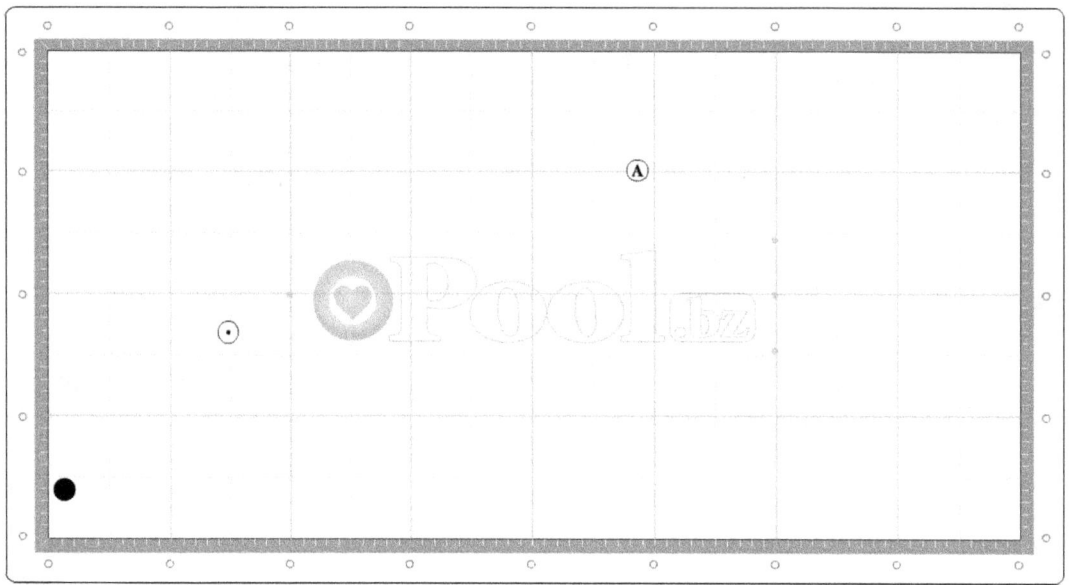

Opmerkingen en ideeën:

## Schotpatroon

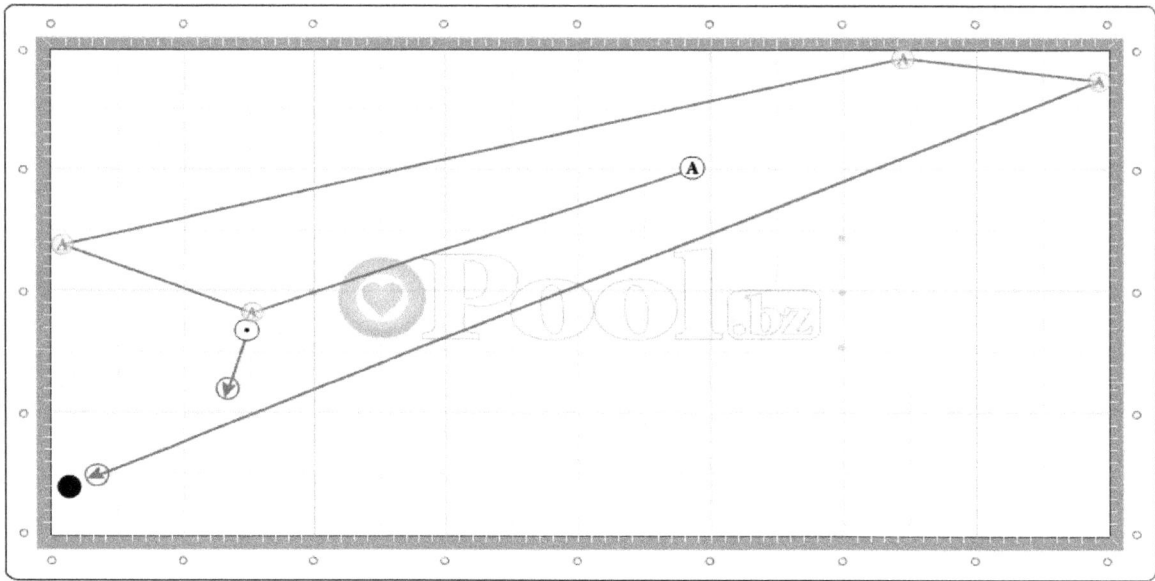

## F:1c – Opstelling

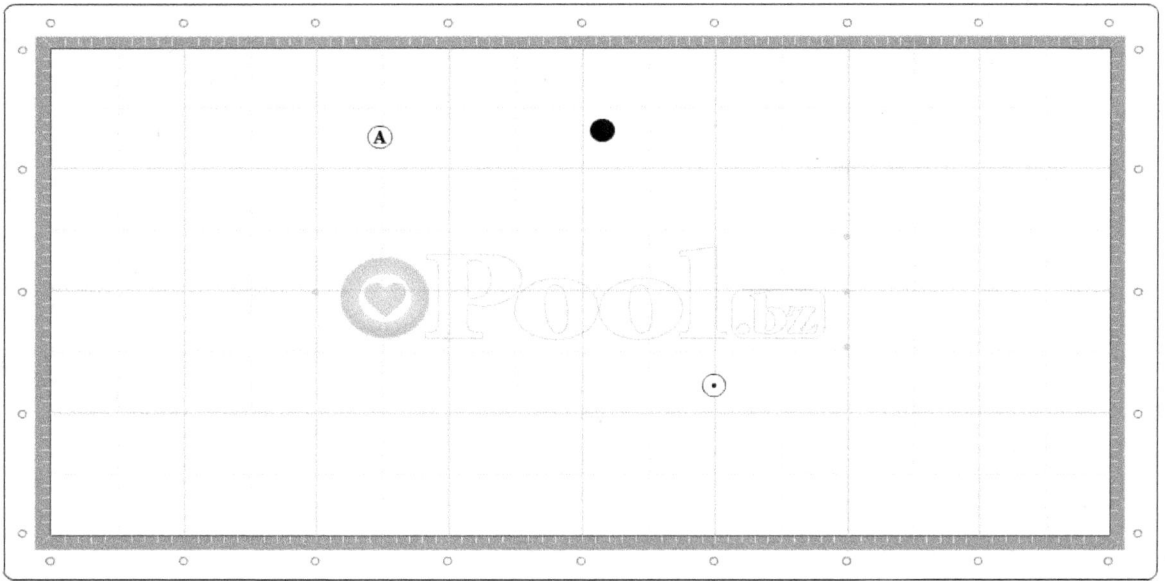

Opmerkingen en ideeën:

## Schotpatroon

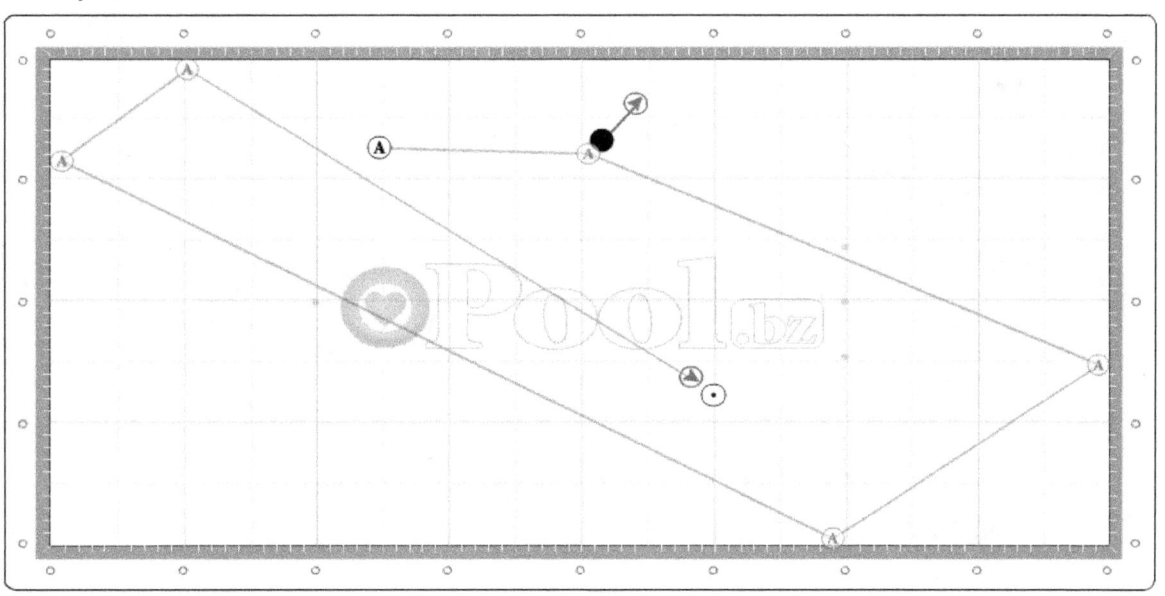

## F:1d – Opstelling

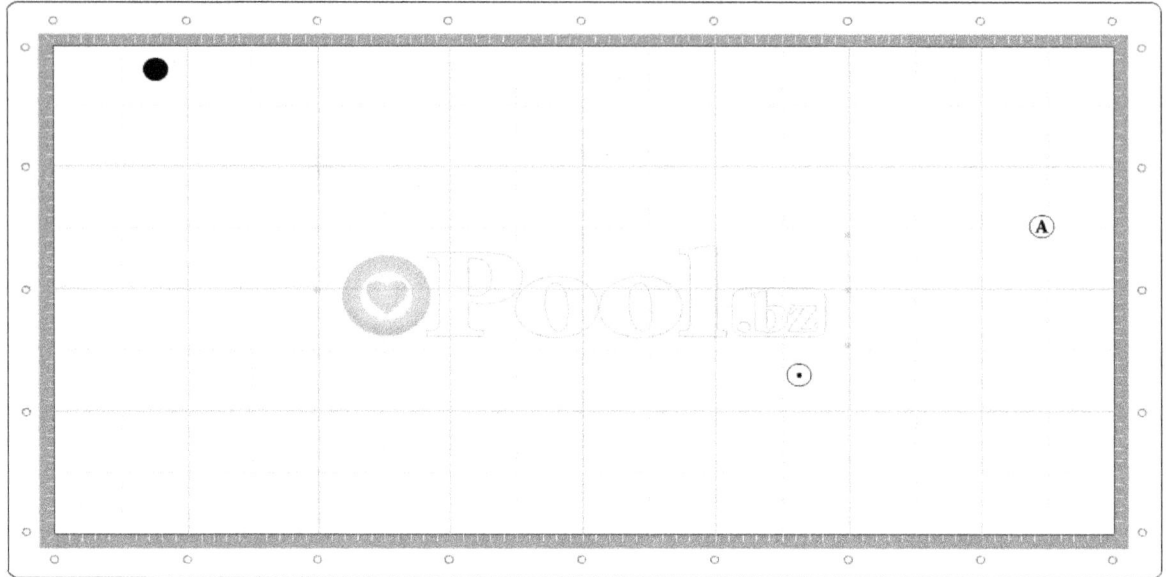

Opmerkingen en ideeën:

## Schotpatroon

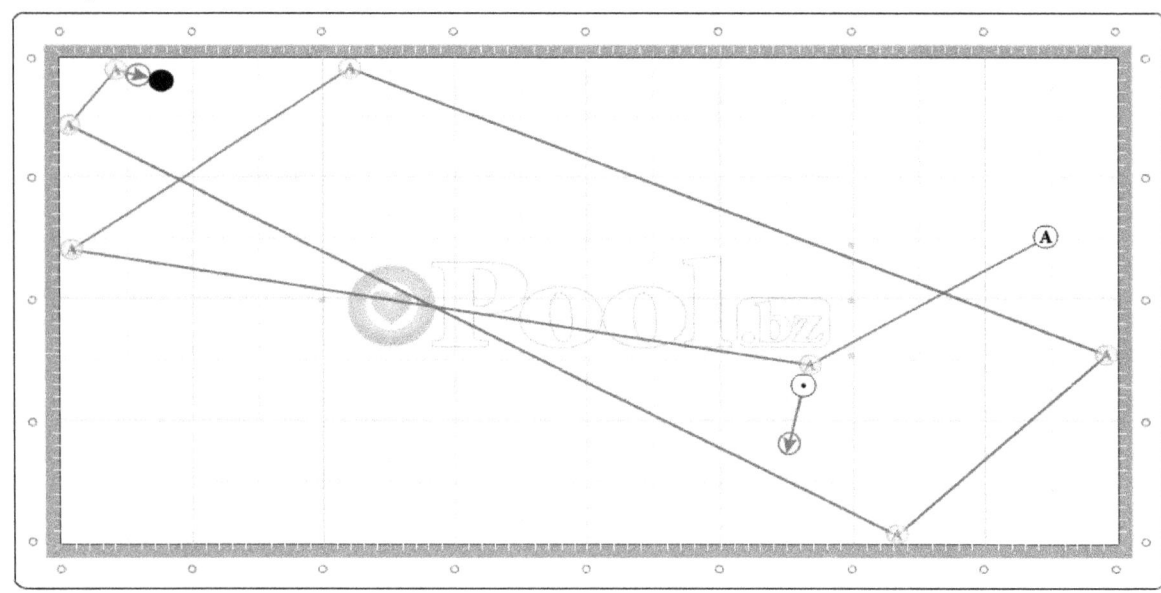

# F: Groep 2

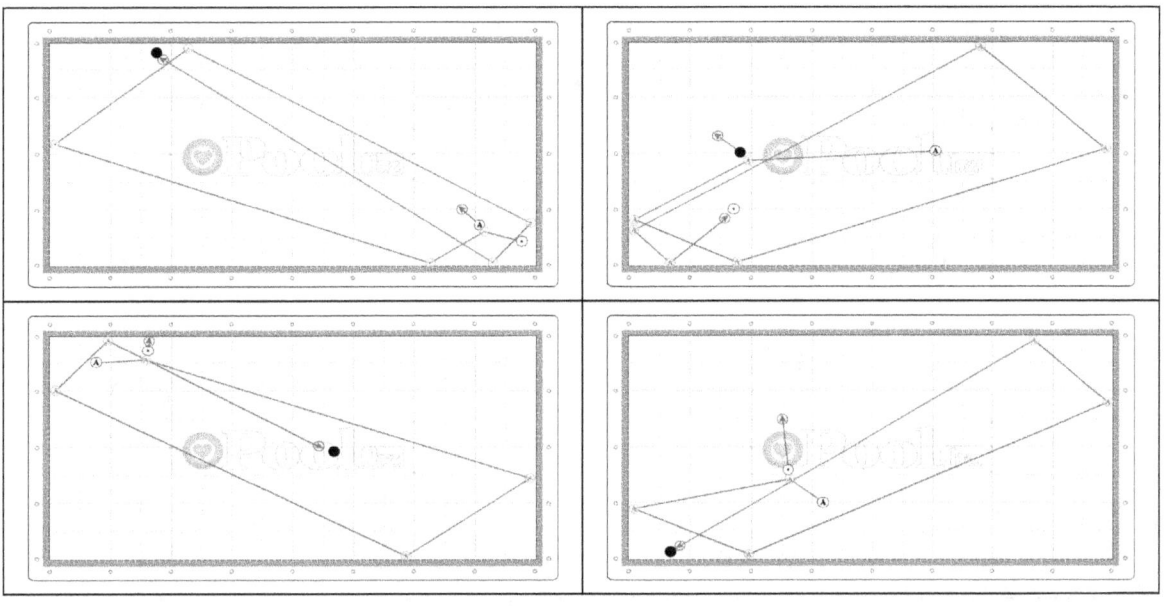

**Analyse:**

F:2a. _____


F:2b. _____


F:2c. _____


F:2d. _____

## F:2a – Opstelling

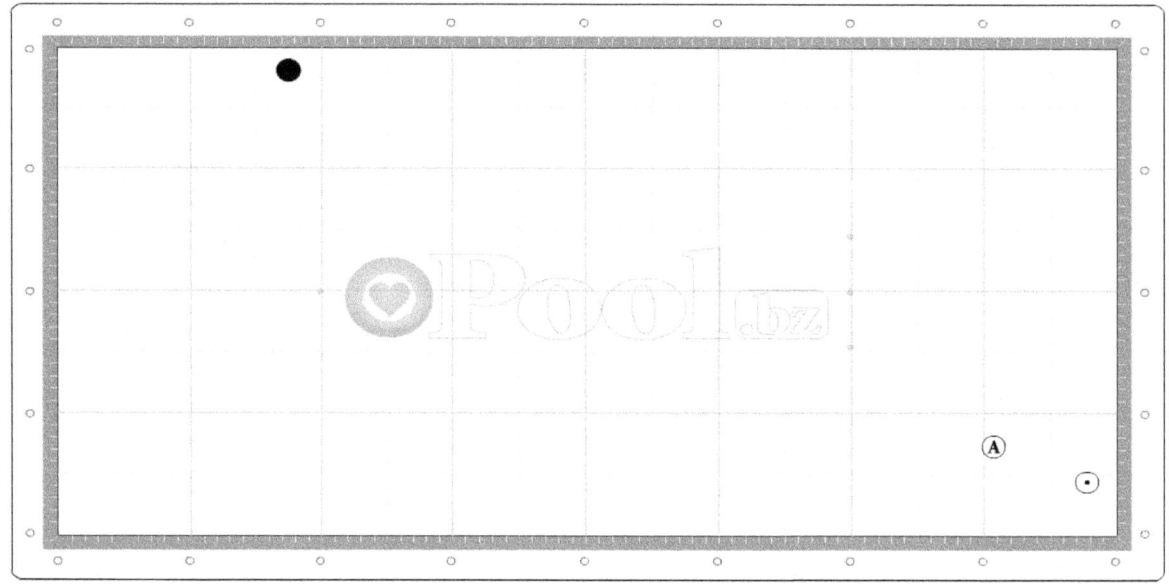

Opmerkingen en ideeën:

## Schotpatroon

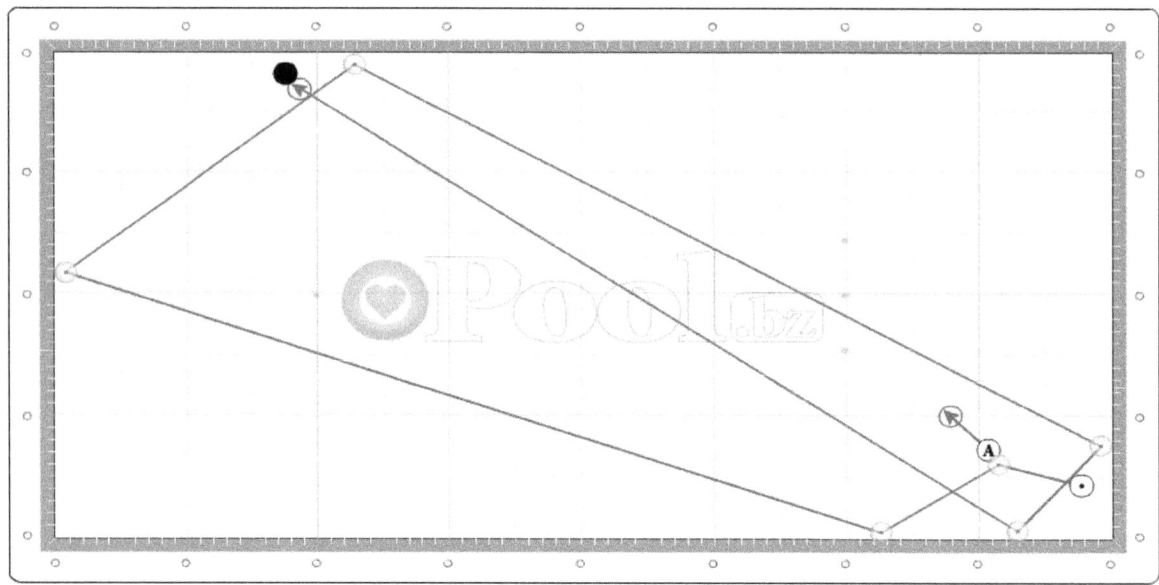

## F:2b – Opstelling

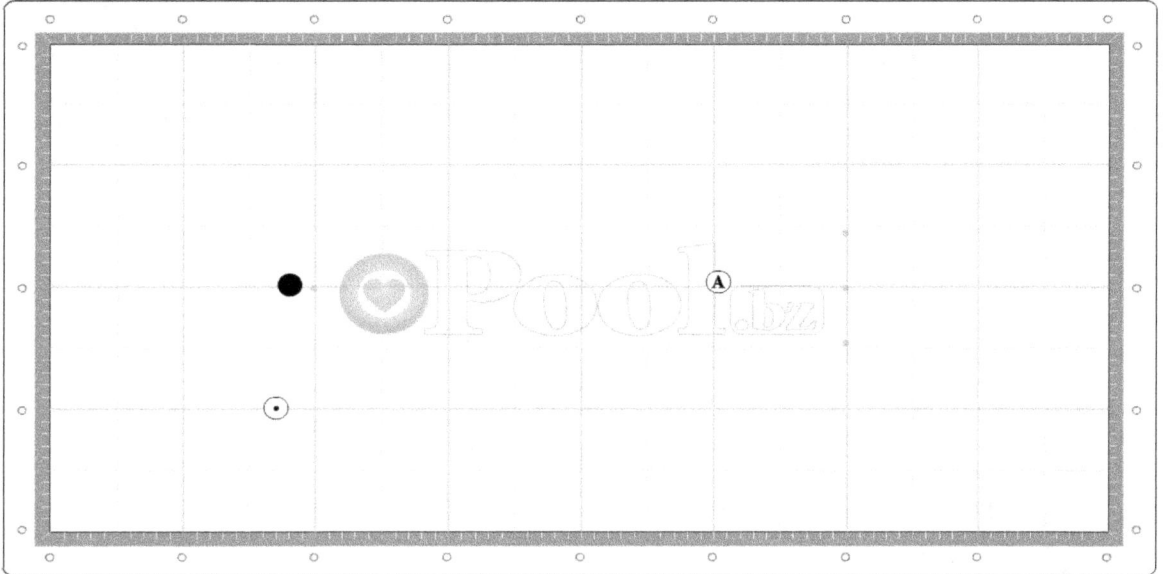

Opmerkingen en ideeën:

## Schotpatroon

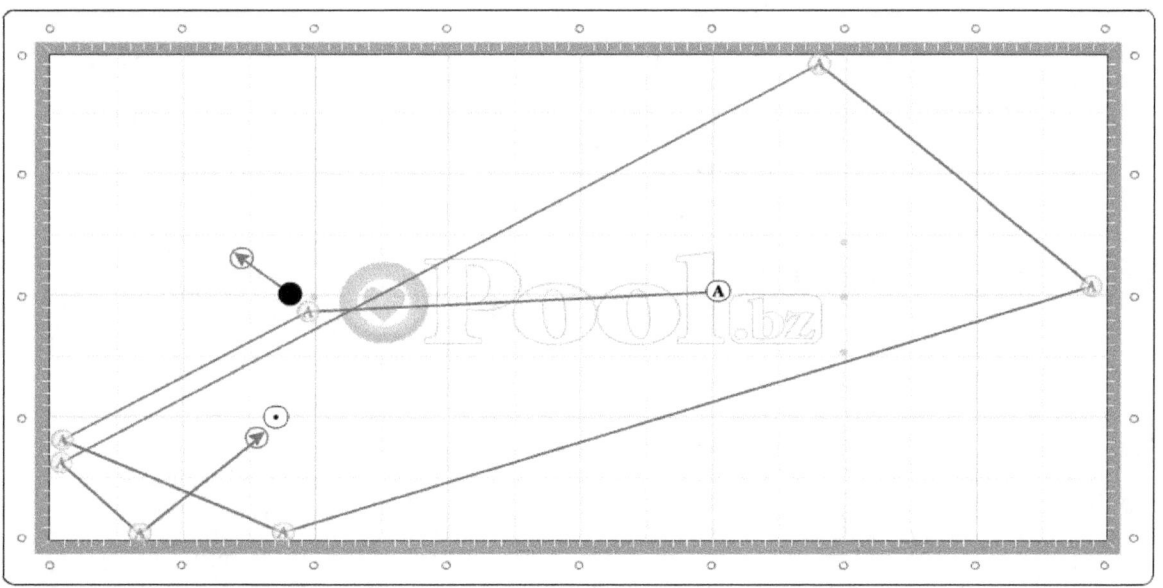

## F:2c – Opstelling

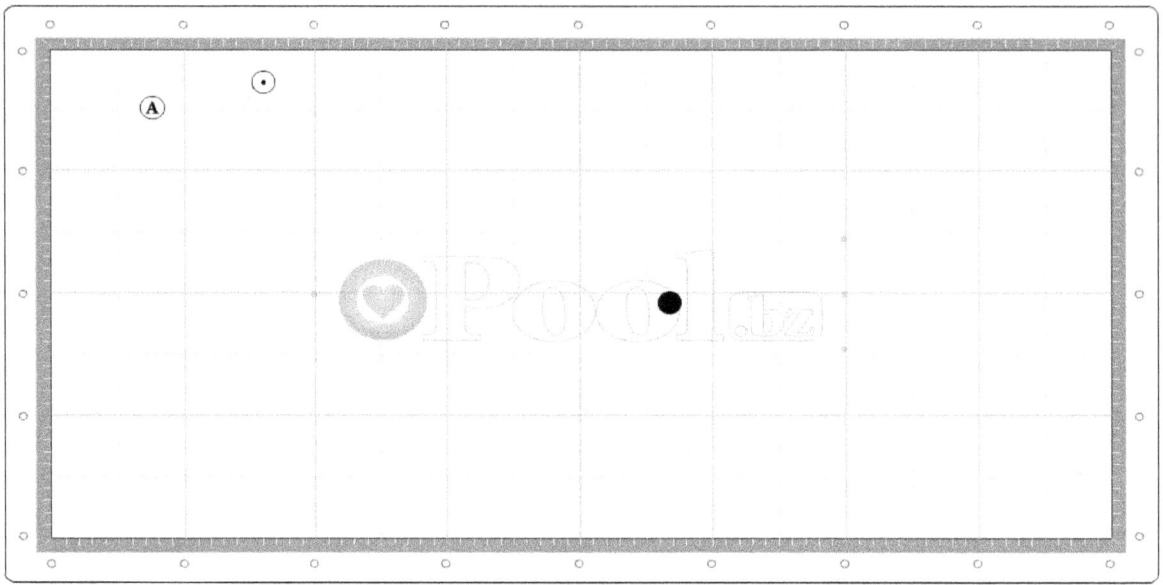

Opmerkingen en ideeën:

## Schotpatroon

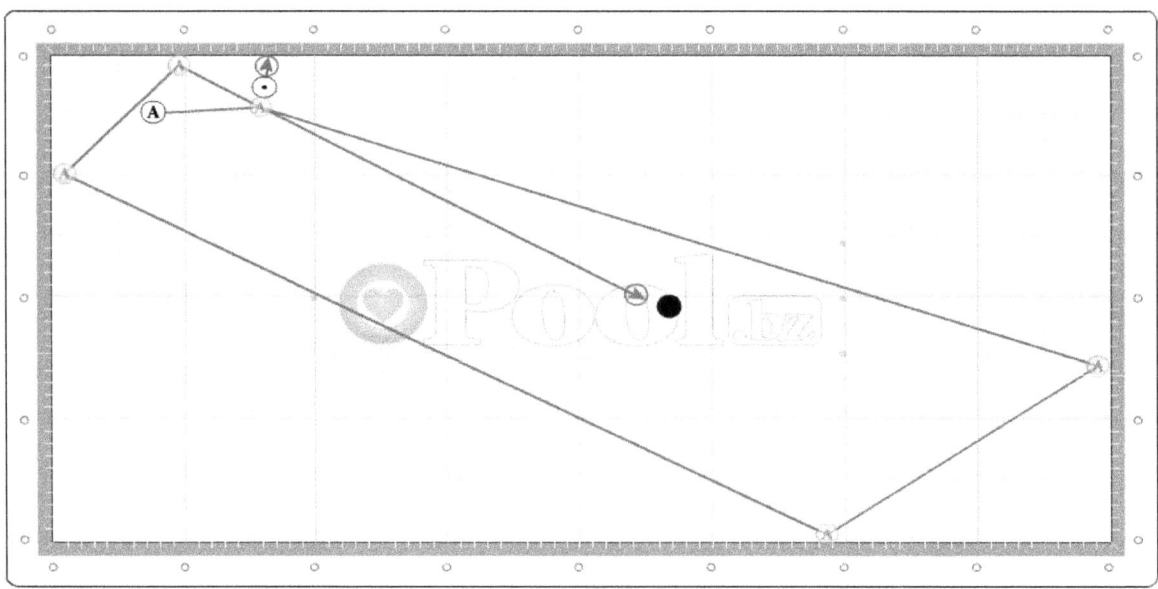

## F:2d – Opstelling

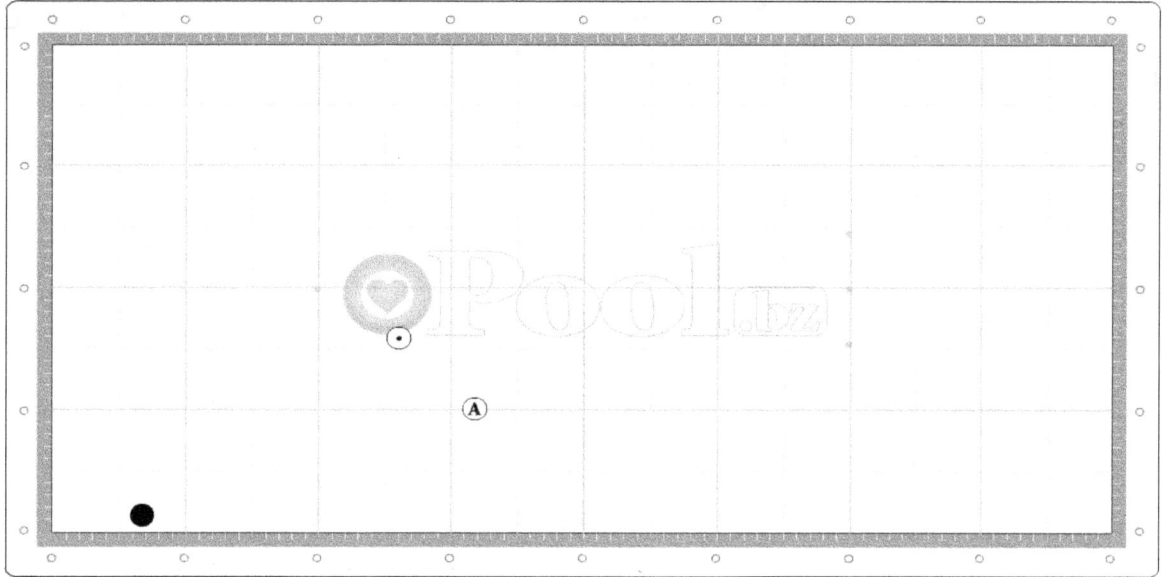

Opmerkingen en ideeën:

## Schotpatroon

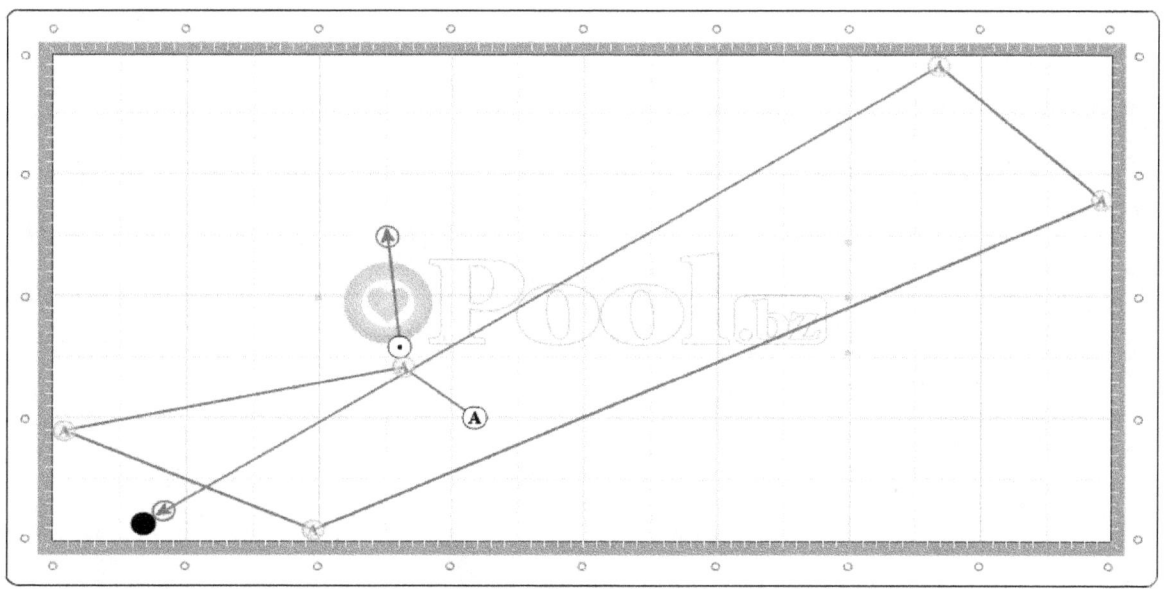

# F: Groep 3

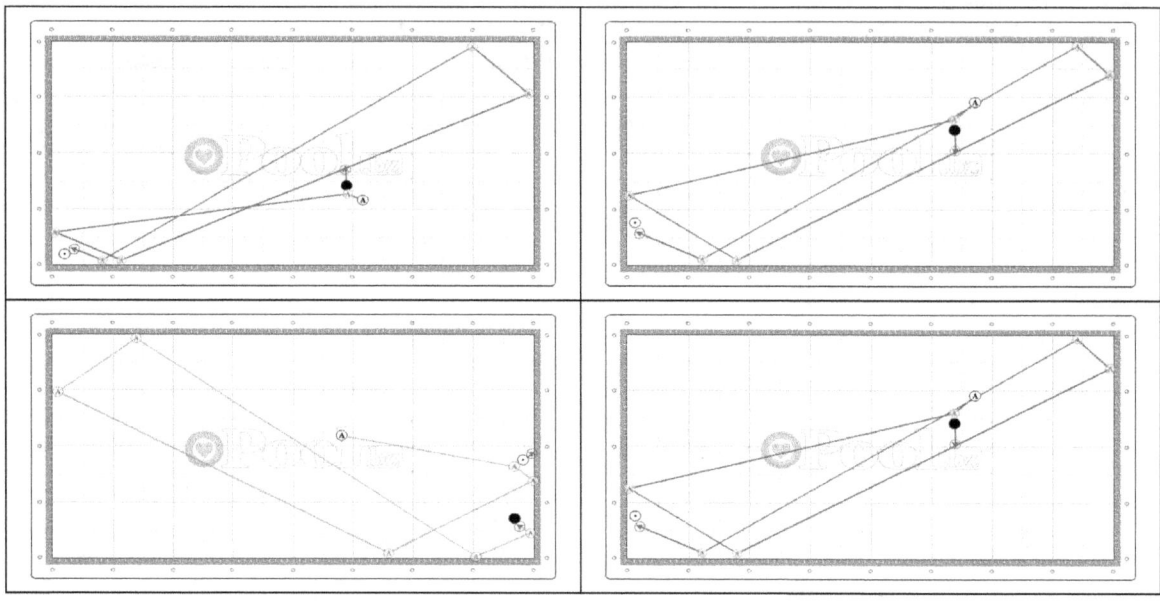

**Analyse**:

F:3a. _____

F:3b. _____

F:3c. _____

F:3d. _____

## f:3a – Opstelling

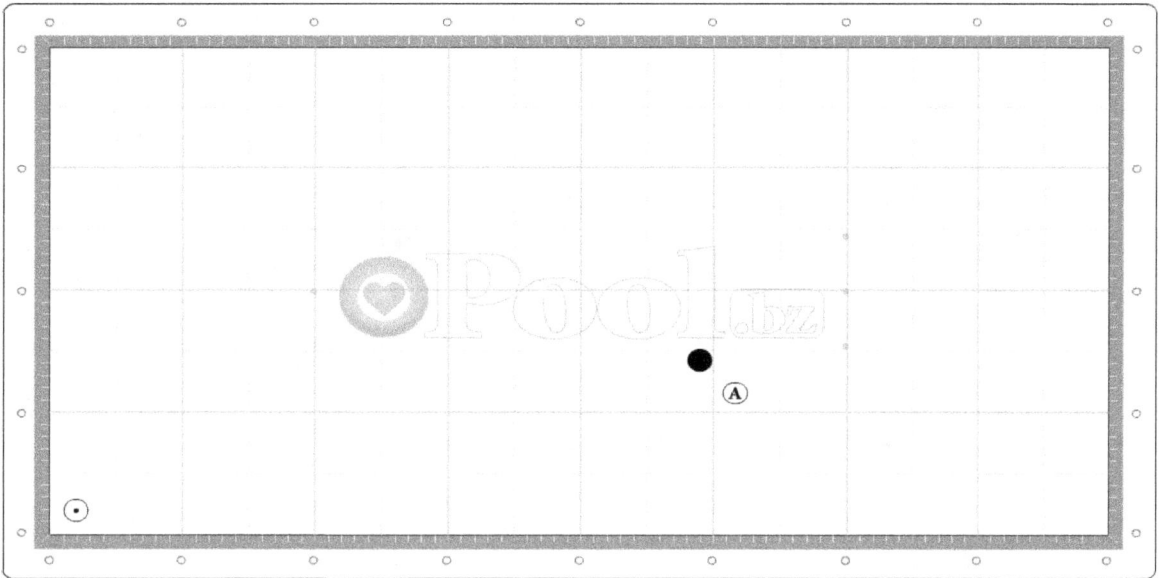

Opmerkingen en ideeën:

## Schotpatroon

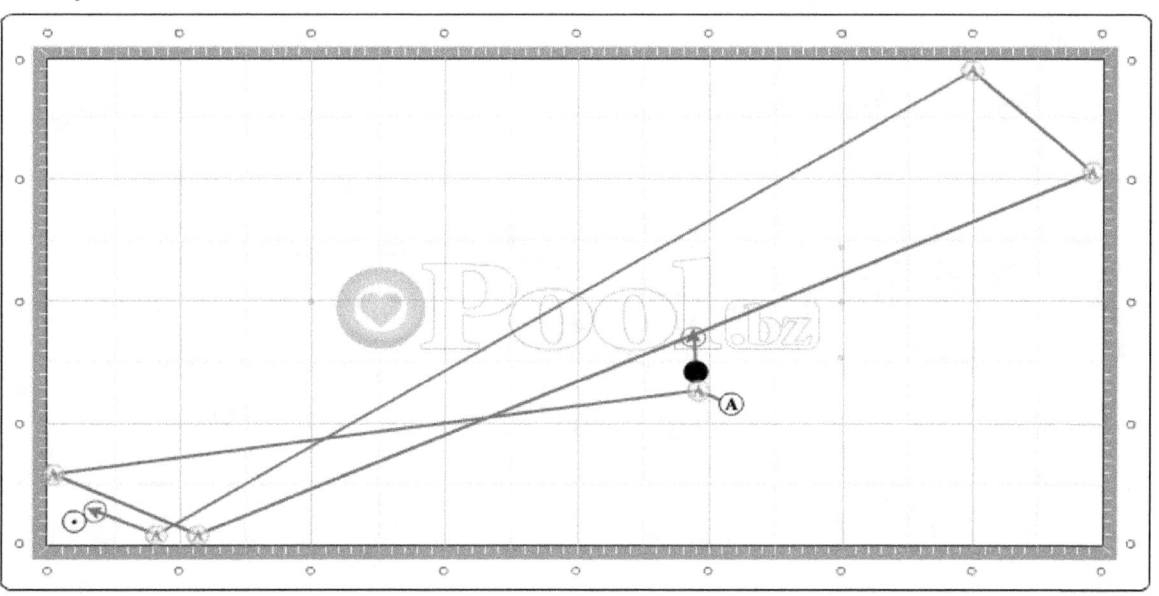

## F31b – Opstelling

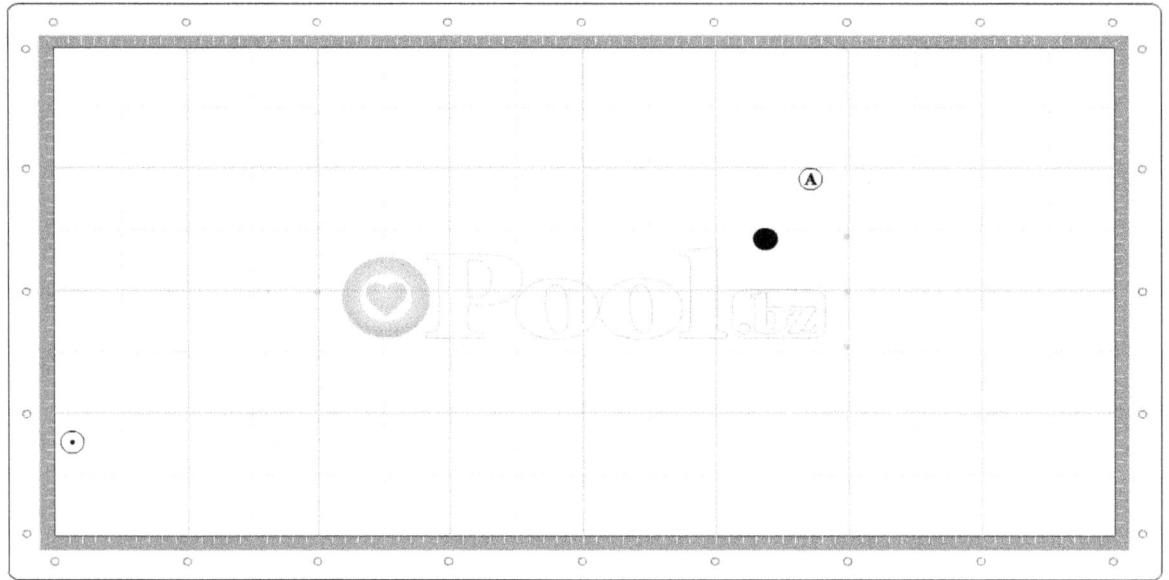

Opmerkingen en ideeën:

## Schotpatroon

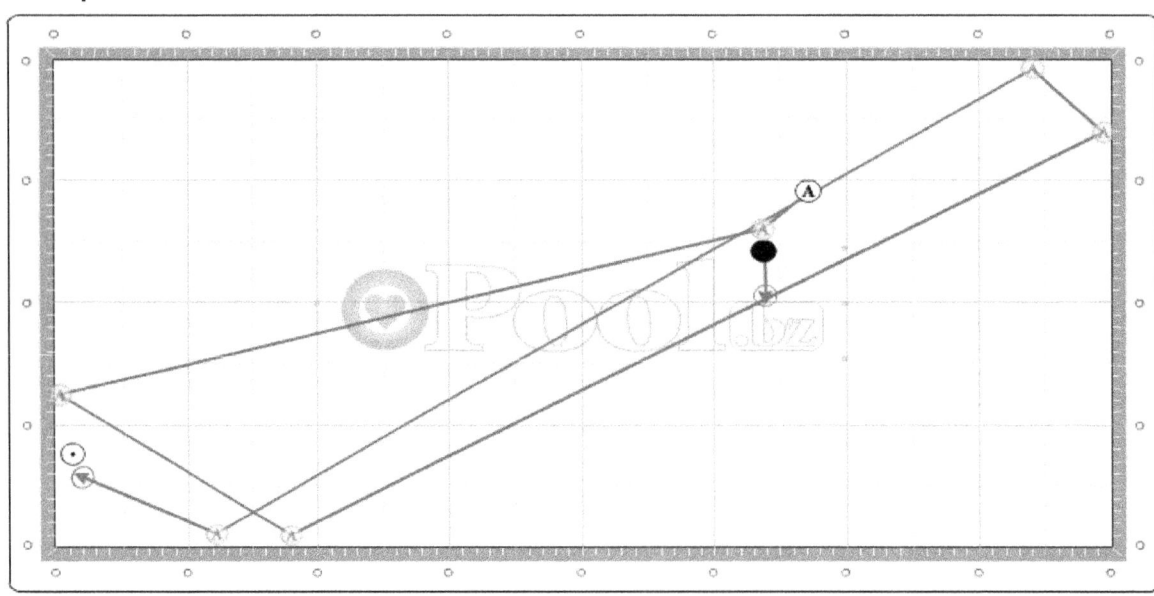

## F:3c – Opstelling

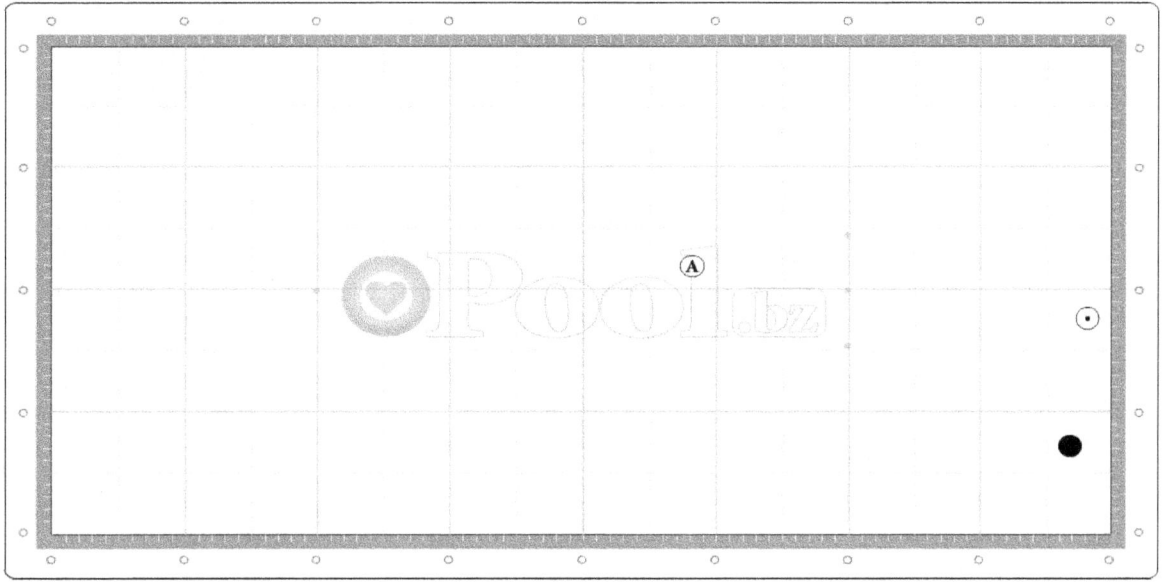

Opmerkingen en ideeën:

## Schotpatroon

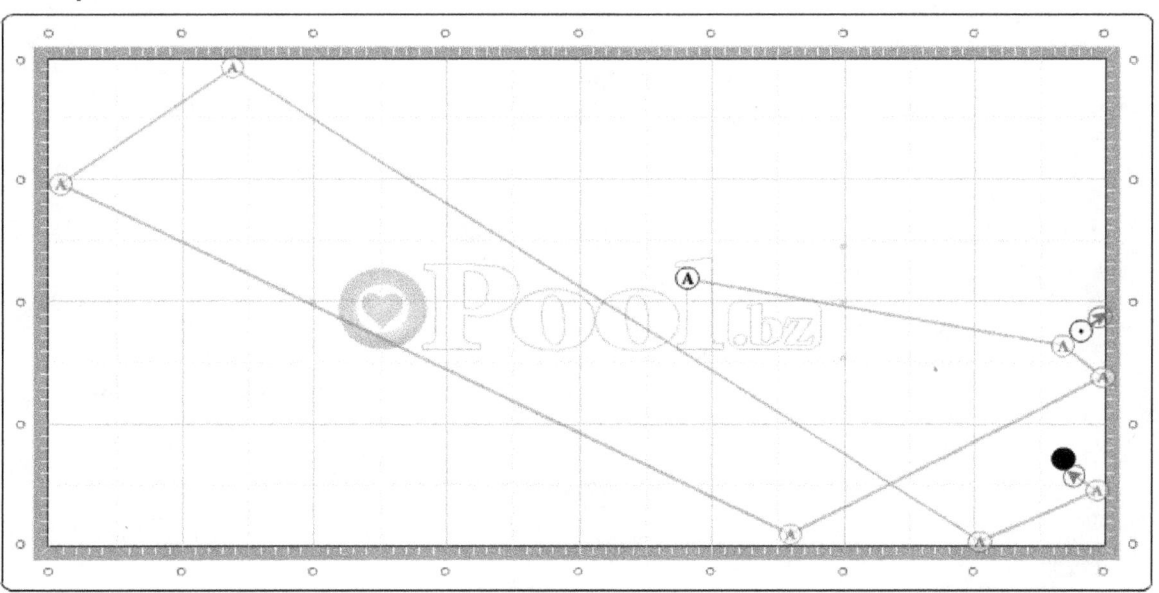

## F:3d – Opstelling

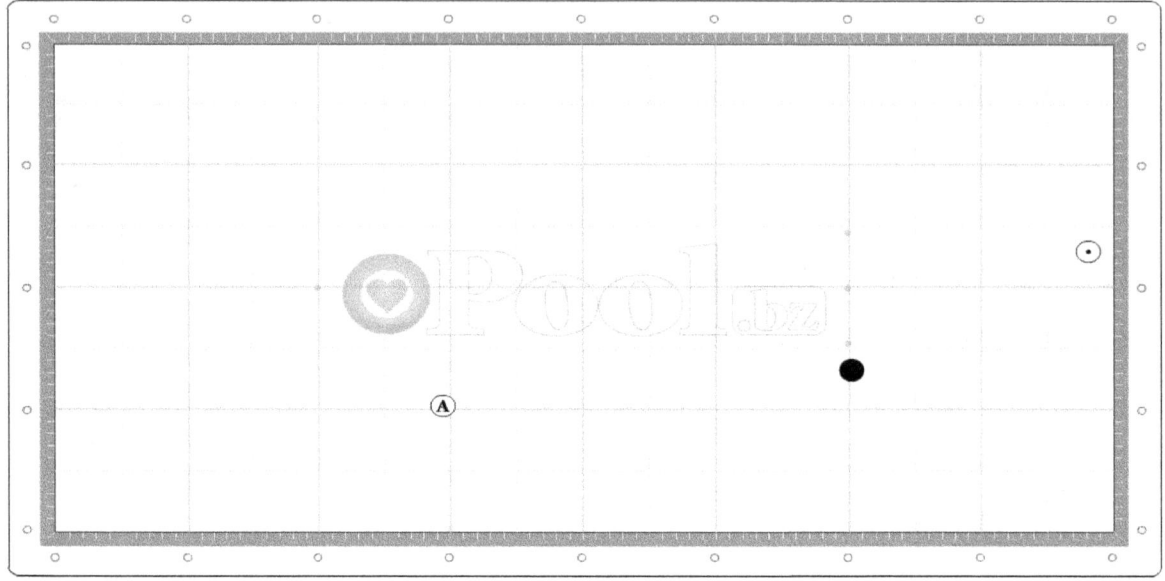

Opmerkingen en ideeën:

## Schotpatroon

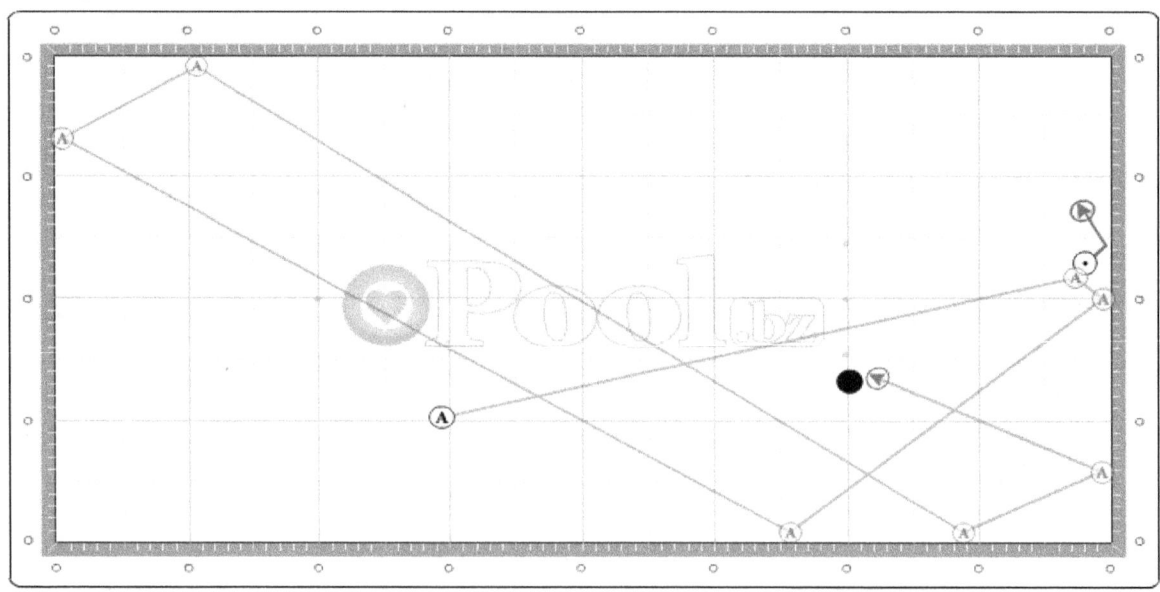

www.ingramcontent.com/pod-product-compliance
Lightning Source LLC
Chambersburg PA
CBHW080921170426
43201CB00016B/2221